현대 영어권 문화의 이해

전남대학교 영어권문화 연구회 저

전남대학교 영어권문화 연구회

현대 영어권 문화의 이해

전남대학교 영어권문화 연구회 저

전남대학교 영어권문화 연구회

책머리에

이 책은 영어권(English-speaking World) 문화의 이해를 높이기 위한 목적으로 저술된 것이다. 문화적 상대성에 대한 전문 지식과 문화에 대한 관심이 증대되는 오늘날, 우리 주변에서는 가히 "문화의 시대"에 걸맞은 여러 변화의 흐름들을 쉽게 감지할 수 있다. 인문학의 경우만 보더라도 알려지지 않은 문화들과의 만남을 통해 우리 자신을 보다 고양되고 풍요로운 주체로 변화시키려는 움직임이 크게 드러나고 있다. 이처럼 문화를 주제로 하는 담론들이 인문학 분야에서 증폭됨에 따라 그간의 전통적인 영문학 분야를 지탱해주는 문학의 범주도 현대사회의 문화변천을 적극 반영하기 위해 이제 "문화"라는 보다 큰 영역으로 흡수되고 있다.

영문학 연구의 가장 근본적인 양상들이 변화할 수 밖에 없는 것은 세계화 현상, 포스트식민적 사유, 그리고 환경에 의해 크게 도전을 받고 있는 오늘의 상황에 기인한다. 전통 영문학에 영어권 문화가 편입되어 교과과정으로 자리 잡게 되는 등의 최근의 일련의 변화가 이를 잘 말해주고 있다. 이는 그만큼 영문학에 문화연구를 포함시키는 일이 절박한 문제로 다가섰음을 보여주는 변화이다. 따라서 집필자들은 문화를 문학 교육에 활용할 수 방안도 이제는 다각도로 모색되어져야할 시기라는 인식을 공유하며 영어권 문화연구의 새로운 방향을 정립해나가고자 『현대 영어권 문화의 이해』를 기획하게 되었다.

이 책을 기획하게 된 데는 또 다른 이유가 있다. 그것은 영어권 문화의 이해에 대한 수요가 점차 증가함에도 이를 포괄하는 연구서가 국내에 전무한 실정 때문이다. 그간 영어권 문화는 그 영역이 광범위한 탓에 국내에서는 아직껏 지엽적으로만 다루어져 왔으나, 이 책은 영어권 문화에 대한 통합적 접근을 처음으로 시도했다는 점에서 중요한 의미를 지닌다. 나아가 이 책은 영문학과 학생들 뿐만 아니라 일반 독자에게도 영국과 미국과는 다른 영어권 세계들의 다양한 문화들을 접하게 함으로써 오늘날의 전 지구적 세계와 삶에 대한 넓고 새로운 시각을 확보하는 데 기여할 수 있을 것이다.

제1장 "영어권 문화와 타자의 이해"에서는 이 책이 단순히 지역연구를 논하기보다 문화를 가로지르는 경계선에 주목하여 주변성과 타자성을 중심으로 영어권 문화를 이해하는 분석틀을 소개한다. 영어권 문화는 공통적인 역사적 경험과 관심사, 즉 과거 영국 제국주의와 식민화를 경험한 나라들로서 최근 들어 초국가, 이산, 이동 등의 경험에서 비롯된 독특한 문화적 형성과정을 지니고 있다.

그런 연유로 영어권 문화는 식민화의 영향, 탈식민화의 가능성, 국가 정체성, 권력관계, 지배그룹, 소수자(다른 젠더와 다른 인종들)문화 등, 다양한 문화적 주제를 풍부하게 담고 있다. 이러한 다양성은 새로운 보편성을 확립하는데, 그것은 이와 같이 외부화된 타자들의 입장에서 서구 중심주의적 지성에 개입함으로써 구축될 수 있다. 그러므로 영어권 문화연구에서 인종, 계급, 젠더, 성, 이산, 문화적 혼종성, 그리고 식민사의 시각에서 타자들의 시선과 저항의 문화를 읽는, 이른바 문화 독법의 새로운 윤리의 필요성이 제기되는 것은 그 당연한 귀결이라 할 수 있다.

제2장부터 7장까지는 지리적 위치, 식민사, 국가, 문화적 특징에 따라 여섯 지역으로 나누어 여섯 명의 연구자가 각기 한 지역을 다루고 있다. 이들 여섯 개 지역은 각각 1) 아프리카, 2) 카리브해, 3) 인도, 4) 오세아니아, 5) 캐나다, 6) 아일랜드 등이며, 각각의 장에서는 이들 지역의 역사와 문화, 그리고 문학, 예술 분야의 흐름과 특징들을 다루고 있다. 각 지역의 역사는 식민사를 중심으로 근 · 현대로부터 포스트식민 상황을 겪고 있는 오늘의 상황까지를 세계사적인 맥락에서 살피고 있다. 이같은 접근에 있어 무엇보다도 중요한 것은, 식민지 해방 이후 아프리카를 비롯한 "제3세계"의 정치적 독립과 문화적 종속으로 특징지워지는 포스트식민 상황에서 영어권 문화를 이해하기 위해서는 과거 대영제국과 미국중심의 문화 식민주의적 시각을 탈각할 필요가

있다는 점이다. 영어권 문화를 이해할 때 포스트식민적 접근이 이루어지지 않을 경우 자칫 "제1세계"의 관광자적 시선에서 벗어나기 힘들기 때문이다.

그리고 〈생각해 볼 문제〉는 영어권 문화의 다양한 쟁점들과 여러 현상들을 둘러싼 문제를 소개함으로써 그 안에 숨겨진 인종, 계급, 성, 문화적 정치권력의 관계를 비판적으로 사고해 보도록 유도할 것이다. 이와 같은 토론의 장은 특히 영어권 문화의 이해에 필수적이라 할 수 있는데, 다양한 지역과 다양한 세계, 다양한 텍스트를 읽고 문화를 비교하는 과정은 문화적 상대성에 대한 교양을 확장시키는데 크게 기여할 것이기 때문이다. 새로운 문화, 자기와 타자, 동질성과 이질성을 동시에 독자의 사유와 실천의 품안에 끌어안는 것은 이 책이 의도하는 또 다른 과제이기도 하다. 그 밖에도 이 책은 여러 가지 구체적인 자료를 덧붙여 독자의 이해를 돕고자 하였다.

문화는 또 다른 의미에서 교양으로 이해된다. 바람직한 문화/교양이란 다양한 영역, 다양한 문화 사이를 오갈 때의 자유로움, 일종의 유연함 같은 것일 것이다. 문화의 안과 밖을 가로지르며, 인간의 역사적 존재양식과 가치에 질문을 던지는 경계의 탐색이야말로 문화연구로부터 거둘 수 있는 가장 소중한 결실일 것이다. 이러한 문화적 소양은 학제적 사고를 통해 비판적인 지식을 산출해야하는 대학 뿐만 아니라, 다민족적이고 복합문화적인 세계를 살아가야 하는 21세기의 시민들 모두에게 필수적인 자질이라 할 수 있다.

그러나 그런 자질을 배양하는 일이 쉽지 않을 것임은 사실이다. 이 책은 크게는 독자로 하여금 세계 시민으로서의 문화적 자질, 즉 타자의 문화를 타자의 입장에서 바라보고, 타자의 시선으로 세상을 바라보는 즐거움, 그리고 그런 상상력을 확장해가면서 못 보던 사물을 발견하게 되고 납득하지 못했던 현상들을 이해하게 되는 기쁨을 어떻게든 전달해주는 공간을 마련해 보고자 했다. 하지만 애초의 집필 의도에도 불구하고 여러 가지로 미흡한 부분에 대해서는 지속적인 꾸준한 질정을 약속드린다.

이 책을 집필하면서 가장 큰 즐거움이자 수확은 집필자들이 단순히 지역연구를 논하기보다는 여러 경계선의 상황 속에서 주변성과 타자성을 극복하는 일의 중요성, 타자의 입장에 서보는 일의 중요성을 깨닫게 되었다는 점이다. 입장을 바꿔보는 역지사지(易地思之)는 개인 대 개인, 사회 대 사회, 국가 대 국가에게도 중요할 것이지만, 문화연구에서 더욱 더 중요한 윤리이자 의미이기 때문이다.

2011년 1월

전남대학교 영어권문화연구회

차례 | 현대 영어권 문화의 이해

책머리에 05

영어권 문화와 타자의 이해 | 이경순 11

1. 세계화, 초국가적 문화, 지구지역적 문화생산 12
2. 문화연구와 포스트식민 문화담론 16
3. 인종, 젠더, 계급, 성 22
4. 이산과 혼종 문화 25
5. 타자의 이해와 문화적 윤리성 27

아프리카

비극의 씨앗에서 희망의 대륙으로 | 김현아 31

1. 아프리카 대륙이 차지하는 중요성 32
2. 식민역사와 종족분쟁, 그리고 해방에 이르기까지 37
3. 세계문화의 본령, 아프리카 56
4. 21세기 아프리카의 현재와 미래 70

카리브해

차이와 다양성이 엮어내는 아름다운 교직물 | 이혜란 77

1. 카리브해의 역사와 만나기 78
2. 식민의 역사, 디아스포라의 역사 83
3. 진 리스에서 밥 말리까지: 카리브해의 문학과 문화 95
4. 카리브해 지역의 미래와 그 가능성 112

차례 | 현대 영어권 문화의 이해

인도

혼종문화의 새로운 비전 | 이성진 119

1. 동인도회사와 식민지배 120
2. 종교와 사회적 규범의 혼종: 카스트와 사티 138
3. 문화적 혼종과 탈식민 문학 145

오세아니아

미지의 자연 속 풍부한 문화 | 차희정 157

1. 태고의 기억을 간직한 오세아니아 158
2. 남녘의 미지의 땅 오스트레일리아 160
3. 새로운 바다의 땅 뉴질랜드 182
4. 동양과 서양 사이 21세기 오세아니아 196

캐나다

모자이크의 나라 | 이현주 201

1. 백인정착자와 토착민의 시각에서 본 역사 202
2. 모자이크 문화와 다문화주의 211
3. 버텨내기와 포스트모더니즘을 통해서 본 캐나다 문학 227

아일랜드

투쟁의 역사, 저항의 문화 | 김은영 243

1. 영국의 가장 오래된 식민지, 아일랜드 244
2. 억압과 저항의 기록으로 남은 문화 255
3. 언어로 담금질된 식민주의의 기억 271

현대 영어권 문화의 이해

영어권 문화와 타자의 이해

영어권 문화와 타자의 이해

이 경 순

··· 1. 세계화, 초국가적 문화, 지구지역적 문화생산

오늘날 지구촌 현실로 급부상한 "세계화"(globalization)가 인류 사회 변동의 중심 이데올로기가 되면서 문화의 보편화 현상과 다양성을 보존하려는 노력이 동시에 진행되고 있다. 그러나 과연 세계화 현상이 인문학에서 지향해야할 문화의 다양성 유지나 문화의 보편화 현상을 가속화 할 수 있을지에 대해서는 논란의 여지가 많은 것도 사실이다. 그것은 세계화에 대한 우려의 목소리에서 비롯되는데, 이러한 문제의식 가운데 세계화를 "양날의 칼"로 보고 그 보완책으로서 포스트식민 문화연구(postcolonial cultural studies)로의 전환이 필요하다는 주장이 최근에는 상당한 설득력을 얻고 있다.

처음에 경제학자와 사회과학자에 의해 촉발된 세계화 연구는 서구 자본주의의 팽창과 더불어 근대화에 기반을 둔 전 지구적 경제의 출현과 깊은 관련성이 있다. 그러나 국민국가 경계들을 가로지르는 초국가적 기업들이 상승하고 시장이 더욱 확대됨에 따라 현재의 세계화 형태가 국민국가의 권력과 자율성을 위협하고 있음은 매우 역설적이다. 먼저, 세계화는 국민국가의 확장과 연계되어 발전했다는 입장을 보면, 월러스틴(Immanuel Wallerstein)은 저 유명한 "근대적 세계체제" 형식이 더욱 포괄적인 이론들을 위한 디딤돌이 되었음을 강조한다. 나아가 세계 경제체계를 발전시키고 활성화한 것이 국민국가 경제라는 점을 내세운다. 특히 탐욕스런 경제 발전, 강력한 행정구조와 민족 정체성 의식을 특징으로 하는 서구의 국민국가들은 자국민의 이익을 위해 이러한 경제를 통제하였다. 그러나 다국적 기업의 증가와 인터넷의 등장은 국민국가의 역할을 탈중심화함으로써 월러스틴의 세계체계를 변형시키고 있다. 월러스틴의 세계체제는 국민국가의 통제력에 기반하고 있지만, 현재의 세계화는 국민국가의 이해관계와 경계 밖에서 지속적으로 작용하는 다국적 기업들에 의해 국민국가의 일정한 힘을 소진시키고 있다.

한편, 월러스틴의 세계체제론은 근본적으로 경제적인 것인 반면, 세계화는 이제 넓은 의미에서 문화 현상들로 인식된다. 세계체제론에서 세계화로의 이동은 지구적 경제교환이라는 협소한 연구에서 초국가적 문화교환의 복잡한 형식들로 연구영역이 확장되었음을 의미한다. 따라서 경제학과 정치학의 하위학문 분야로 출발한 세계화 연구는 점차 사회학, 문학이론, 그리고 영문학 연구자들이 거주하게 되는 공간으로까지 확대되었다. 물론 문학 연구의 전통적인 모델은 민족주의적인 것이므로 월러스틴의 근대세계체제에 논증적으로 연결됨은 사실이다. 서구 대학과 학과의 발생은 근대 민족국가의 발전과 필요성에 직접적으로 연결되어 있는데, 실제로 영문학과와 그 교과과정은 영국이라는 국민국가의 형성과 그 개념이 조직화하는 힘을 증명하기 때문이다.

그러나 국민국가의 조직적인 힘과 자율성에 초점을 둔 세계체제로부터 사회적 형성, 정치적 연대, 그리고 문화적 정체성과 초국가적 노선에 따른 권력에 초점을 두는 세계화 이론으로의 이같은 변화는 영문학연구의 영역에서도 심각한 질문을 제기하게 된다. 다른 한편, 문학연구의 세계화는 그 반대로 어떤 괄목할만한 계기에서 새로운 경향을 보이고 있다. 물론 문학연구와 문학교육을 조직화하는 이러한 민족주의적 패러다임들에 대한 문제는 세계화 연구가 도래하기 전에 포스트식민 연구들에 의해 꾸준히 제기되어 왔다. 분명한 점은 세계화와 포스트식민주의가 문학과 문화연구에 초국가적 접근을 가능하게 한다는 점이다. 세계화담론이 근본적으로 서구 지식인의 산물이며 탈민족주의적 구조와 문화에 초점을 두는 학문적 이론들에 근거하는 반면, 포스트식민주의는 포스트식민 지식인과 작가의 텍스트에 뿌리를 두고 국가형성의 정치적, 문화적 경험에 근거해서 반식민화(decolonization)를 지향한다. 그렇다면 초국가적 문학과 문화라는 맥락에서 이 두 가지 방식 간에 충분한 공통점이 있는 것인지, 아니면 세계화가 사실상 포스트식민 연구에 위협적으로 작용할 것인지의 여부를 묻지 않을 수 없다. 더 거칠게 말하면 최근의 세계화 연구는 단순히 서구가 나머지 비서구 세계를 식민화하고 싶은 욕망에 근거한 "세계화"(worlding)가 아닌지 의구심을 떨쳐버릴 수 없다. 특히 인문학을 공부하려는 우리들에게는 어떻게 하면 세계화 연구와 포스트식민 연구를 생산적으로 연결할 것인가 하는 문제가 상당히 절박하고 중요한 문제로 다가온다.

먼저, 세계화와 포스트식민주의는 근본적으로 연결되어 있다고 주장하는 입장은 식민주의와 포스트식민주의가 다 같이 세계화의 바로 그 역사에 필연적인 것이라고 이해한다. 반면, 세계화와 포스트식민주의는 역사적 과정에서 서로 다른 방식으로 전개되어왔다는 입장은 세계화가 탈국가적 현상이라면 포스트식민주의는 국민국가의 기원에 관계된다는 점을 밝힌다. 첫 번째 입장은 양자의 관계를 교섭함으로써 훨씬 더 큰 결실을 맺을 수 있다고 보는 견해로, 세계화와 포스트식민주의는 각기 그 기원이 다르므로, 양자는 서로 불화하기 보다는 식민화, 포스트식민화, 그리고 포스트식민 역사를 세계화라는 긴 역사의 일부로 인식할 필요가 있다는 주장이다. 그것은 세계화로부터 포스트식민주의를 분리시킴으로써 발생하는 역사적 단절에 문제를 제기하면서 둘을 생산적으로 연결하고자 한다. 그러나 주지하다시피, 오늘의 세계화는 국민국가의 문화적 자율성과 정체성을 위협하고 균질화할 뿐만 아니라 서구화하려는 문화적 힘을 발휘한다. 그 결과 경제적, 문화적 세계화의 힘은 부상하는 포스트식민 국가들과 포스트식민 문화에 양날의 칼로 부상한 것이다. 따라서 어떻게 하면 포스트식민국가들, 그리고 그 밖의 다른 나라들이 그들의 문화적 성격을 유지하면서 민족 문화의 자율성을 보호하고 세계체제에 참여할 수 있는가의 문제는 우리 모두에게 매우 중대한 화두가 된다.

문화연구에 있어 이론적으로 건강하고 실제적으로 취할만한 입장은, 문화란 한곳에 머무는 것이 아니라 항상 이동하면서 변화를 겪어왔다는 사실, 그리고 문화적 상호접촉으로부터 감당하기 힘들 정도로 불평등하고 차별적이며 비인간적인 변화가 발생한다는 사실이다. 이같은 의미에서 우리는 우리가 어디에서 태어났건, 우리의 문화적 뿌리가 무엇이건 간에, 전 지구적 차원의 빈곤계층의 민중들이 전통적인 문화라고 생각하는 것을 보존해야하고, 나아가 세계화로 인해 초래되는 전 지구적 자본주의 경제체제와 문화의 균질화에 저항하지 않으면 안 된다는 점을 직시해야한다. 그러므로 우리가 신중히 고려해야 할 점은, 식민화에 의해 파괴되고 망각된 문화적 표현을 회복하고 이를 풍부하게 하는 형식에 깊게 연루된 국민국가의 정치적 구조와 문화적 정체성들에 위협이 되지 않는 방향에서 역사적, 정치적, 경제적, 문화적 힘으로서 세계화를 모색해야 한다는 점이다.

지금 우리 주변에는 모든 형태의 문화적 혼종성(hybridity)이나 문화적 실험과 변형을 세계화의 나쁜 영향으로 보는 입장과, 혼종성이나 다문화주의(multiculturalism)를 문화적 근본주의에서 해방되는 길로 무조건 축복하는 입장등이 혼재하고 있다. 전자는 문화의 순수성과 그 불변을 고집하는 입장으로, 이 세계의 모든 문화들이 항상 복잡한 상호작용을 통해 서로 섞여 발전되어왔다는 사실을 무시한다. 그 결과 현대의 서구문화를 번역하고 그것들을 복잡하게 전유해서 결과적으로 서구문화에의 종속을 극복하려는 실천을 가볍게 다루는 경향이 있다. 후자는 절충주의와 혼종성의 물화 위협을 감수하려는 듯, 마치 문화가 엄격한 전통을 포기하고 절충주의와 변화를 수용할 때만 성취되는 것처럼 생각한다. 이는 전 지구적으로 발생하는 세계화로 인해 치러지는 대가를 인정하지 않고 세계화의 수용을 지나치게 열광적으로만 재현하려는 경향이 강하다. 하지만 유럽의 과거 식민정책에서 볼 수 있듯, 식민지 정복과 무력의 사용이 무역과 상품교환이라는 더 온건한 모습으로 드러나고 있는 작금의 현실에도 불구하고 사회적 행태면에서 볼 때, 오늘의 문화적 즉흥성이 지나치게 열광적으로 촉진되고 있는 점은 우려할 만하다. 그러므로 우리는 오늘날의 세계화현상이 식민화, 포스트식민화, 포스트식민주의의 기원을 함의하는 장구한 역사를 갖고 있음을 이해하면서 세계화에 대한 양극화된 입장을 탈피하여 지구지역적(glocal) 문화생산의 복합성을 다루어야 할 것이다.

••• 2. 문화연구와 포스트식민 문화담론

오늘날 우리는 우리 주변에서 문화가 가져오는 변화의 조짐을 쉽게 감지할 수 있다. 21세기는 가히 "문화의 시대"이므로 시대적 요청에 부응하려면 문화에 관심을 증대시켜야 한다는 인식도 그러하거니와, 우리의 영문학계에서도 그간의 전통적이고 관습적인 영문학 분야를 지탱해주는 "문학"의 범주가 "문화"라는 보다 큰 영역으로 흡수되고 있다. 문화를 전통적인 문학공간으로 끌어들여 활용하려 함은 현행 문화연구에 보조를 맞추어 "다름"과 "차이"에 대한 재인식과 관심을 유발시키고자 함이다. 따라서 문화를 영문학 교육에 활용할 수 있는 방안도 이제는 다각도로 모색되어져 할 시기에 이른 것 같다(이경순, 「다른 세계들, 다른 텍스트들」, 61).

"문화"가 "최상의 것"이라는 개념으로 정의되어 인문학적 대안으로 부상한 이래, 오늘의 문화연구에 이르면 그 범주는 훨씬 확장되어진다. 영국의 경우, 호가트(Richard Hoggart)나 윌리엄스(Raymond Williams)가 주도하여 이후 1970년대 버밍엄 대학을 중심으로 전개된 문화연구는 넓게는 인류학적, 좁게는 인문학적 문화개념을 다 같이 수용하려는 긴장 속에서 진작되어 왔다. 이제는 문화라는 의미를 고급문화와 동일시하는 현상은 거부되고, 다른 여러 문화적 실천과의 관계에서, 그리고 사회, 역사적 구조와의 관계에서, 나아가 한 사회의 예술, 신념, 제도, 커뮤니케이션에 이르는 광범위한 영역에서 연구가 이루어지고 있다. 이와 같이 텍스트에 문화를 접목시키려는 이론적 시도는 문화를 껴안는 새로운 조류일 수도 있고 문학연구의 고유영역을 커다란 "문화" 속에 위치시키려는 새로운 문화정치학의 출발점일 수도 있다.

1980년대 이래 지속적으로 발전해온 문화연구와 포스트식민담론(postcolonial discourse)은 줄곧 같은 부류의 학문 분과에 속해왔다. 흔히 새로운 인문학이라는 제목 아래 분류되는 이 새로운 지식분야들은 정전화된 지식체계의 특권을 추인해주는 "배제"와 "탈락"의 기제들을 전면에 드러내려고 시도해왔다. 그럼으로써 기존의 인문학 교과과정에 의해 차단되고 침묵을 강요당해 왔던 "주변화"된 지식을 재발견하고자 한다. 이러한 유형의 기획 중 가장 특징적인 사례는 문화연구 분야에서 찾을 수 있다. 문화연구는 문화를 기본적으로 역동적인 커뮤니케이션으로 보고, 그것이 생산/텍스트성/소비의 단계를 거치면서 이데올로기의 틈새를 발생시킨다는 점에서, 문화담론 속에 들어 있는 권력관계나 사회제도의 권력구조를 해체하기 위한 학문적 개입을 적극적으로 시도하고 있다. 이러한 예로서 유럽의 1960년대의 신좌파주의, 1970년대의 그람시(Antonio Gramsci)의 헤게모니이론, 알튀세(Louis Althusser)의 이데올로기이론, 최근의 문화유물론, 지식과 권력 사이의 은폐된 친연성을 폭로한 푸코(Michel Foucault)의 권력담론, 그리고 지식주체를 둘러싼 투쟁에서 소수적 지식을 급진적으로 다시 활용할 것을 제안한 들뢰즈(Gilles Deleuze)나 가타리(Felix Guattari)의 "소수적" 지식들, 데리다(Jaques Derrida)의 텍스트 해체이론 등을 들 수 있으며, 이들은 공통적으로 지배적인 지식체계에 의해 탈영토화 되었던 문화의 형태들을 재현하려 한다. 영어권 특정지역 문화연구에 이 같은 방법론적 틀을 적용할 경우, 고급문화와 대중문화 사이의 경계가 허물어지고 문화 텍스트 속에 내재해 있는 이데올로기와 헤게모니, 권력구조와 담론을 통해 영미중심의 전통이 만들어 놓은 고정된 가치판단이 전복될 수 있을 것이다.

문화연구에서 인종이 중요한 요소가 되기 시작한 것은 포스트식민담론에 의해서였다. 근래에 영어권 문학과 문화에 대한 지구촌의 관심이 증폭되고 있는 것도 따지고 보면 영어권 국가들의 위상의 변화와 더불어 주변부 인종들의 목소리가 회복되고 그로 인한 주변부 문화의 재발견 및 재평가가 이루어질 수 있도록 그 이론적 기반이 되어 온 포스트식민담론이 여러 변화의 물결을 일으키고 있기 때문이다. 포스트식민담론은 자기 반성적 계기에서 스스로 특수한 문화적, 역사적 조건과 대결하려는 이론적 시도이다. 그것은 문화적 정체성과 역사적 과거를 연계시키려는 점에서 다른 이론들과 질적 차이를 갖는다. 비유럽권의 인식론적 가치와 힘을 재차 주장하는 가운데, 유럽 지식의 문화적 헤게모니를 비판하는 포스트식민담론은 유럽철학이 자신의 보편성을 강화하기 위해 자신의 문화적 무지를 시인한 적이 한 번도 없었다는 점을 상기시킨다. 지금까지 여러 세대에 걸쳐서 사회과학의 성격을 주조해온 서구 철학자들과 사상가들은 인간성 전체를 포괄하는 이론들을 생산해왔다. 그러나 이러한 이론들이 하는 진술은 인류의 대다수, 즉 비서구 문화에 속해있는 사람들에 대한 상대적인, 그리고 때로는 절대적인 무지

속에서 만들어진 것이다.

한때 지구 전체 면적의 85%에 이르렀던 식민지는 이제는 대부분 사라졌지만 식민주의는 오늘날에도 정치, 경제적 영역뿐만 아니라 사람들의 인식의 틀에 여전히 지대한 영향력을 미치고 있다. 그것은 서구 국가와 구 식민지 사이, 그리고 그런 국가안의 다수민족과 소수민족 사이에 신식민적 관계가 남아 있어 여전히 식민주의적 경험에 의해 형성된 삶을 살아가야 하기 때문이다. 여기에 식민잔재인 영어가 남게 되어, 영어를 매개로 한 그들 자신의 문화, 역사 등을 고려한 영어권 문화가 형성되어 왔기 때문이다. "영어권"(English-speaking World)이라는 말은 논쟁의 여지가 있긴 하지만 이 말은 식민 이후 현재의 영어권 국가들의 문화적 정체성을 탐구하는 데 있어 여러 종족에 근거를 둔 자신들의 문화를 앵글로 색슨계나 미국 주류 백인들의 문화와 외적으로 구별 지음으로써 정의될 수 있다. 현대의 포스트식민담론이란 이러한 인식을 배경으로, 과거 유럽 열강의 식민지의 문화, 정치, 역사 등을 포함한 문화에 초점을 두면서 과거의 식민지 경험이 현재의 세계와 어떤 관계를 갖고 있는가를 살펴보는데 사용되는 이론적, 비평적 전략들을 일컫는 용어이다(Ashcroft et al., 1). 그러므로 포스트식민담론은 식민화하려는 권력을 지닌 공격적인 팽창주의적 제국주의와 특히 제국주의를 옹호하는 가치체계들에 의문을 던지며 이러한 가치체계들이 여전히 서구세계에서 지배적인 것으로 간주하고 있음을 지적한다.

"포스트식민 연구"(postcolonial studies) 분야가 영미권에서 제도화된 영역으로 자리잡게 된 것은 1970년대 후반 들어서였다. 오늘날 이 분야는 서구 학계뿐만 아니라 과거 식민지 국가의 대학에서도 합법적 위상과 상대적 특권을 확립하고 있다. 수많은 포스트식민 연구기관이 설립되었고, 그 대부분은 문학을 비롯해서 문화연구, 역사, 인류학, 예술, 기타 학문분야와 연계되고 있다. 각종 학회와 콜로키아에서 그 관심은 꾸준히 증명되고 있는데, "포스트식민 문학," "포스트식민 이론," "포스트식민 상황"의 이름으로 앞 다투어 특집호를 발간하기도 하였다. 더욱이, 각 분야에서 포스트식민 문제와 관련된 학문적 자료들을 발간하는 데 있어 전문 출판사들을 탄생시켰고, 대부분의 학회지들은 이 분야의 학문 활동을 광범위하게 지원할 정도로 괄목할 만한 수준에 이르게 되었다. 이처럼 "포스트식민 연구"는 오늘날 전 지구적 관계에서 우리의 다양한 지적, 문화적 지형이 어떻게 바뀌고 있는가를 검토하고, 여기에 비판적 실천, 지배와 패권의 문제를 재고할 필요성을 제공한다는 점에서 그 중요성이 있다.

"포스트식민"이란 용어가 이처럼 많은 관심을 끌게 된 것은, 이 용어가 비평적 탐구에 새로운 전망을 열었다거나, 개념으로서 엄밀성과 관련되어서라기보다는, 문화비평의 조정자로서 제3세계 출신의 학계 지식인들이 눈에 띠게 증가하고 있다는 사실과 더 관련이 깊다. "포스트식민"하면, 곧 바로 "제3세계"로 통용되던 1980년대 초반 무렵, 미국을 중심으로 한 서구 문화비평이 전 지구적으로 지적 관심을 확대함에 따라, 바로 그 중심부에서 활동한 유색인종학자들이 정치적, 이데올로기적 식민주의의 주변부 목소리와 그 주체들로 소개되었다. 이들은 문화적 담론의 진정한 세계화를 성취하려는 의도를 분명히 하면서, 중심과 주변의 경계선을 없애고 식민적 사고방식의 유산으로 추정되는 그 밖의 모든 "이분법"을 제거하여, 복잡하고 이질적인 사회들을 전 지구적으로 노정하는 작업에 일차적 목표를 설정하였다. 이 가운데 특히 아시아계 지식인들이 대거 쏟아지면서 포스트식민 문화연구를 형성하고 퍼뜨리는데 크게 기여를 하게 된다. 포스트식민 비평의 현대사라 불릴 수 있는 내용이 진지하게 검토되기 시작한 것은 1980년대 초반 무렵으로서, 후기구조주의와 관련한 사이드(Edward Said), 바바(Homi Bhabha), 스피박(Gayatri Chakravorty Spivak)이라는 3인의 대표 주자에 의해서였다. 이들의 선배로서 포스트식민이론의 선구자라 할 수 있는 파농(Franz Fanon)은 문화적 자아정의와 정치적 민족자결이 동전의 양면임을 주장하면서 일찍이 민족문화를 정치적 독립을 위한 투쟁의 도구로 중요시 여겼다. 그 후 1960년대와 70년대 이르러 문화적 독립에 대한 열망이 커나감에 따라 문화적 민족자결은 과거 식민지의 문화운동의 원동력 중의 하나가 되었다. 나이지리아의 아체베(Chinua Achebe)나 카리브 지역의 해리스(Wilson Harris)같은 포스트식민 작가들의 선구적 작업과 더불어 포스트식민연구가 현재의 이론적 틀을 형성하게 된 것은 사이드(Edward Said)의 『오리엔탈리즘 Orientalism』 이후의 일이다. 푸코의 이론과 그람시의 헤게모니 이론을 끌어들인 이 저서는 비서구 문화와 그들의 문화연구에 대한 견해를 크게 변화시켰고 우리가 오늘날 포스트식민이론이라 부르는 것의 방향을 제시하였다.

그 후 포스트식민비평과 이론은 (신)식민적 압력, 식민지화에 대한 저항, 식민/피식민의 개별적 정체성, 그들의 정체성 사이의 상호작용, 포스트식민 이산, 식민/피식민 사이의 문화적 교환, 양 문화사이의 섞임에 관심을 보여 왔다. 이것은 인종, 민족성, 언어, 정체성, 계급, 무엇보다도 권력에 관한 것이 중심적 주제를 이룬다. 게다가 두 문화가 만나는 경계선상에서 작업하는 소수문화는 두 문화의 만남과 그것들이 일으키는 전이에 관심을 보이는데 이는 매우 최근의 일이다. 여기에서 전치(displacement), 양가성(ambivalence), 혼종(hybridity) 문화의 형식이 우월한 문화적 형태로 자리 잡게 된다.

사이드, 바바, 스피박은 서구 인문학 분야에서 활동해 온 아시아계 학자들로, 특히 유럽중심주의와 그것의 문화적 인종차별주의를 향한 해체적 비판작업은 이들이 이룩한 업적으로 볼 수 있다. 이들은 비단 문학만이 아니라 영화, 비디오, 사진 등의 문화적 실천으로 비평 텍스트를 확대시켰다. 물론 1970년대 이전에도 포스트식민 문화와 사회에 관련된 문제들을 다루는 문학 작품들이 과거 식민지인 아프리카, 아시아, 카리브 국가들에서 다량 생산되었지만, 충분한 숫자의 포스트식민 비평가와 그들의 말에 귀 기울일 청중들이 서구세계에서 형성된 것은 이들이 등장한 이후라는 점에 주목해야한다.

주지하다시피, 식민지배는 "물리적 공간, 토착민 정신의 재형성, 지역 경제사를 서구의 관점에서 통합하는 것"을 근거로 공고히 확립된다. 사이드의 말대로, 식민주의 이데올로기 합법성은 "토착"문화를 폄훼하고 "토착민" 목소리를 침묵시킨 결과, "토착" 문화들의 중요성이나 진정성을 왜곡시켜 버린다. 그리고 식민 지배의 현대적 기획은 식민화 구조에 기반을 둔 식민경험의 물리적, 인간적, 정신적 양상을 기정 사실화하며 전적으로 수용하는 것을 의미한다. 그러나 다른 한편에서, 피식민 대다수는 독립된 이후에 민족 전통을 회복하고 민족 문화를 다시 구성할 것을 요구하게 된다. 이는 대중의식 회복을 꾀하는 일로서 학계에서의 이러한 새로운 요구는 서구뿐만 아니라 "제3세계"에서도 일련의 기획들을 분출시켰다. 그 목표는 "밑으로부터의 역사", 반동적 사회학, 정치경제에의 새로운 접근, 인류학, 페미니즘, 환경운동 면에서 대중의식과 대중적 실천을 회복하고 이론화하는 작업으로 수렴된다.

다른 한편으로, 1980년대 중반부터 "포스트식민"이라는 딱지는 제3세계 출신 학자들을 기술하는 상표로 사용되면서 소위 "포스트식민 지식인"은 전에 누리지 못한 학문적 존경을 받게 된다. 포스트식민 비평이 이처럼 호소력을 갖게 된 것은 이 시기에 전 지구적 자본주의와 포스트식민 의식이 나란히 출현한 점, 포스트식민성 개념이 문화비평에서 크게 부상하게 된 점, 그리고 자본주의 세계경제의 변화가 야기하는 전 지구적 차원의 변형들이 시사하는 개념적 필요성을 공명하게 되는 사실과 연관된다. 포스트식민 비평가들이 최근의 전 지구적 의식의 일부가 된 새로운 세계상황에 관심을 갖고 자본주의 세계경제의 변형, 전 지구적 자본주의의 유연한 생산, 후기 자본주의의 세계 상황을 문제로 부각시켜온 것은 이 같은 맥락에서이다.

1990년대에 들어 급속한 연구 신장을 보이고 있는 포스트식민 담론은 다양한 방법론을 영어권이라는 광범위한 지역을 통해 분출시키고 있다. 그로 인해 문제점 역시 산재해 있다. 이는 식민지 경험의 특수한 양산들이 생산되고 수용되는 역사적이며 민족적인 맥락들이 서로 얽혀 어려움을 가중시키고 있기 때문이다. 지배적인 유럽체계가 비유럽적 현실을 다시 평가하는 것에 반대하는 포스트식민담론을 제기하는 『제국들의 되받아 쓰기』(*The Empire Writes Back*)는 현대 서구 문학이론이 포스트식민 담론에 영향을 주긴 했지만 그것의 수용문제는 포스트식민주의 시각에서 엄격한 질문 제기를 통해야만 바람직하다고 주장한다(179). 오히려 차이에 입각한 새로운 문화 정치학이 바람직하다는 추세가 강하게 일고 있는 오늘의 현실에서 포스트식민담론은 여러 문제점에도 불구하고 자체의 복합성이 강점으로 작용할 뿐더러 현대의 서구이론과는 달리 가치 지향적이라는 점에서 영어권 문화를 분석하는 데 가장 주요한 이론적 틀이 될 수 있다.

··· 3. 인종, 젠더, 계급, 성

반식민적 민족주의 담론에서 여성이 남성들에 의해 쉽게 다루어진다는 사실은 여성 문제에서의 정치화의 부재를 의미한다(Radhakrishnan 80). 예컨대 인도의 반식민적 민족주의는 영국의 식민지배로부터의 해방에는 기여하였지만, 그 결과물의 분배에서는 여성을 제외시켰을 뿐만 아니라 여성을 지역문화의 재현에서 일차적으로 희생시켰다. 19세기 말에 인도 민족회의가 결성되자 많은 독립운동가와 지식인들이 합류한다. 그러나 이들은 자신들을 "민족주의자"로 만든 의회와의 제휴를 제외하고는 공통된 관심사를 가지지 않았고 민족주의 이론도 공통되지 않았다. 그러므로 민족주의 엘리트들에 의해 구성된 역사는 역사의 의식적 주체로서의 저항자를 노동자, 농민이라는 추상물로 대체시키고 저항자의 실제 역사적 개인성보다는 이를 하나의 이상으로 전유한 것이다(Guha 1–42). 이 같은 맥락에서 맥클린턱(Anne McClintock)은 민족주의가 여성해방에 아무런 기여를 하지 못했다고 강도 높게 비판하였다(386). 앤더슨(Benedict Anderson)의 "상상적 공동체"(Imagined Communities)로서의 근대국가의 개념이 인종중심주의임을 지적한 프랫(Mary Louise Pratt)은 "민족이란 그 규정상 상상적 공동체라는 점에서… 여성을 매우 특이하고 항시 불안정한 존재로 자리매김하는데, 민족구성원으로서의 여성은 남성과 대등한 형제로 스스로를 상상하거나 상상하도록 유도되지 않는다"(Ray 97쪽에서 재인용)고 반박하였다.

그러므로 우리는 반식민적 민족주의 담론의 일정한 역할도 인정하지만 그것의 반페미니즘적 성격을 깊게 파헤쳐 볼 필요가 있다. 포스트식민 연구에서 대중의식 문제에 대한 방법론적 틀은 인도의 "하위주체 연구"(subaltern studies)팀에 의해 진행되었지만 이 연구가 지닌 복합적인 문제점을 제기한 것은 스피박이다. 문학과 문화비평 영역에서 무수한 질문과 도전을 행하고 있는 포스트식민비평가 가운데 스피박은 단연 포스트식민 연구분야를 정교하고 복잡하게 전개시킨 점에서 크게 기여하였다. 스피박은 영미학계에서 해체논쟁을 촉발시키는 것을 시작으로, 서구 지식인이 노동자나 비특권화된 사회의 역사적 경험을 매개할 수 없다는 점을 "하위주체는 말할 수 있는가?"라는 도전적 질문을 통해 제기하였다. "토착 정보제공자"로 전락할 위험을 지닌 포스트식민 지식인들의 복잡성을 가시화하면서 포스트식민 논쟁의 다른 차원을 열게 한 스피박은 지구촌 구석구석을 돌아보면서 스스로를 타자로 설정하며, 스피박 자신과 우리 스스로가 어떤 존재인가를 성찰하게 하는 글쓰기를 시도한다. 그것은 곧 서구 철학자들과 페미니스트들이 전 지구적인 정치, 경제 게임에서 어떻게 수렴되고 갈라지고 있는 가에 관해 짓궂은 질문을 건네는 글쓰기이다.

1980년대 초반 무렵, 하위주체 연구는 "대중의식의 내용과 형식을 회복하거나 폭로"하는 작업에 관여하였다. 파농의 "대지의 저주받은 자들"이 역사를 갖지 못한 사람들을 지칭하듯, 엘리트가 주도하는 재현에서 "대중"은 말해지는 대상이지, 스스로 말할 기회를 갖지 못한 사람들이었다. 하위주체 연구팀은 하위주체가 자신들에 대해, 스스로를 위해 말할 수 있는 승인된 공간에 참여하기를 주장하게 된다. 이에 대해 스피박은 하위주체가 국가와 시민사회라는 엘리트 영역에서 아무런 발언권도 없이 구조화되고 있음을 역설한다. 즉, 어떤 담론적 맥락에서도 하위주체는 자신을 재현할 수 있는 위상을 지니지 못하므로, 엘리트 영역에서 "하위주체는 말할 수 없다"는 주장이다. 하위주체는 어디까지나 담론의 대상이지 주체는 아니며, 사회적 엘리트와 비엘리트의 구분점을 너머, "그 자체로서" 기표화할 수 없음을 나타내고 있을 뿐이라고 주장한다.

스피박의 논지에서 볼 때, "대중"이란 항상 규정당하는 비재현적 존재이다. 엘리트 담론에서 "하위주체"로 읽혀지는 것은 무엇이나 하위주체를 위해 항상-이미 개조되고 전유되며 번역되고 우롱 당한다. 정확히 말해, 엘리트 담론에서 대중 실천과 그것에 대한 (잘못 인식하는) 해석 사이에는, 환원될 수 없는 간격이 존재한다. 특히 젠더화된 하위주체 여성은 가장 크게 어려움을 겪는 존재로, 그녀들을 연민으로만 기술하는 방식은 적절하지 않다. 따라서 스피박은 인류학자의 탐구대상과 하위주체 활동가의 대화 사이에는 현저한 간격이 있다고 주장한다.

스피박은 "하위주체는 말할 수 있는가?"에서 유색여성들의 문제를 누가 주체적으로 담론화하는가의 문제를 이론적 차원에서 제기하였다. 스피박은 특히 포스트식민 남성과 여성의 목소리의 차이를 규명한다는 점에서 다른 포스트식민 비평가인 사이드나 바바와는 다르다. 동양에 대한 서구의 재현을 분석한 사이드는 서양은 우수하고 남성적이며 동양은 열등하고 여성적이라는 "서양 대 동양"의 이분법적 처리에만 기초하며, 식민과 피식민 사이의 상호작용을 이론화하는 바바 역시 여성과 남성의 차이를 언급하지 않는 데서 볼 수 있듯, 여/남의 문화적 차이를 무시하고 있다. 그러나 스피박은 포스트식민 문화에서 여성을 독자적으로 자리매김할 뿐만 아니라 나아가 페미니즘 내부의 이질성이나 차이에 관심을 두려함으로써 사이드나 바바에게서 중요한 역할을 하지 못했던 성적, 계급적 차이를 분석대상으로 삼고 있다.

스피박은 오늘날 제3세계 여성이 결국 인식론적 폭력의 희생자가 되어 그들의 의식과 주체가 제국주의나 민족주의의 주체구성으로 편입되었음을 지적한다. 스피박은 포스트식민 지식인이라면 하위주체 여성들의 역사적 침묵에 대해 말하는 것을 배워야만 비로소 이론의 인식론적 폭력의 다른 계기를 발생시키지 않게 된다고 주장한다(295). 포스트식민 이산 지식인이자 오늘날 가장 영향력 있는 문화, 문학 이론가인 스피박은 이처럼 당대의 비평이론을 정치적으로 이용하여 우리의 사유방식에 온존하는 식민주의 유산에 도전하는 사상가로 잘 알려져 있다. 서구문화로부터 밀려난 주변화된 목소리와 텍스트를 옹호하는 데 있어 선도적인 한편, 이 시대의 지배적 이념들과 대결을 벌인다는 점에서 그녀는 도전적인 싸움꾼 지식인이라 할 수 있다. 그러므로 우리 시대의 문화이론을 알고자 하는 사람이라면 스피박을 통과하지 않을 수 없다(『스피박의 대담』, 11-12).

최근까지도 문화적으로 자기를 정의하려는 데 있어 우리의 비평적 관심은 인종/젠더/계급의 세 영역에만 쏠려 있었다. 또 이들 영역이 풍부한 자원을 제공해왔음도 사실이다. 그러나 1980년대 이래로 성적 주체성(sexuality)이 문화적 정체성의 주요 요인으로 부상함에 따라, 우리는 성적 주체성의 문제에서 다시 한 번 "배제"와 "주변화"에 주목하게 된다. 이 같은 의미에서 영어권 문화연구에 성을 연관시키는 작업은 중요하다. 우리는 그간 "배제"와 "주변화"가 문화의 토대를 형성해왔고 그 과정에서 만들어진 중심과 주변부는 우리에게 자연스럽게 여겨지는 문화의 기초를 구성하고 있음을 보아왔다. 여러 영향력 있는 이론가들, 예를 들어 푸코는 성을 사회조직의 중요한 원칙으로 본다.

특히 퀴어이론(queer theory)이 문화연구에 기여한 바는 인종, 젠더, 계급 다음의 네 번째 분석범주로서 성을 강조함으로써 성과 젠더는 분리될 수 없다고 주장한 점이다. 이러한 이론은 우리로 하여금 문화담론에서 성적 정체성이나 성적 활동의 영역에 가치를 부여하게 한다.

••• 4. 이산과 혼종 문화

홀(Stuart Hall)과 민하(Trinh T. Minh-ha)와 같은 인류학 비평가들은 우리가 문화를 어떻게 이해할 것인가에 대한 문제를 제기하는 한편, 이산(diaspora)과 문화적 혼종성에 대한 현대적인 호소를 통해 정체성에 대한 본질주의자의 사고방식을 문제시한다. 이들은 문화란 항상 이미 구성되어 있으므로 "재현할 수 있다"는 식으로 문화를 단순히 반영하기보다는, 문화를 구성하는데 우리가 참여할 수 있다는 점을 주장하는데, 이는 이산과 이산 의식을 중심으로 한 논쟁에서 중요한 내용이다. 홀은 「문화적 정체성과 이산」이라는 글에서 문화에 대한 관계적이며 공간적인 이해를 주장한다. 우리가 설령 진정한 "핵심적" 정체성을 발견할 수 있다하더라도 이를 복원시킬 수 있다고 생각하는 것에 문제를 제기하는(226) 홀은 발견될 수 있거나 회복될 수 있는 진정한 "핵심"으로서 정체성의 개념에 강한 의문을 제기한다. 그는 문화에서의 동일시의 행위를 강조하고 문화적 정체성의 문제를 재현과정에서 항상 구성되는 담론적 형성으로 자리매김한다. 비록 홀이 젠더의 문제라든지, 또 그것이 문화의 공간적 정치학에 어떻게 영향을 미치는 지에는 침묵을 지키지만, 그의 이론은 정체성 구성에 연루된 권력의 역동성을 전경으로 끌어다 놓는다는 점에서 유용하다. 결국 홀의 주장은 페미니즘이 개입하게되는 길을 열어놓게 되었는데, 그것은 문화적 정체성에 대한 주장들은 필연적으로 변화를 따르지 않을 수 없다는 것이다.

이산의 탈국가적 개념은 국민국가의 연속적, 선형적 역사와 발전적, 합목적적 관계에서 흔히 형상화되는 단일하며 배타적인 민족주의자의 이데올로기들을 와해하는 데 유용한 것으로 입증되었다. 여기에서 국가의 이미지는 안정된, 침투할 수 없는 경계선들에 의해 닫힌 것으로 보인다. 클리포드(James Clifford)에 의하면 안정되어 침투할 수 없는 경계로 둘러싸인, 닫혀진 국가 이미지는 이산자들의 경계를 넘나드는 삶과 대조되는 것으로, 이산자가 생각하는 모국은 그 윤곽이 끊임없이 만들어지고 변형되며 모국과 그 문화의 기원자체가 탈자연화되고 탈신비화된다(7). 동질성이나 민족적 응집력에 대한 주장들은 전치라든지, 외국인 타자와 연루되는 것에 대한 두려움과 연결되어 전개되어왔다.

민족적, 문화적 공간의 의미에 대한 강력하고 때로는 치열한 싸움을 통한 글쓰기나 이야기하기는 많은 이산 "제3세계" 여성을 위한 저항형식과 기능의 원천으로서 중심적인 개념이 되어왔다. 표준적이며 남성규범적인 역사의 기록은 행위자로서 여성을 흔히 배제해왔다. 그러므로 역사를 다시-말하기, 이야기를 서술하기, 이미지를 만들어내고 상상적 여성의 공간을 형성하는 작업들은 매우 급진적 행위로서, 이를 통해 여성들은 식민/남성 텍스트를 되받아 쓰고 안정을 교란시킨다. 모핸티(Chandra Mohanty)는 "제3세계" 페미니즘을 위한 비평적 지도를 그리면서 "제3세계" 여성들의 글쓰기나 말하기의 중요성을 강조한다. 모핸티는 실천적 페미니즘을 전통적인 비평적 틀 안에 놓고 대화하면서 의식과 기능을 강조한다.

민하는 이산 "제3세계" 여성들의 "입지"를 기술하는데 "혼종성"의 개념을 사용하며 이를 봉쇄, 경계, 가장자리를 급진적으로 강화하거나 불안정하게 하는 것으로 파악한다. 그녀는 혼종성의 개념을 사용하여 "제3세계" 이산여성을 문화, 언어, 사회의 틈새나 이것들이 중첩되는 영역에 낀 사이적(in-between) 존재로 본다(140). 여성은 "혼종의 공간에서 말하기"를 통해 남성텍스트를 다시 쓰는데, 이를 통해 지금까지 수용되어온 문화와 역사의 편파성을 드러내고 거기에 질문을 제기하여 여/남, 과거/현재간의 상호 연결지점이 모색될 수 있다고 본다. 민하에 의하면, 혼종성은 손쉽게 규정되거나 단일화된 의미에 저항한다. 잃어버린 기원이나 전체성이라는 과거의 향수에 젖어 이를 반추하기보다는 오히려, "혼종의 공간에서 말하기"를 실천할 필요가 있으며 이를 통해 여/남, 고통스런 과거/현재 간의 상호연결지점이 모색될 수 있다. 이러한 관점에서 볼 때 식민/남성텍스트를 다시 쓰는 작업은 전술적 작업으로 보여진다. 비록 민하가 역사 다시 쓰기라든지 수용된 역사의 편파성을 노정하면서 거기에 질문을 제기하기위해서 상상력과 시적 언어를 사용하는 것의 중요성을 인식하기는 하지만, 그녀는 남성텍스트를 다시 쓰는 것이 겉으로 보이는 대결적인 움직임들의 단순한 역전을 가져올 따름이라면 한계가 있다고 경고한다. 민하에 따르면, 역전의 전략은 "전치의 전략"에 미묘하게 묶여(157)있어야 하는데, 그럴 때만 이분법적이며 이원적인 사고의 모델에서 벗어날 수 있다는 것이다.

••• 5. 타자의 이해와 문화적 윤리성

세계화, 초국가적 문화, 그리고 지구지역적 문화생산에 대한 연구는 영문학 연구뿐만 아니라 영어권 문화연구에 콘텍스트를 제공한다. 특히 영어권 문화 텍스트는 좁게 규정된 포스트식민 맥락에서가 아니라, 세계적 규모로 전유되고 번역되고 재순환된, 탈영토화된 문화적 산물들이다. 이 문화 텍스트들은 세계화 연구가 특히 망명, 전치, 그리고 이동이라는 현상에 연결된 디아스포라 사회에 근거한 문학연구를 진척시키는 방식으로 포스트식민 연구를 생산적으로 활성화시킨다. 이처럼 영어권 문화 텍스트가 초국가적, 상호 문화적 교환, 전유, 변형의 복잡한 체제에 대한 포스트식민적 관계를 잘 드러내는 것은 식민화, 신식민화, 그리고 그것들의 역사에 근거하면서도 전 지구적 자본주의와 문화적 상품의 초국가적 유통, 그리고 혼종적 정체성이 서로 투쟁하는 장으로 제시되기 때문이다. 나아가 그것은 식민화의 궤적을 따라 특히 국가형성의 절박함을 강조하는 포스트식민 텍스트들로 머무는데 그치지 않고 거기에서 더 나아가, 글로벌 문화의 출현을 연구하는 데 유용한 틀을 제공한다. 그 틀은 세계화가 포스트식민의 역사와 불가결하게 연결되어있음을 잘 보여준다.

전술한 바와 같이, 오늘날 교육의 가장 근본적인 양상들이 세계화 현상, 포스트식민적 사고, 그리고 환경에 의해 크게 도전을 받고 있는 상황에서 영어권 문화의 이해는 "다른 세계들"의 "다른 문화들"을 이해하는 데 가장 중요한 분야라 할 수 있다. 이제 영어권 문화에서 식민지, 주변부, 하위문화, 젠더와 성, 인종문제가 곁들여진 다양한 주체들을 살펴보는 작업은 단순히 지역연구를 논하기보다는 여러 경계선의 상황 속에서 주변성과 타자성을 극복하여 정체성을 탐구하려는, 새로운 형태의 다문화적 성격을 띠고 있다. 문화의 상대적 가치를 인식하는 일이야말로 문화에 대한 편견으로부터의 해방이라는 인식에 맞닿아 있다고 볼 때, 영미의 중심부 문화생산의 일부로 왜곡되게 개념화된 주변부 영어권 문화에 대한 올바른 이해야 말로 우리로 하여금 인종적, 계급적, 성적, 문화적 정치권력의 관계를 비판적으로 읽어내고 나아가 다른 세계의 타자들을 비로소 이해하게 할 것이다. 다른 문화에 대한 다른 경험들을 이해할 수 있을 때 우리의 제도적 문화에서의 커다란 변화가 가능할 것이다. 따라서 타자의 문화를 타자의 시선에서 이해하는 작업, 바꿔 말해, 타자의 시선에서 다른 세계들을 읽는 문화의 윤리성이야말로 우리로 하여금 지역과 세계 속의 문화에 대한 시야를 제대로 확보할 수 있게 한다. 결론적으로 말해, 영어권 문화에 대한 이해는 우리로 하여금 자아와 타자의 대화적인 관계로 서로 다른 역사적, 문화적 과정들을 이해하고 지식생산에 참여하는데 도움이 될 것이다.

참고 문헌

가야트리 스피박. 『스피박의 대담』. 이경순 역. 서울 : 갈무리, 2006.

이경순.「다른 세계들, 다른 텍스트들: 영어권 문화연구에서의 영화의 활용」. 『문학과 영상』. 2.2 (2002) : 61–92.

____.「영미소설과 영화강의의 사례연구」. 『문학과 영상』. 1.1(2000 상반기): 69–96.

Ashcroft, Bill, Gareth Griffiths, and Helen Tiffin. *The Empire Writes Back: Theory and Practice in Post-Colonial Literature*. London: Routledge, 1989.

Bhabha, Homi, ed. *Nation and Narration*. New York: Routledge, 1990.

Clifford, James. Routes: *Travel and Translation in the Late Twentieth Century*. Cambridge: Havard UP, 1997.

Fanon, Frantz. *Black Skin White Masks*. New York:Grove, 1967.

Guha, Ranajit. "The Prose of Counter Insurgency." *Subaltern Studies: Writings on South Asian History and Society. vol. 2*. Delhi: Oxford UP, 1983:1–42.

Hall, Stewart. "Cultural Identity and Diaspora." *Identity: Community, Culture, Difference*. Ed. Jonathan Rutherford. London: Lawrence and Wishart, 1990. 223–37.

McClintock, Anne. *Imperial Leathe: Race, Gender, and Sexuality in the Colonial Context*. New York and London: Routledge, 1995.

Minh–ha, Trinh. Framer Framed. New York: Routledge, 1992. Mohanty, Chandra, Ann russo and Lourdes Torres, eds. *Third World Women and the Politics of Feminism*. Bloomington: Indiana UP, 1991.

Ray, Sangeet. "Gender and the Discourse of Nationalism in Anita Desai's *Clear Light of Day,*". *Genders* 20 (1994): 96–119.

Said, Edward. *Orientalism*. New York: Vintage Books, 1979.

____. *Culture and Imperialism*. New York: Alfred A. Knopt, 1993.

Spivak, Gayatri Chakravorty. "Can the Subaltern Speak?" *Marxism and the Interpretation of Culture*. ed. Cary Nelson and Lawrence Grossberg. Urbana: U of Illinois P, 1988. pp. 271–313.

Williams, Raymond. *Culture*. London: Fontana, 1981.

현대 영어권 문화의 이해

아프리카

비극의 씨앗에서 희망의 대륙으로

아프리카

비극의 씨앗에서 희망의 대륙으로

김 현 아

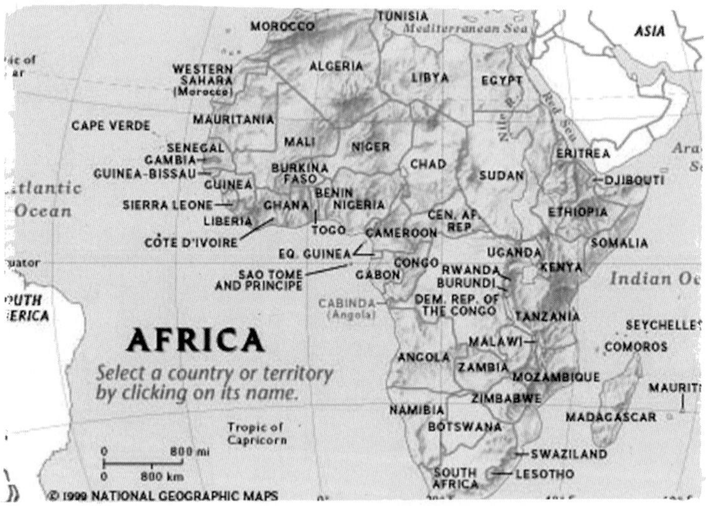

▲ 아프리카 전도 (출처: 내셔널 지오그래피)

••• 1. 아프리카 대륙이 차지하는 중요성

세계지도를 펼치면 유럽은 상단을 차지하고 아프리카(Africa)[1]는 하단에 위치한다. 이 익숙한 지도의 배치는 언제부터인가 "어째서 유럽은 늘 위쪽에, 아프리카는 아래쪽에

1) 아프리카라는 단어는 "아프리(Afri)"라고 불렀던, 오늘날의 베르베르 사람들의 조상으로부터 유래했다. 뒷날 아랍 사람들은 이 말에서 북부 아프리카 지역을 가리키는 "아프리퀴아(Afriquia)"라는 말을 만들어냈다(다이크 17). 현재 사용되는 아프리카라는 단어는 기후적 특징을 드러내는 "추위가 없는" 이라는 아프리케(Aphrike)의 고대 그리스어와 "햇빛이 내려쬐는"이라는 라틴어 아프리카(Aprica)로부터 그 명칭이 시작되었다. 아프리카가 현재의 대륙으로 불리게 된 것은 16세기에서 17세기 무렵, 네덜란드 탐험가들로부터 이곳이 독립된 대륙이라는 사실이 알려지면서 부터이다.

위치해 있을까?, 어째서 세계지도의 중심은 항상 같을까?, 아프리카가 유럽보다 작다는 게 사실인가?"(지식채널e 5)라는 의문을 불러일으켜 왔다. 이러한 의문은 사실상 유럽 중심의 지도제작자들이 자신들의 이해관계에 따라 주관적인 세계관을 지도에 반영한 결과, 지도를 사용하는 사람들의 인식에 왜곡된 영향을 미친 데에서 비롯된다. 1956년 역사상 최초로 세계지도를 선보인 네덜란드 태생의 메르카토르(Gerhardus Mercator, 1512-1594)[2]는 지도제작에 혁신을 가져왔다는 불후의 명성을 얻었다. 그러나 극지방으로 갈수록 면적이 작게 왜곡된 이 세계지도에는 아프리카가 유럽보다 실제로 여섯 배가 넓지만, 하단이나 변방에만 위치해 있다. 식민정책이 가속화되면서 유럽인이 탐험과 영토 확장을 주도해 갈 무렵, 메르카토르 지도는 백인우월주의의 입장에서 유럽과 북미대륙을 중앙에 부각시키고 아프리카 대륙은 축소시키거나 아예 생략해 버렸다. 아이러니컬하게도 당시 새로운 땅에 혈안이 되어있던 식민주의자들과 항해사들에게 탐험과 새로운 항로개척을 위해서는 왜곡된 이 세계지도가 절대적인 대상이었다. 지리에 대한 지식이 성패를 좌우하는 가운데 신대륙에서의 각축전은 "발견"이 곧 "정복"으로 이어졌기 때문이다. 탐험과 정복이라는 이러한 과정에서 탄생되고 추종된 세계지도는 "문화와 문명의 거울"이 되지 못하고 정치적 목적으로 치우쳐저 활용된 것이다.

정복이 활발해지면서 세계의 중심 역시 자신들의 것이라고 믿었던 백인들은 아프리카에 관한 모든 것을 그들의 입장에서 설명했다. 그러나 유럽을 제외한 아프리카와 다른 대륙에서 지도의 왜곡에 대해 반박하기 시작한다. 더불어 아프리카를 비롯한 제3세계라 지칭된 나라들은 객관적인 입장에서 세계지도를 점차 제대로 그려나갔을 뿐만 아니라 현실에서도 중요한 대륙으로 부상하기 시작한다.

2) 위도와 경도를 사용해 최초로 세계지도를 그린 측지학자이다. 그가 처음으로 세계지도를 그렸다는 데에 높은 평가를 주기도 한다. 하지만 그의 지도는 백인우월주의에 근거해 중요한 지역들은 처음부터 지도에 나타나지 않거나 과장됨으로써 객관성을 상실했다는 비난을 받아왔다. 그의 지도 한 장이 세상의 중심은 유럽과 북미라는 허구적인 사실을 오랫동안 정착시켰기 때문이다.

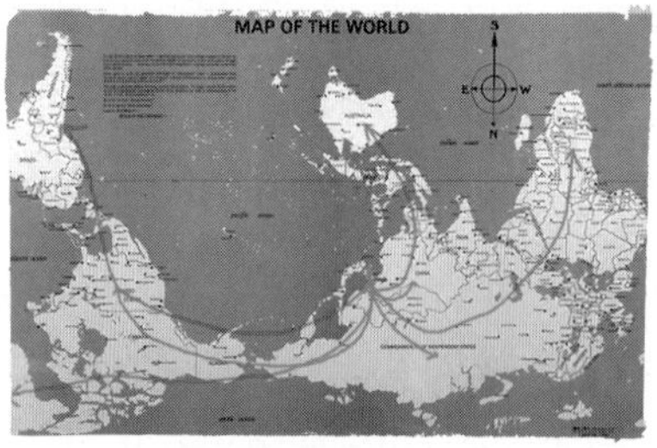

▲ 거꾸로 된 세계 지도

"거꾸로 된 세계지도를 상상해 보라. '그들의 세계지도'에는 뉴기니와 호주가 중앙부 상단에 붉은 태양처럼, 세계의 머리처럼 높이 떠올라 있었다. 아메리카 대륙도 유럽도 그들의 머리, 세계의 태양을 떠받들고 있는 한낱 지체들이었다. . . . 세계지도는 위와 아래를 바꿀 수도 있고, 동서가 바뀌어 돌고 도는 것이며, 어디가 세계중심인가에 따라 주변도 달라질 수 있는 '마술과도 같은 것'이었다"(이태주, 『문명과 야만을 넘어서 문화읽기』).

거꾸로 된 세계지도를 통해 과거 지도제작의 이면에는 특정 공간과 그 공간이 맺는 권력 그리고 헤게모니의 관계가 압축되었음이 밝혀졌다. 과거의 왜곡된 지도는 실제공간과 상상의 공간이 뒤섞인 채, 서양의 세계관만을 반영한 가운데 제작자의 의도와 관점을 투영하는 정치적 도구였던 것이다. 그리하여 더 이상 유럽이 중심이 아닌, 거꾸로 된 세계지도가 탄생하면서 발상의 전환이 시작되었고 아프리카는 수면 위로 떠오른다.

보라, 변방이 전진하고 중심이 후퇴한다.
동양이 반드시 동양도 아니며
서양이 반드시 서양도 아니다.
정체성은 여러 가지로서
성채나 참호가 아니기 때문이다.

마흐무드 아르위시(1941–2008)
〈아몬드 꽃처럼, 아니 더 멀리〉, Actes Sud(2007)
출처: 『르몽드 세계사2: 세계질서의 재편과 아프리카의 도전』

상상과 현실, 지도를 통해서까지 왜곡되어 온 아프리카는 많은 사람들에게 단순히 "미지의 세계"이면서 "고통의 대륙"으로 인식되었기 때문에 아프리카를 어떻게 이해할 것인가에 대한 논의는 중요하다. 현재 아프리카 대륙이 서양의 침략과 수탈, 심지어는 학살로 잠식된 결과 빈곤과 내전이라는 굴레에서 벗어나지 못한 것은 사실이다. 과거 노예제도의 여파로 현재 아프리카 전체 인구의 3분의 1이 조국을 떠나 다른 대륙으로 뿔뿔이 흩어져 사는가하면, 식민주의의 영향으로 종족과 부족 간의 갈등이 빈번하기 때문이다. 다양한 종족이 조화롭게 살던 아프리카는 유럽의 탐욕으로 시작한 식민지 정복의 여파로 산산조각이 났다. 이것이 아프리카의 문화적 통일과 번영을 지연시켜 왔음은 당연한 결과일 것이다.

아프리카는 현재의 열악한 현실적 조건과는 달리, 그리고 유럽이 아프리카를 바라보는 일그러진 시각과는 달리, 인류 최초의 공동체가 출현한 무대이자 인류의 요람이다. 이러한 배경은 아프리카 대륙이 세계의 수많은 문화적 유산과 정체성의 형성 과정에 깊은 영향을 미쳐왔다는 의미이다. 그동안 아프리카는 경제적인 측면의 수치만으로 "검은 대륙"이나 "미개인"으로 그려져 왔다. 게다가 아프리카는 온갖 비극의 온상으로 치우치면서 "검은 대륙"의 이미지는 마치 사회적인 통념처럼 자리잡아 왔다. 그러나 "영토나 환경들에 대한 사람들의 관념들은 먼 옛날 아프리카의 경험에서 비롯"(블레이 391)되었다는 표현처럼 아프리카는 알 수 없고 모호한 "야만"의 근원이 아니라 태고의 문명과 인류의 근원이 되는 대륙이다.

가령, 아프리카의 뿌리 깊은 종교적 신앙은 조상과 창조신을 비롯한 자연신들에 대한 숭배를 통해 아프리카인들을 환경과 결속시키면서 공동체와 가족에 대한 강력한 유대감과 결합하였다(스턴스 133). 이것은 현재의 공동체라는 모체가 아프리카의 원형을 따르고 있다는 주장의 뒷받침이 되며, 오늘날 강대국들의 모체 역시 아프리카의 공동체에서 확산되었음을 말해주는 것이다. 그러나 안타깝게도 최첨단의 과학기술과 급속도로 진행되는 문명화는 아프리카를 더욱 낯설고 멀리 있는 공간으로 인식시키면서 가난과 전쟁의 땅이라는 원시성의 범주에 가둔다. 이것은 서구가 아프리카를 대하는 인종적, 지역적, 종교적 태도 그 이면에 여전히 올바른 해석을 방해하는 수많은 역사적 왜곡과 편견이 이데올로기의 형태로 잠재해 있음을 의미한다.

아프리카의 문화 지형도에 대해 일반화시켜 언급한다는 것은 어려운 일이다. 그 이유는 아프리카의 많은 현상들과 이 대륙의 정체성은 사회적, 역사적, 자연적 배경을 토대로 한 "복합성"과 "다양성"을 내포하고 있어서이다. 따라서 아프리카의 올바른 이해를 위해서는 과거의 편견과 억측을 뒤로 하고, 이 대륙의 정치, 경제, 환경 등의 문제를 종합적이고 거시적인 안목으로 바라봐야 할 필요가 있다. 예를 들어, 아프리카가 전 세계 6개의 대륙 중에서 유혈사태가 가장 많은 대륙이라는 통계적 측면에 대해서는 과거의 역사적 맥락을 우선 이해해야 한다. 외세에 의한 종족/부족 간의 갈등 외에도 고질적인 서구의 수탈을 경험해 온 아프리카인들은 극심한 고통을 누리고 있지만 세계역사는 이를 객관적으로 기록하거나 진실을 밝히지 않았다. 더욱이 최초로 아프리카를 대외적으로 소개했던 유럽 학자들까지도 아프리카 대륙에 대한 광범위하고 객관적인 인식이 턱없이 부족했던 탓에 아프리카를 잘못 해석하는 데 가세했다. 그러나 서구의 편중된 시각과는 다르게 아프리카는 더 이상 "미지의 땅"(terra incognita)[3]이라는 이름에 묻히고 마는, 수동적이고 무능력하며 동정을 받아야 하는 대륙이 아니다. 그 대신 아프리카는 인종차별과 경제적인 어려움 등에 대항하며 그들만의 공통적인 정체성 아래 열악한 조건들을 개선해가고 있는 대륙이다.

3) "미지의 나라(terra incognita)" 또는 "미개척의 나라"라는 뜻으로 지도의 어디에도 표시되어 있지 않은 지역이며 여기에서는 아프리카 대륙을 말한다. 아프리카 대륙은 19세기 초까지만 해도 지도상에 제대로 표기되지 않았고 세상에 잘 알려지지 않은 "미지의 땅"이었다. 이 말은 아프리카는 개척되지 않은 공간이기 때문에 언제든지 유럽열강의 식민지로 전락할 수 있음을 내포한다. 이러한 주장은 유럽 제국주의가 아프리카 대륙에 진출 수 있는 계기를 마련해 준 셈이다.

••• 2. 식민역사와 종족분쟁, 그리고 해방에 이르기까지

아프리카의 현황

2천여 개의 인종 집단과 언어로 구성된 아프리카는 세계에서 두 번째로 큰 대륙으로 아시아 다음으로 크며, 세계 면적의 5분의 1에 해당한다. 현재 아프리카의 인구는 8억여 명으로 세계인구의 8분의 1을 차지하며 두 번째로 그 비중이 높다. 아프리카는 대서양과 인도양 사이의 적도 상에 남북으로 놓여 있으며 크게 동아프리카, 서아프리카, 중앙아프리카, 북아프리카, 남아프리카 등 5개 권역으로 구분된다. 아프리카 대륙의 북부경계는 지중해이며 흑아프리카(Black Africa)의 북부경계는 사하라 사막으로 대륙의 3분의 2가 북쪽에 위치한다. 보통 대륙적인 의미에서 아프리카는 아프리카 대륙 전체를 의미하는 사하라 이남(Sub-Saharan)[4] 지역을 말한다.

사하라 남부에는 8백여 종족이 넘는 흑인이 거주하고 있으며 인구의 대부분인 아프리카 전체 인구의 80%가 이 부분에 분포해 있다. 인종적인 의미에서 정의하자면 아프리카는 흑인이 살고 있는 흑아프리카지역을 말한다. 이곳은 주로 니그로, 피그미, 코이산, 코카사스, 몽골로이드 등 5개의 종족으로 구성되어 있다. 문화적인 차원에서 보면 아프리카 대륙은 다양한 접촉방식으로 다른 지역과 교류를 맺어왔다. 가령 이슬람권에 속하는 지중해 연안지역의 북아프리카 지역은 7세기 초부터 종교 · 문화적으로 이슬람의 영향을 받아 왔다. 동부 아프리카는 이슬람교가 전파된 이래로, 문화적으로 수세기 동안 아시아 · 유럽계의 다양한 대륙의 인종과 긴밀하게 교류하였다. 서아프리카는 금 때문에 15세기 무렵부터 유럽 강대국들의 관심대상이 되다가 17-18 세기에는 노예무역의 중심지로 바뀐다. 중앙아프리카는 사하라 사막 이남과 잠베지강 이북 중간지역을 가리킨다. 이 지역이 아프리카의 중심부를 차지하면서도 인구밀도가 낮은 이유는 원주민 대부분이 노예사냥을 통해 팔려갔기 때문이다. 남아프리카는 오늘날 아프리카 지역 연구에서 중요한 비중을 차지하고 있다. 이곳에는 선사 시대부터 살았던 것으로 알려

4) 아프리카 대륙 중에서 사하라 사막의 남쪽에 위치하는 국가들을 지칭하며 흑인 인구의 분포도와 관련하여 블랙 아프리카(Black Africa)라고도 한다.

진 부시맨과 코이코이인들, 중앙아프리카 지역에서 내려온 반투(Bantu)인들이 함께 정착했다. 남아공이 아프리카의 다른 지역과 주로 비교되는 이유는 다양한 국적의 백인들이 이 지역에 정착함으로써 흑백의 공존이 시작되었기 때문이다.

권역별로 아프리카의 특징을 살펴보면, **북아프리카**는 지중해와 접해있는 이집트, 리비아, 모로코, 알제리, 튀니지와 수단 공화국 등을 포함한다. 이 지역에는 세계에서 가장 큰 사하라 사막이 있으며 그 크기는 거의 유럽대륙과 맞먹는다. 북아프리카의 주요 인종인 베르베르족은 북아프리카의 토착종족이며, 과거에 로마와 아랍인들의 지배를 받았다. 이 영향으로 현재 북아프리카는 아랍인이 다수를 차지하며 이슬람 문화의 영향을 많이 받아서 인종, 예술, 문화 면에서 아프리카의 다른 지역과는 이질적이다. 북아프리카 문화와 사하라 이남의 문화는 사하라 사막을 기준으로 서로 다른 특징 때문에 이곳의 정체성을 아프리카로 분류할 것인가 중동으로 분류할 것인가라는 문제에 자주 봉착한다.

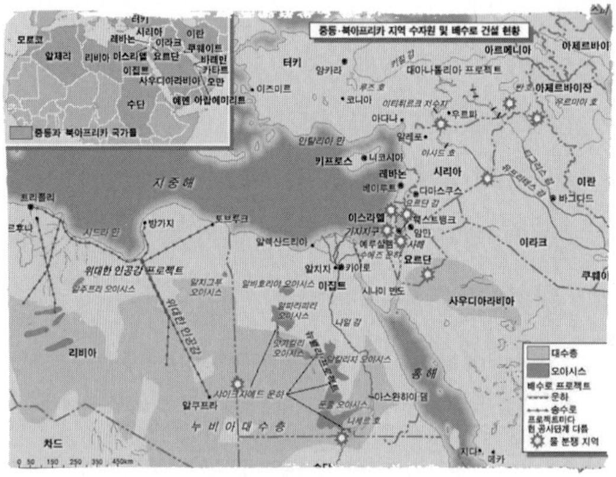

▲ 북아프리카 지도 (출처: 브리태니커 온라인)

동아프리카는 용맹함으로 유명한 마사이족이 주로 거주하던 지역이다. 이곳은 7세기 무렵부터 아랍지역과의 무역활동이 활발했던 영향 때문에 이슬람교가 전파되면서 흑인과 아랍인이 공존하는 문화를 형성한다. 동아프리카에는 케냐와 탄자니아, 에티오피아, 지부티, 소말리아, 우간다, 르완다, 부룬디 등이 포함된다(흔히 에티오피아, 지부티, 소말리아, 수단, 르완다 등의 국가를 동부 아프리카에서 제외하여 뿔(Horn)지역[5]으

5) 이곳의 지형이 코뿔소의 뿔같이 인도양 쪽으로 돌출한 데서 유래한 이름이며 인도양과 홍해를 감시하는 전략요충지로 동서간의 각축장이 되고 있다.

로 분류하기도 한다). 이 지역의 내륙지방에는 주로 아프리카 흑인 원주민들이 거주했고, 해안지방에는 무역을 통해 왕성한 활동을 벌이던 아랍인들이 주를 이루었다. 19세기를 맞이하기까지 아프리카와 유럽, 아시아 간에 실질적인 접촉은 없었지만 무역으로 아프리카에 영향력을 행사하던 아랍 상인들은 내륙지방을 장악할 수 있을 만큼 동아프리카의 지역적 여건에 박식했다. 아랍인들이 이곳에서 적극적인 무역활동을 벌였던 이유는 그 당시 성행했던 금이나 상아의 거래에서 얻었던 수입보다 이 지역의 흑인들을 헐값으로 사들인 다음 외부로 되파는 과정에서 더 많은 수입을 챙길 수 있었기 때문이다. 이것은 곧 노예무역이 얼마나 활발했는지를 보여주는 증거이며, 아랍인의 활동이 서서히 유럽에 전해지면서 19세기 이후에는 동아프리카의 실정이 차츰 유럽인들에게 알려지게 되었다.

▲ 동아프리카 주요국

서아프리카는 요루바족과 아샨티족이 주로 사는 차드호수의 서부지역을 가리키며 말리, 니제르, 세네갈, 기니, 시에라리온, 라이베리아, 가나, 나이지리아 등이 주요 국가에 포함된다. 서아프리카는 아프리카 인구의 약 1/3을 차지하며 인종도 매우 다양한 지역으로, 특히 대서양 노예무역을 통해 수많은 노예들이 제공된 지역이기도 하다. 서아프리카는 정치적으로 일찍 안정기를 이룬 국가들도 있지만 잦은 분쟁과 쿠테타로 인해 정치적으로 불안정한 국가들이 대부분이다. 특히 라이베리아, 시에라리온, 기니에서는 풍부한 지하자원의 이권을 둘러싸고 부

▲ 서아프리카 지도 (출처: 위키피디아)

족과 무장집단 사이에 만성적인 갈등과 내전이 팽배해 있다.

▲ 중앙아프리카 지도(출처: 브리태니커 온라인)

중앙아프리카는 차드(Chad)라고도 하며 사하라 사막 이남과 잠베지 강 이북 사이에 있는 아프리카 대륙의 중앙부 지역을 말한다. 이 지역에 해당되는 국가는 중앙아프리카공화국 가봉과 한때 자이르라고 불렸던 콩고민주공화국 등 프랑스의 지배를 받았던 적도아프리카를 포함해 르완다, 브룬디, 카메룬, 적도 기니, 쌍톰 프린시페 등이다. 이 지역의 국가 대다수는 과거에 프랑스와 벨기에의 식민지 국가였기 때문에 주로 불어를 사용하며, 적도 기니는 스페인어, 쌍톰 프린시페는 포르투갈어를 사용하고 있다. 15세기 무렵 포르투갈 상인들이 이곳에서 무역을 시작하면서 동/서아프리카와 마찬가지로 노예매매가 성행하였다. 즉 포르투갈 상인들은 이곳에서 사들인 노예를 다시 본국으로 팔아넘기면서 막대한 이윤을 챙긴 것이다. 중앙아프리카는 식민지배가 끝났음에도 불구하고 여전히 미국, 프랑스 등 주변 강대국들과의 이해관계가 복잡하게 얽혀 있고 이로 인해 유혈충동이 잦은 지역이다.

남아프리카는 부시맨으로 익숙하게 알려진 산족이 주를 이루던 지역이다. 현재 남아프리카 공화국에서 가장 많이 사는 종족은 반투계에 속하는 줄루족이다. 줄루족 외에도 케이프 호텐토트 또는 호텐토트 비너스라고도 알려진 코이코이족은 반투족과 유럽인들과의 대립으로 생존이 어려워지면서 현재는 극소수만 존재하는데, 이들은 혈통상 산족과도 관련있다. 이 권역에 해당되는 국가는 모잠비크, 레소토, 짐바브웨, 잠비아, 스와질란드, 말라위, 앙골라, 보츠와나, 남아공 등이다. 남아프리카 지역은 다른 아프리카 지역과는 차별화된 인구 구성과 정치적 상황으로 인해 유난히 복잡한 양상을 띤다. 유럽인으로서는 처음으로 포르투갈인이 1488년 희망봉(Cape of Good Hope)에 도착했으며, 1652년에는 네덜란드에서 동인도회사를 건설함으로써 백인들의 본격적인 거주가 시작되었다. 이곳에 거주하는 백인들 중에서 케이프 식민지를 형성한 네덜란드 이민자를 중심으로, 아프리카

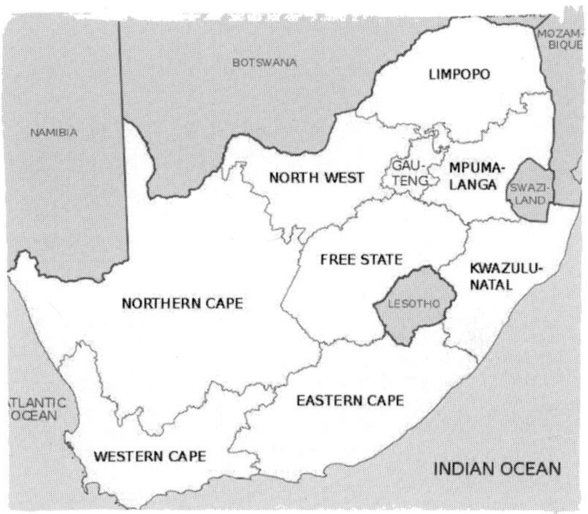

▲ 남아프리카 지도

남부에 정착한 개신교도가 합류하여 형성된 민족을 아프리카너(Afrikaner: 남아프리카 정착 백인)라고 부른다. 18세기 말에는 영국인들이 케이프 지역에 진입하기 시작하면서 기존의 정착세력인 백인 아프리카너와 영국계 백인 사이에 본격적인 갈등이 시작되었다. 아프리카너 출신의 농민들은 영국의 장악에 반발하여 북쪽으로 이주를 강행하는데, 이것을 대이주(the Great Trek)라고 한다. 남아공이 오래토록 세계적인 주목을 자주 받았던 이유는 백인우월주의의 영향으로 같은 민족 내에서 흑인에 대한 인종차별이 가혹하게 진행되었기 때문이다.

아프리카의 식민역사와 노예무역

하나님, 백인의 유럽을 용서하소서!
4세기에 걸친 계몽운동 시기에 백인의 유럽이 침흘리며 짖어대는 사냥개들을
나의 땅에 풀어놓은 것은 사실입니다, 주여.
그리고 기독교도들은 당신의 말씀과 당신의 가슴의 너그러움을 저버리고
나의 양피지로 그들의 야영지를 밝혔으며 학생들을 고문했고
의사들과 지식인들을 추방했습니다.
그들의 화약은 번개처럼 자랑스런 요새와 언덕을 모두 박살냈으며
그리고 그들의 대포는 서부 해안에서 동부의 지평선까지
대낮처럼 드넓은 나라들의 허리를 관통했으며
그리고 사냥터에 불지르듯 우리의 성스러운 숲에 불을 질러
우리의 성령과 조상들의 평화로운 수염을 뽑아버렸습니다.

(레오폴드 세다르 생고르, 「평화를 위한 기도」)

아프리카의 불행에 절대적인 영향을 미친 식민역사는 "대항해 시대"라 불리는 15세기에 포르투갈의 탐험대가 아프리카를 본격적으로 항해하면서부터 시작되었다. 탐험과 함께 상인과 선교사, 그리고 군대가 아프리카에 들어왔다. 포르투갈이 도착하면서 아프리카는 유럽의 동등한 대륙으로 존재하지 않고 국가적 이익을 챙기는 대상이 되었다. 이어서 4백여 년에 걸쳐 이루어진 아프리카의 식민화는 영국과 프랑스 양국이 중심이 되어 쟁탈전 양상을 보였다. 영국과 프랑스는 아프리카의 광활한 땅과 많은 부족들을 상대하기 위해서, 원주민들 중에서 자신들에게 협력할 수 있는 중간 세력을 만들어 갔다. 식민통치가 끝난 후에도 아프리카의 대부분의 국가들이 분쟁과 혼란에서 벗어날 수 없었던 까닭은, 식민세력에 협조적이던 엘리트 계층이 정권을 잡았고 이것이 국가 발전을 저해하는 직접적인 요인으로 작용했기 때문이다.

아프리카 대륙 전체를 기준으로 서아프리카와 중앙아프리카는 주로 프랑스의 식민지였고 동부와 남부는 영국의 지배를 받았다. 현재 아프리카에서는 20개국이 프랑스어를, 19개국이 영어를 사용하고 있는데 이는 식민통치의 영향때문이다. 또한 어느 국가의 식민지였는가에 따라 포르투갈어, 아랍어, 스페인어를 공용어로 사용하는 국가도

있다. 영어권과 프랑스어권이 식민지를 점령하면서 이슬람과 기독교의 영향이 커지게 되자, 아프리카에서는 부족의 고유한 언어와 관습법, 부족의 독특한 신앙이 차츰 사라지게 되었다.

다양한 인종과 민족의 구성이 말해주듯 아프리카의 인종적, 사회적, 문화적 배경 역시 상당한 차이를 보인다. 이것은 특히 이슬람이 7세기부터 15세기까지 북아프리카, 서아프리카, 동아프리카 지역을 침입한 이래로 미쳤던 영향력 때문이다. 무역활동과 침입이 시작되면서 북아프리카는 이집트를 비롯해 모로코와 튀니지의 순서로 이슬람화되었으며, 이 과정은 500년 동안 계속되었다. 북아프리카에 전파된 이슬람 종교는 일부다처제 등 전통적인 아프리카 가치관을 관대하게 다루기 때문에 아프리카인들은 기독교로의 개종보다는 이슬람으로의 개종을 선호했다(김재혁 53). 북아프리카에 이어 사하라 이남까지 세력을 확장하면서 이슬람 세력은 황금생산지역을 확보하고 11세기에는 아프리카 전 지역에 영향력을 행사하게 된다. 현재 아프리카 인구 중에서 유독 무슬림 인구가 많은 까닭도 여기에 있다. 그러나 18세기 무렵, 서구 유럽의 식민지 세력이 팽창하면서 이슬람 세력은 쇠퇴하기 시작한다. 이슬람 쇠퇴 후, 아프리카는 19세기와 20세기 초까지 유럽의 식민지로 머물면서 전통문화와 국가통치방식을 근대화시킬 기회를 상실하게 되었다. 아프리카 대륙은 근원적으로 이러한 배경 때문에 사회적, 경제적, 문화적 인프라를 구축하지 못한 채, 가뭄과 기아, 내전과 독재, 에이즈와 환경문제 등의 문제에 노출되면서 전근대적인 국가 상태를 벗어나지 못하게 되었다고 할 수 있다.

현재 전 세계에 흩어져 살고 있는 사람들 중 그 누구보다도 조직적으로 그리고 대대적으로 이산의 삶을 살고 있는 사람들은 유태인이 아니다. 아프리카인들이다. 그런 의미에서 기실 이들의 문화는 전 세계적이다. 오늘날 아프리카 지역에 대한 공부가 중요한 이유는 이 때문이다. 아프리카 대륙에 대한 이해 뿐 만이 아니라 전 세계의 중요한 문화적 축선에 대한 자동적인 이해를 수반하기 때문이다.

(이석호, 에이미 세제르의 『식민주의에 관한 담론』 서문에서)

아프리카 점령과 노예무역을 기반으로 경제적인 부유함을 이뤘던 서구에 비해 400년

이라는 고통의 시간 동안 아프리카의 역사와 문화는 그야말로 암흑이었다. 풍부한 전통문화를 소유했지만 지탱해 나갈 물적, 인적 자원을 침탈당한 결과 아프리카는 현재까지도 노예무역으로 인한 후유증을 겪고 있다. 그 당시 노예무역으로 팔려간 노예들의 3분의 2는 아이를 낳을 수 있는 연령의 남성이었기 때문에 아프리카의 인구 감소는 불가피했다. 이것은 결국 국가적 차원에서 생산력의 감소와 경제적 낙후를 의미했다. 신대륙으로 팔려간 수천만의 노예 이주민을 생각해 볼 때 아프리카의 경제적, 인적 손실은 막대한 것이었다(Manning). 유럽과 북미가 노예무역을 기반으로 막대한 경제적인 이익을 챙기며 산업화를 완성시켜 갈 때, 아프리카는 노예무역의 결과로 대부분 황폐해졌다. 유럽이 세계를 정복하고 강대국을 꿈꿀 때, 아프리카인들은 노예로 팔려 중동과 아메리카 대륙, 카리브해 지역으로 흩어지면서 이산의 고통을 경험해야 했던 것이다. 그러나 노예무역과 이산이 아프리카에 불리한 여건을 가져왔음에도 불구하고 아프리카 노예들의 문화는 백인들까지도 흡수할 만큼 그 여파가 지속적이었다.

아프리카의 종족분쟁

아프리카를 분류할 때 위에서 살펴본 것처럼 흔히 편의상 권역별, 국가별로 분류하지만 이러한 이해에는 무리가 따른다. 이는 당시 유럽 열강이 종족과 지역 문화 그리고 민족의 분포 상황을 개의치 않고 서구 유럽의 국가개념으로 국경선을 긋거나 통합, 분리했기 때문이다. 아프리카에는 서구의 지배를 받기 전에는 국가라는 개념이 존재하지 않았고 종족과 부족 등을 위주로 작은 사회를 구성하여 평화롭게 공존하였다. 그러나 만여 개가 넘는 크고 작은 공동체들이 단지 50여 개의 국가로 정리되면서 아프리카 대륙에 심각한 폭력을 야기하고 말았다. 강제적이고도 획일적인 선긋기는 아프리카의 정체성을 무시한, 그저 반듯한 국경선만을 남기면서 문화공동체의 해체와 동시에 종족간의 분열을 초래했다.

식민주의가 파생시킨 주요한 결과물인 인종주의는 아프리카의 새로운 지배형식인 종족주의로 발전한다. 동일한 종족이 아니면 곧 배반자이자 적으로 규정하는 종족주의는 유럽 식민주의자들이 아프리카를 효율적으로 지배하기 위해 20세기 초반부터 종족분열을 통치의 수단으로 이용함으로써 아프리카에 새롭게 이식한 점유방식에서 비롯되었다(Nzabatsinda 233). 역사적인 측면에서 볼 때 이 종족주의는 일직선에 가까운 아프리카의 국경선과도 무관하지 않다는 사실에 이제는 주목해야 할 것이다. 아프리카의 분할과 국경선은 서구의 정치적 이익에 따른 식민지 쟁탈전의 산물이었기 때문이다.

> 아프리카에서 제국주의를 제대로 뿌리내리기 위해서 식민주의자들이 한 일은 아프리카 사회의 전통 구조를 와해시키고 그곳 원주민들의 뇌를 세뇌시키는 것만으로는 부족해 원주민들의 과거사를 철저하게 날조하고 절멸시켰다. 아프리카 문화에 대해서는 두말할 필요도 없다. . . . 아프리카의 종교와 관습은 미신이 되어버렸으며 아프리카의 역사는 부족 간의 싸움과 내분으로 전락해 버렸다.
> (스티브 비코[6], 『아프리카 탈식민주의 문화론과 근대성』)

끝나지 않은 다르푸르(Darfur) 분쟁

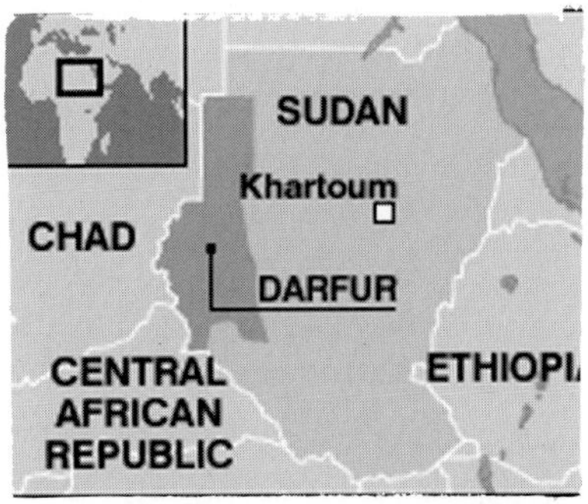

▲ 수단의 다르푸르

국가 간의 전쟁보다도 내전이 더 큰 재앙일 수 있음을 시사하는 사건이 있다면 수단(Sudan)의 다르푸르 분쟁이다. 수단 서북부의 다르푸르에서 발생한 내전을 일컫는 다르푸르 분쟁은 2003년부터 흑인 기독교계 반군과 아랍계 이슬람 민병대 간에 발생한 무력분쟁을 말한다. 이

6) 아프리카너 백인정권의 탄압에 맞선 흑인 저항운동의 선두에 선 상징적인 인물이다. 비코는 "흑인의식운동"을 강조하며 흑인문화와 전통에 대한 자부심을 가질 것과 패배감에서 벗어날 수 있도록 돕는 등 흑인들을 위해 새로운 유형의 운동을 펼친 흑인 지도자이다.

분쟁은 인종/종족/종교/경제 문제가 얽히면서 6년 동안 수단 정부군과 반군 간의 갈등으로 인해 30만 명의 사상자와 난민을 발생시킨 대량학살 사건이다.

수단에는 아프리카 흑인계 기독교인들과 아랍에 민족적 기원을 둔 무슬림들이 수 세기 동안 함께 공존해 왔다. 공존의 공간이 학살의 공간으로 변해간 근원은 영국이 수단을 식민통치하던 시기로 거슬러 올라간다. 수단을 지배하던 영국은 북부지역의 무슬림계를 지원하여 경제적 혜택을 보장했던 반면에 남부지역의 흑인계 기독교인들을 배척했다. 눈에 보이는 영국의 이러한 상반된 처우는 수단이 1956년에 독립을 한 후에도 지속되었다. 즉 아랍계가 정부의 주요 요직을 장악하고 기독교계 흑인들은 독립 후에도 차별의 대상으로만 존재한 것이다. 이러한 차별을 견디지 못한 흑인들은 수단해방군(Sudan Liberation Army)등과 같은 무장투쟁단체를 만들어 저항할 수밖에 없었다.

그러나 수단정부는 잔자위드(Janjaweed)[7]라는 이슬람계 민병대를 조직하여 무장투쟁에 가담한 흑인들을 대상으로 인종 청소를 시작한다. "아프리카에 아랍계 혈통을 퍼뜨린다"는 구호와 함께 정부의 비호 아래 학살, 방화, 추방, 강간을 무차별적으로 자행한다. 이 내전에서 아랍계 민병대는 정치적 · 경제적 특권을 독차지한 가운데 가해자가 되고 아프리카 흑인 토착민들은 재산과 목숨을 포함해서 모든 것을 빼앗기는 피해자로 전락한다.

수단의 비극은 여기에서 끝나지 않고 최근에는 강대국들의 관심을 받으면서 다시 한 번 비극적인 공간이 된다. 강대국들이 수단에 매장된 풍부한 석유를 탐내면서 이 지역

7) 현재의 서부 수단과 동부 차드에 위치한 다르푸르 지역의 무장한 민병대를 일컫는 단어이다. 잔자위드는 아랍어로 "말등에 탄 악마" 라는 뜻이다. UN의 정의에 따르면 잔자위드는 아랍어를 쓰는 아프리카 계열의 유목민족으로(Black Arab, Afro-Arab), 주로 낙타를 몰거나(아발라, Abbala) 소를 모는(바가라, Baggara) 사람들이라고 한다. 과거부터 그들은 용수 사용권을 두고 다르푸르의 정착 농민들과 불화를 겪어왔다. 현재는 다르푸르 반군인 "수단독립운동군"(Sudan Liberation Movement/Army) 및 "정의와 평등운동"(Justice and Equality Movement)과 대립하고 있다. 2003년 이후 그들은 다르푸르 갈등의 한 축이 되어왔으며, 자원과 토지의 분배를 둘러싸고 다수의 유목민들과 소수의 정착농민들 간의 갈등을 빚어지고 있다. (출처: 위키피디아 백과사전)

에 개입하고 압력을 행사하고 있기 때문이다. 그 중에서도 현재 수단에 가장 많은 투자를 하고 있는 중국은 수단에서 그 입지를 확대해가는 첫 번째 국가가 되고 있다. 과거에 아프리카를 장악하던 세력이 유럽에서 서서히 중국으로 넘어가는 과정을 통해, 국제사회의 뒤바뀌어 가는 새로운 판도를 볼 수 있다.

아프리카의 식민분할과 독립

유럽 식민세력들은 19세기 초부터 아프리카의 지배 영역을 서서히 확장시키다가 1870년대 후반부터는 치열한 쟁탈전으로 그 전략을 바꾼다. 유럽의 아프리카 쟁탈전은 아프리카 대륙의 분할을 가져왔고 유럽 14개국들이 참가한 베를린 회의(Berlin Conference)[8]에서 신속하게 처리되었다. 아프리카 내륙에 풍부한 자원이 존재한다는 사실이 알려지자 유럽 열강은 경제적인 필요성 때문에 점진적인 팽창에서 쟁탈전으로 그 성격을 바꾸며 아프리카 영토를 놓고 팽팽히 대립했다.

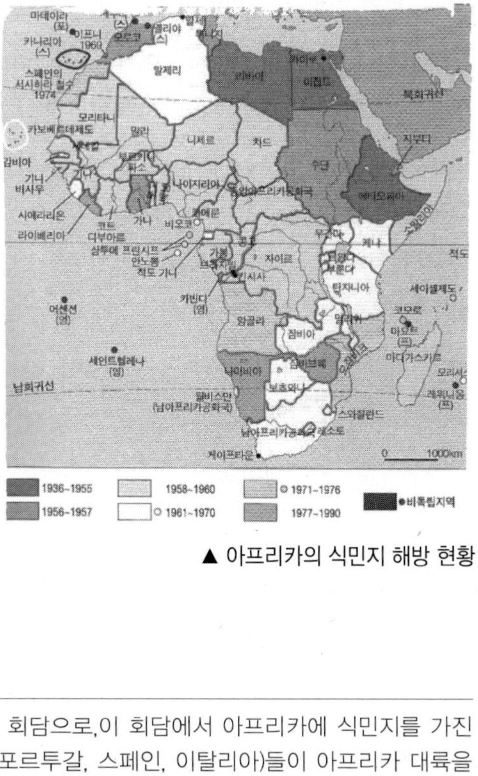

▲ 아프리카의 식민지 해방 현황

8) 1884~1885년에 독일의 수도에서 열린 회담으로,이 회담에서 아프리카에 식민지를 가진 유럽의 주요 열강(영국, 프랑스, 독일, 포르투갈, 스페인, 이탈리아)들이 아프리카 대륙을 분할하여 제국주의 세력권을 형성하는 데 합의하였다. 현재 아프리카 지도는 베를린 회담의 직접적인 결과로 회담에 참가했던 국가들이 인종적 동질성에 따른 영역에 대한 지식도 관심도 없이 식민지 경제를 결정하였다. 그래서 오늘날 대부분의 아프리카 국가들의 국경은 하나의 인종을 둘 이상의 국가로 분리되게 만들어져 있다. (출처: 에이프릴 고든, 『현대 아프리카의 이해』)

유럽과 아시아 및 다른 대륙이 민족의 동질성을 바탕으로 국가라는 공동체를 형성하고 있다면, 앞에서 살펴본 것처럼 아프리카에서는 공동체를 이루는 단위가 종족이다. 이 종족을 고려하지 않은 국경선의 부작용과 함께 강대국이 남긴 분열정책이 민족/종족 간의 갈등을 폭력으로 치닫게 하자, 국제 사회는 차츰 아프리카의 비극에 주목하게 되었다. 더불어 아프리카 내부에서는 자성의 목소리가 높아지는 가운데 유럽 연합(EU)을 모델로 강력한 정치/경제연합체를 추구하기 위해 아프리카 연합(AU)[9]을 창설하게 되었다.

아프리카 연합을 창립하려는 동기와 필요성은 한마디로 서구의 영향아래 피폐해지고 정체성마저 상실해가는 아프리카를 재건하자는 차원에서 제기되었다. 서구의 식민통치가 아프리카에 실질적인 영향을 미치게 되는 것은 선교사와 상인들이 파견되면서 부터이다. 이들의 등장과 함께 아프리카의 사회적, 정치적, 종교적 구조가 무너지기 시작하고 전통관습을 중시하던 고유한 공동체는 인종차별정책으로 그 가치마저 흔들리게 되었다. 이 영향이 지속되면서 아프리카 공동체는 위기에 처하게 되고 아프리카인들은 아프리카 연합을 중심으로 단결해야 할 필요성을 실감한다.

아프리카의 민족해방운동은 제2차 세계대전 이후 아랍 세계의 해방운동이 활발해진 북아프리카에서 먼저 시작되었다. 그리고 이를 기점으로 1952년부터 이집트 혁명이 이어지고 아프리카 대부분의 국가는 1960년대 중반 무렵부터 유럽국가의 지배를 벗어나게 된다. 아프리카는 각 나라마다 영국, 프랑스, 포르투갈 등 다른 강대국들의 지배를 받았듯이 해방과정 역시 서로 다른 시기에 개별적인 방식으로 실현되었다. 한편 프랑스는 아프리카의 독립 열기에도 불구하고 식민지를 계속 강화시키려 하자, 아프리카

9) 아프리카 53개국이 참여하는 새로운 국제기구로 2001년 5월26일 출범했다. 이 기구는 아프리카 경제 공동체(AEC)와 아프리카 통일 기구(OAU)를 통합하여 만들었으며 세계 최대 지역기구인 아프리카단결기구(OAU)를 대체하게 될 아프리카의 새로운 정치 경제 연합체이다. 아프리카 연합은 기존의 아프리카 통일기구가 내정불간섭정책을 채택했기 때문에 아프리카의 학살과 인권유린을 막지 못했다는 지적을 받자 실질적으로 아프리카인을 도울 수 있는 강력한 기구가 필요하다는 공감대에서 형성되었다.

북서부를 일컫는 마그레브(Maghreb) 국가들은 독립을 쟁취하는 과정에서 폭력을 동원하기도 했다. 한편 중남부 아프리카는 북서부 아프리카의 독립과는 다른 과정을 거친다. 유럽 열강들은 식민화시킨 국가에서 크고 작은 저항운동과 봉기를 경험하는 과정에서 자신들의 권력을 아프리카 상류층과 엘리트층에게 비교적 평화로운 방식으로 인계했다.

2차 세계대전 이후에 전 세계적으로 식민주의에 반대하는 목소리가 높아지면서 제3세계의 해방운동이 확산되자 아프리카의 독립운동도 고조에 달했다. 수백년 동안 굳어진 서양 중심의 질서를 바꾸기는 쉽지 않았지만, 이 운동은 유럽의 식민통치를 종식시켰고 아프리카의 폭압적인 독재자들을 몰아내게 했다. 독립이라는 성과를 토대로 아프리카인들은 식민지의 영향력으로부터 자유로워지기 위해 대륙의 정체성과 흑인성을 탐색하는 자성의 시간을 갖게 됐다. 고조된 아프리카의 해방운동은 냉전시대의 질서에 휘말리며 위기를 맞기도 했지만 아시아와 단결하여 이른바 제3세계의 권리를 주장하는 운동으로 발전됐다.

과거의 소극적이던 저항운동이 조직적이고 정치적인 성격을 띠게 되면서 아프리카 지식인들은 가나에 모여서 서아프리카 민족회의(West African National Congress, WANC)를 건설하기에 이른다. 이 열기를 모아 아프리카 대륙의 단결을 주장하고 독립운동에 헌신해 온 핵식점인 인물은 가나 출신의 은크루마(Kwame Nkrumah)이다. 그는 서아프리카의 정치지도자이자 반제국주의자로서 독립운동의 아버지로 불리는 가나공화국의 초대 대통령이다. 은크루마는 1920년대에 흑인들의 단결을 증진시키고 아프리카에 백인이 아닌 흑인이 지배하는 국가를 설립해야 한다는 신념으로 반제국주의 운동에 전념한 운동가이다. 그의 절대적인 지도력으로 영국령이던 가나가 1957년에 독립에 성공하자 이 결과는 다른 국가의 독립운동에 영향을 미쳤다. 가나의 독립은 단기간에 이루어진 결과물이 아니라, 19세기 말부터 여러 부족이 단합하여 영국의 지배에 강하게 저항한 결과 힘겹게 얻어진 산물이다. 가나의 독립에 이어 서아프리카의 기니가 프랑스의 지배를 벗어나게 되면서 범아프리카주의(Pan-Africanism) 운동은 아프리카 전역에 확산되기 시작한다. "범아프리카"라는 용어는 헨리 윌리엄(Henry Sylvester

William)이 처음으로 사용하였으며, 이 운동의 우선 목적은 종족/부족주의를 극복하고 유럽의 식민지배에서 벗어나는 것이었다. 흑인들은 이 운동을 통해 비로소 아프리카 민족주의를 형성시켜 연대를 강화해 나갈 수 있었다. 범아프리카주의 운동이 비록 모든 국가들의 기대를 실현시키지는 못했지만, 아프리카인들의 정치적 요구를 조직화하고 대중화했다는 점에서 그 가치는 높다고 할 수 있다.

남아프리카 공화국의 아파르트헤이트(Apartheid)와 과거사 청산

남아프리카 공화국은 지금까지 살펴본 아프리카의 다른 지역과는 상당한 차이를 보인다. 그중에서도 가장 큰 특징은 아프리카에서 유일하게 백인과 흑인이 공존한다는 사실이며, 이러한 공존은 남아공 내부에 뿌리깊은 인종적 갈등을 야기했다. 인종적, 역사적, 사회적, 맥락에서 복합성과 다양성은 남아공에서 장점으로 작용할 수 있음에도 불구하고, 소수의 아프리카너 백인이 다수의 흑인과 아시아계 정착민들을 지배함으로써 남아공에 국가적인 불운을 가져왔다. 이러한 불운 중에서도 가장 극악했던 것은 소수의 백인들이 다수의 흑인과 유색인종을 수월하게 지배하기 위한 이데올로기로 백인 우월주의에 근거한 극단적인 인종차별제도인 아파르트헤이트 법을 시행한 것이었다. 이 법은 국가권력을 동원하여 폭력적인 만행을 일삼고 소수의 백인들이 다수의 흑인들의 열등성을 공고히 하여, 그들에 대한 지배를 수월하게 하고 사회적으로 백인의 특권을 강화시키는 데 목적이 있었다. 무엇보다도 이 제도는 식민주의가 만들어 낸 인종들 간의 변형되고 왜곡된 관계에 기반하고 있다(Attwell 98).

아파르트헤이트 제도의 폐지(post-Apartheid)와 함께 남아공은 비록 출발이 순조롭지 않았지만 세계사에 의미를 던져주는 최초의 흑백연합정부를 수립하게 된다. 흑인과 기득권층이었던 백인을 각각 대표하는 아프리카 민족회의(ANC)와 국민당(NP)이 서로 연합한 남아공 연합 정부는 흑백의 목소리를 통합해서 "진실과 화해 위원회"(Truth and

Reconciliation Commission)[10]를 발족하게 된 것이다. 그러나 남아공에서의 문제는 아파르트헤이트 제도가 공식적으로 종식된 후에 나타난 여러 가지 부정적인 현상들이다. 전세계적으로 아파르트헤이트 제도의 철폐를 인종주의 청산의 우수한 사례로 손꼽게 되었지만, 정작 남아공 내부에서는 그간 억눌려져왔던 흑백 간의 상호불신과 혼란이 심각하게 대두되었다. 흑인들이 백인에게 보복한다든지, 백인들이 신변보호를 위한다는 입장에서 새로운 양상의 폭력을 휘두르는 것이 대표적인 사례이다. 이처럼 인종차별제도가 폐지된 이후에도 남아공 사회는 어두운 과거사를 정리하지 못하고 또 다른 폭력을 겪고 있다. 따라서 과거 인종차별에 대한 제대로 된 반성과 평가 없이는 포스트식민화의 과정에서 반자유주의적인 인종주의 경향이 재생산되고, 확장되고, 재가동 될 수 있는 것이 오늘의 남아공 현실에 대한 진단이다(Balibar).

아파르트헤이트가 폐지된 이후, 남아공에서는 그동안 안락한 지위와 경제적 여건을 보장받아온 백인들의 불안감은 점차 커지고 인종차별로 열악한 삶을 살아온 흑인들은 과거 백인들과 같은 지위를 보상받고자 했다. 백인과 흑인의 이러한 상반된 심리는 제도상의 폐지 이후에 나타나는 전도된 위상으로 또 다른 혼란을 일으켰다. 그러나 넬슨 만델라(Nelson Rolihlahla Mandela)가 성공해 낸 아파르트헤이트 제도의 폐지는 남아공과 아프리카 대륙에 인종주의가 낳은 과오를 참회시키는 계기를 마련해 주었다. 반인륜 범죄나 다름없었던 이 제도의 폐지는 아직도 불완전한 형태이기는 하지만 흑백이 화합의 길에 들어섰음을 보여주는, 역사적으로 의미 있는 사건이라 할 수 있다.

아파르트헤이트에 관한 스티브 비코(Steve Bico)의 글

아파르트헤이트는 대단히 사소한 것 같지만 실은 그렇지 않다. 이것은 분명 죄악이다.

10) 진실과 화해위원회"는 명칭대로 과거청산을 통해 진실을 밝히고 국민화해를 이루어내기 위한 목적을 갖고 있었다. 이를 구체적으로 실행하기 위해 반인권적 폭력의 원인, 성격, 정도 등 총체적인 인권침해를 희생자의 관점에서뿐만 아니라 폭력행사에 책임이 있는 자들의 동기와 관점, 그리고 폭력의 전례, 정황, 요인 등을 규명하는 과정에서 가능한 한 완전하게 밝히고자 했다.

'소수의 국외자가 다수 원주민들의 삶을 죄의식 없이 지배할 권리를 갖는다'는 그 교만한 가설은 그 무엇으로도 정당화될 수 없다. 따라서 아파르트헤이트는 아무리 공평무사하게 실행된다 해도 절대다수를 차지하고 있는 원주민들의 비난을 피할 길이 없다. 사실 아파르트헤이트는 백인 우월주의와 자본주의적 착취 그리고 교묘한 억압이 어우러져 만들어 낸 악랄한 제도이다. 물질적인 결핍이란 물론 견디기 어렵다. 그러나 그것이 정신적인 것과 결부되면 고통의 정도는 배가 된다. 흑인 민중들의 정상적인 해방운동에서 가장 큰 장애가 되는 것도 실은 정신적인 결핍과 깊은 연관이 있다.

독립 후 아프리카의 정치

아프리카의 본격적인 독립은 중남미나 아시아 등, 여타 지역의 국가들보다 늦은 1960년대에 들어 본격적으로 이루어졌다. 다른 대륙에 비해 독립이 예상보다 지연되면서 국가를 재건할 기회도 함께 늦어짐에 따라 아프리카의 몇몇 국가들은 아직까지도 식민지배의 여파에서 완전히 벗어나지 못한 실정이다. 아프리카 대부분 국가들이 경제개발이 시급한 과제이지만 정치가 불안정하기 때문에 외부세계로부터 신뢰를 얻지 못하는 문제점을 안고 있다. 독립 이후에도 아프리카의 정치상황은 군사 쿠데타와 독재, 서구 유럽과의 결탁 등의 악순환으로 정치 불안이 지속될 수밖에 없었기 때문이다. 이것은 정치지도자의 잦은 교체에서도 드러난다. 1950년대 이후로 아프리카 전체의 정치지도자는 모두 131회나 교체되었는데, 이 역시 아프리카 대륙의 불안정한 국가 상태를 말해주는 예라 할 수 있다.

아프리카 대부분의 국가들은 표면적으로 공화제를 채택하고 있다. 하지만 현실적으로 남아공을 제외하고는 대다수 국가들이 군사정권을 등에 업고 식민세력의 권력을 답습하고 있다. 독립할 당시, 아프리카의 국가들은 식민지 종주국의 정치방식을 그대로 모방한다. 그러나 서구 국가와는 다르게 다양한 언어와 종교, 관습과 부족이 중심인 사회는 서구의 통치방식을 따르면서 혼란과 분열을 경험할 수밖에 없었으며, 이 분열은 정치적/문화적 통일을 저해하는 요소가 되었다. 그 결과 경제개발, 근대화 등 제반사업 역시 지체되었다. 아프리카의 정치상황을 구체적으로 파악하기 위해 케냐와 나이지리아의 사례를 보면 다음과 같다.

▲ 케냐 지도 (출처: 브리태니커 온라인)

케냐는 정치, 경제, 문화 등 여러 면에서 아프리카의 중심지라고 할 수 있으며 관광명소로 부각될 만큼 아름다운 대자연을 장점으로 하는 국가이다. 영국의 지배를 받아오다 1963년 독립한 이후로 케냐는 정치적으로 꾸준히 자유주의적 체제와 시장경제체제를 운영하면서 해외 자본을 도입하였다. 이를 통해 꾸준한 성장을 거듭한 결과 동아프리카 지역에서 가장 안정된 정치/경제체제를 유지하게 되었다. 그러나 이러한 상황도 단기간에 그치고 케냐의 정치 상황은 다른 아프리카 국가들과 마찬가지로 일당독재와 부패로 얼룩지게 된다. 서구 식민주의에 항거하며 독립운동을 벌였던 1세대 정치 지도자들이 장기집권을 위해 오히려 더 가혹한 독재와 부정부패를 일삼았기 때문이다. 이로 인해 식민주의 하에서 나타났던 정치상황과 마찬가지로 케냐의 민주주의는 전반적으로 퇴보하는 경향을 보이기 시작했다.

케냐의 정치 지도자들은 서구가 종족주의를 이용했던 것처럼 독재정권을 유지하기 위해 부족의 갈등을 수단삼아 민주주의를 더욱 지연시켰다. 그 한 예가 20년 동안이나 장기집권한 모이(Daniel T. arap Moi) 대통령인데 그는 국민의 세금과 외채까지 끌어다 화려한 생활을 유지했다. 그의 악명높은 독재정치는 케냐에 반목과 질시, 혼란을 가중시켜 국가신뢰도를 떨어뜨렸고 그 결과 선진국과 국제금융기관은 투자와 금융지원을 중단했다. 이것은 케냐의 정치뿐만 아니라 경제에까지 치명적으로 타격을 주는 사건이었다. 케냐는 독재정치의 후유증, 종족 간의 대립, 경제개혁의 실패로 치안사정은 더욱 불안정하게 되었다. 그러나 다행히 2002년 대선에서 무와이 키바키(Mwai Kibaki) 야당 후보가 당선됨으로써 케냐 최초의 민주적인 정권교체를 실현하였다. 독재에서 벗어난 케냐가 다시 경험한 난관은 2007년 선거에서 키바키가 오렌지 민주주의 운동(Orange Democratic Movement)을 이끄는 라일라 오딩가(Odinga)와 키바키가 대통령 후보로 나란히 출마했을 때 다시 시작된다. 키바키가 선거에 이겼지만 부정선거 의혹이 제기되어서였다. 이런 식으로 케냐의 민주주의는 계속해서 시험대 위에 오르기도 했지만 식민주의의 잔재를 청산하고 독재정치를 종식시키고자 하는 케냐 국민 대다수의 염원이 있는 한, 정치적으로 부패한 구세대는 물러나게 될 것이다.

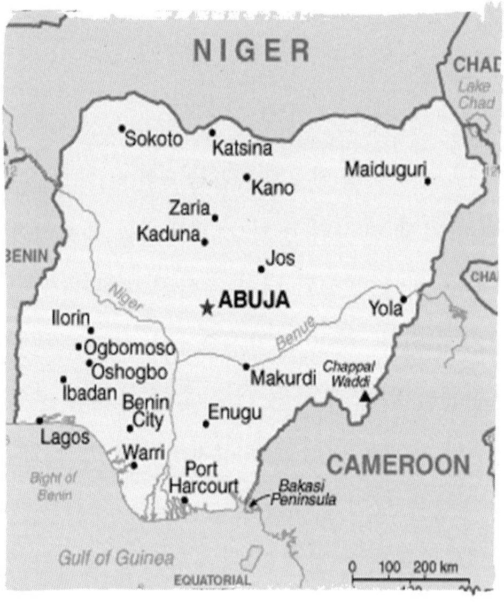

▲ 나이지리아 지도

나이지리아는 아프리카에서 가장 인구가 많은 국가로 그 수가 1억 4천만 명에 이르며, 아프리카 최대 산유국이자 최대 석유 수출국으로 세계에서 가장 품질 좋은 석유를 생산하는 국가이다. 그러나 이러한 통계와는 달리 나이지리아 국민의 절반은 절대 빈곤층이며, 1인당 국민소득은 1400 달러에 불과하다. 나이지리아 국민들은 1956년에 나이저 삼각주에서 원유가 발견되자 풍족한 삶을 기대했지만, 아이러니컬하게도 이전보다 훨씬 불행한 삶을 영위하고 있다.

정부와 정유회사의 유착 관계로 석유가 가져오는 부유함은 군인과 공무원의 횡령으로 이어지고 그 결과 정유회사는 가난한 주민들을 더욱 착취했다. 게다가 석유개발이 시작되면서 환경오염이 심해지자 그들은 건강과 생계수단까지 위협받고 있다. 풍부한 인적자본과 천혜의 자원이라는 축복받은 배경과는 달리, 나이지리아는 지역 · 종족 ·

종교 간의 고질적인 반목이 심해지면서 끔찍한 인권 유린까지 경험해야 했다. 현재 민주적인 투표절차를 통해 대통령을 선출하고 있지만 아직까지는 나이지리아 정부에게 부패 척결과 정당한 석유 이익 분배는 구호로만 남아 있는 실정이다. 다행히 나이지리아는 군부독재정치를 끝내고 민선정부를 출범시킨 오바산조(Olusegun Obasanjo) 대통령이 정치를 민주화시키는데 앞장섰다. 오바산조 행정부는 출범이후 국민화합, 부패척결, 민주주의 정착, 군부통치의 유산청산 추진 등을 통해 짧은 기간 동안에 정부에 대한 국민의 신뢰를 회복시켰다.

케냐와 나이지리아의 경우처럼 서구의 식민 지배를 받았던 아프리카 국가들은 대부분 정치발전과 경제개발을 가장 시급한 문제로 받아들이고 있다. 서구에 의존해 오던 정치와 경제적 관계로 인해 아프리카의 구조적인 모순은 장기간 지속되었는데, 이것은 아프리카의 정치/경제발전을 저해시켜온 가장 큰 원인이 되고 있다. 그러나 현재 아프리카의 정치/경제적인 문제를 위주로 공통적인 난제를 단결하여 해결하자는 분위기가 확산되면서 케냐, 나이지리아와 비슷한 처지에 있는 아프리카에서는 정치 불안이 차츰 사라지고 있으며 연 5%가 넘는 경제 성장률을 보이고 있다.

··· 3. 세계문화의 본령, 아프리카

아프리카의 종교와 축제

아프리카의 수많은 전통 종교들은 다른 문화나 집단에 강제적으로 전파하려 하거나 세뇌시키지 않는다는 점에서 서구의 종교들과는 근본적으로 다르다. 아프리카와는 반대로, 종교를 전파하러 아프리카를 찾은 이슬람교도와 기독교인들은 아프리카인들을 이교도로 단정하면서 미신에 묶인 미개인들로 파악하고 개종시키려 하였다. 그들은 아프리카의 전통신앙을 처음부터 부정했거나 왜곡시켜 온 당사자들이다. 외부의 종교전파자의 입장과 달리 아프리카인들에게 신의 존재란 그들의 기원이자 본질과도 같다. 즉 아프리카인들의 전통적인 신에 대한 개념은 모든 종족이 공통적으로 신을 "지고한 존재"(Super being)로 인식한다는 것인데, 이것은 신화, 설화, 격언 및 종교의식 등에서 잘 나타나 있다(서상현). 현재 아프리카에는 식민사의 영향으로 이슬람과 기독교가 주요 종교로 자리 잡긴 했지만, 전통적인 종교와 민간 신앙 역시 나란히 발전되어 있다. 전통종교로는 토테미즘과 조상숭배, 동물숭배, 농경수호, 제물, 주물숭배(Fetishism) 등이 뿌리내리고 있으며, 종족과 지역마다 고유의 방식으로 이를 지켜나가고 있다.

특히 종교적인 형태를 띠는 전통문화들 중에서 아프리카를 대표하는 것은 주술의식이다. 이것이 미치는 영향력은 주술사의 역할이 현재까지도 막강한 지위를 지니는 데서도 나타난다. 아프리카는 다른 대륙에 비해 현대의학에 대한 의존도가 낮기 때문에 미지의 힘을 이용하는 주술사의 권력은 막강하다. 의술적인 측면 뿐만 아니라 분쟁의 해결자로서의 주술사의 역할은 중요한 사회적 기능을 담당한다. 부족마다 그 지위의 절대성에는 차이가 있지만 주술사는 대개 추장 다음으로 높은 지위에 있으며 부족의 크고 작은 행사에 대부분 참여한다. 이러한 위치는 주술사들이 아프리카의 전통사회에서 갖는 절대적인 영향과 함께 아프리카의 전통 종교가 타종교와 구분되는 지점임을 말해준다.

기독교는 15세기 무렵 포르투갈인의 대항해와 함께 사하라 이남 아프리카에 본격적으로 전파되기 시작하면서 아프리카에 많은 변화를 주었다. 아프리카의 엘리트 출신을 중심으로 확산된 기독교는 선교사들의 교육으로 문맹률을 낮추는 긍정적인 역할을 하기도 했다. 하지만 기독교는 아프리카 전통 종교와 문화에 관대하지 않았기 때문에 아프리카 문화에 자부심이 강하던 아프리카인들로부터 거부당했다. 한편 아프리카로 이주한 외지인들 중에서도 특히 아랍인들의 이주는 아프리카인들의 생활에 가장 많은 영향을 미쳤다. 아랍인들이 전파한 이슬람교는 북아프리카에서 사하라 남부 여러 지역으로 전파되었는데, 지금도 서아프리카에서는 많은 사람들이 이슬람교를 믿는 이유는 바로 이 때문이다.

아프리카의 전통 축제

아프리카의 축제는 지역에 따라 약간씩 다른 점이 있지만 공통적으로 음악과 춤을 근간으로 하여 구성된다. 이때 음악은 신화적이기도 하고 교훈적이거나 도덕적인 측면을 강조하는 경향도 있다. 아프리카의 축제가 단순히 유흥을 목적으로 하지 않는 까닭은 축제가 진행되는 동안 전통적인 종교의식의 일종으로 공동체의 평화와 번영을 기원하는 집단적 차원의 염원이 반영되어 있기 때문이다.

축제와 관련하여 음악을 표현할 때는 사람의 목소리와 다양한 악기가 절묘한 조화를 이루는 가운데 아프리카 토속음악을 잘 연출해 낸다. 이에 어우러지는 춤은 음악의 리듬에 맞추어 사람이 움직일 수 있는 몸의 모든 부분을 동원하여 정열적인 형태를 취한다. 아프리카 문화를 직접적으로 드러내는 행위예술과도 같은 아프리카 축제는, 전쟁에 나가기 전에 용맹을 북돋우기 위한 전사들의 춤에서부터 흥겨운 가락으로 공동체

정신을 불러일으키는 전통무용에 이르기까지 그 폭이 다양하다. 그 중에서도 아프리카의 축제가 갖는 공통적인 특성을 지적하자면, 대부분이 춤과 음악을 동원하여 아프리카적 감수성을 조화롭게 살린다는 점이다.

*__도곤 축제__ : 서부아프리카 말리에서 행해지는 도곤족의 탈춤 축제는 매년 11월부터 그 다음해 5월까지 지속된다. 도곤족 부족민들은 가뭄이나 홍수와 같은 자연적 재앙을 만나거나 반대로 한해의 농사가 풍년이 들었을 때도 탈을 쓰고 축제를 벌인다. 축제 때 탈을 쓰는 행위는 인간 본연의 모습을 버리고 한정된 입장에서 벗어나 불가사의한 신비의 세계 속으로 들어가고자 하는 바램이다. 가정이나 부족 전체에 비극적인 위험이 닥치면 그들은 신과 직접 소통하기 위해 탈을 쓰기도 하는데 무엇보다도 탈을 매개로 삼아 재앙과 악령을 물리치고 질서를 회복하고자 하는 것이 이 축제의 목적이다.

*__피그미족 축제__ : 아프리카 중부지역 열대우림 정글에서 현대문명에 의지하지 않고 살아가는 피그미족은 조상들의 삶의 방식을 그대로 유지하고 있다. 아프리카 고유의 악기인 탐탐 소리가 울리면 사람들이 모두 모이기 시작하고 여성들이 노래를 부르기 시작한다. 나무껍질로 온몸을 치장한 채 밤새 쉬지 않고 춤을 추는데 이 축제에서는 여성들의 역할이 강조되는 특징이 있다. 아프리카인들에게는 춤 없는 음악이나 음악 없는 춤은 상상하기 어려우며 춤과 음악은 상호 유기적인 관계 안에서 의미를 갖게 된다. 피그미족 축제처럼 아프리카 대부분의 축제는 토속적인 종교 행위의 일종으로 축제를 벌이는 중에 희생을 통하여 나쁜 것을 제거하고 상실되어가는 힘을 갱생시킴으로써 평화를 지키는 데에 그 목적이 있다.

*__줄루족 축제__ : 남아공 최대의 민속축제인 줄루족 축제는 아프리카다운 전통적 특징과 현대

화된 문화적 특징을 고루 갖추고 있어서 해외에서도 많은 관심을 갖는 축제이다. 부족의 결속을 다지기 위해 열리는 이 축제에서는 마을별 민속춤 공연과 노래 공연, 타악기 공연, 패션쇼, 가장 행렬, 퀴즈쇼 등 30여개의 이벤트가 펼쳐진다. 남아프리카에서 가장 호전적이고 강인한 민족으로 알려진 줄루족은 이웃 부족과의 전투에 대한 승리를 기념해 전통 가옥을 배경으로 전통 복장을 갖춘 채 왕, 왕비, 전투사들이 출연하는 화려한 축제를 개최한다. 줄루족이 해년마다 축제를 적극적으로 개최하는 이유는 그들의 문화적 자신감을 지키는 동시에 용맹성을 재현하기 위해서이다.

*이밀칠 축제 : 이 축제는 모로코에서 매년 9월에 열리는 것으로 결혼축제라고도 하며 이밀칠은 모로코의 산악지대 지명 이름에서 유래한다. 이 축제기간 동안에 소년과 소녀는 결혼을 목적으로 만나고, 여성이 먼저 남성을 선택해 결혼하기 때문에 "이밀칠(Imilchil) 신부축제"라고도 한다. 이밀칠 축제는 배우자를 선택하는 과정에서 강압적이지 않고 남녀 당사자들이 좋아하는 감정을 우선으로 존중한다는 점에서 의미가 있다. 이 축제는 결혼을 목적으로 한다는 점, 여성의 선택권이 부각된다는 점이 다른 전통축제와 구별되는 특징이라 할 수 있다.

세계 음악의 본령, 아프리카의 음악

현대음악은 아프리카적인 요소와 영향력을 인정하지 않고서는 그 이야기를 진척시킬 수 없을 것이다. 아프리카 음악은 대중음악에서부터 전문적인 장르에 이르기까지 절대적인 영향을 미쳐왔기 때문이다. 따라서 아프리카를 이야기할 때 음악에 대한 거론은 이 대륙의 문화에 대한 이해를 돕는 데 필수적이다. 쿠바에서 발전해 전세계에 선풍을 일으켰던 룸바(Rhumba), 맘보(Mambo), 콩가(Conga) 역시 그 음악적 기원을 아프리카 리듬에 두고 있다. 우리에게 익숙한 남미의 탱고(Tango)도 아프리카 리듬 형식에 기반하고 있고, 그 유명한 브라질의 삼바(Samba)는 앙골라의 결혼식 춤인 퀴좀바(Quizomba)에서 유래된 것이다. 다양한 국가에서 아프리카적인 요소를 취하고 있는 이유는 이것이 노예무역 당시 흑인들의 이동을 따라 전파되고 변형되었으며, 이후에 각 지역 고유의 전통음악으로 정착하게 되었기 때문이다. 이처럼 흑인들의 이산으로 남미와 북미로 전해져 발전한 다양한 음악 형식들은 아프리카 리듬을 원형으로 한다. 우선 아프리카 음악의 특징은 북과 같은 타악기가 중심을 이룬다는 것인데, 이것은 타악기가 태고의 자연과 문화를 나타내는 도구와 같은 역할을 하고 있어서이다. 북이나 손뼉 등 울림악기로 연주되는 아프리카 리듬은 흔히 부족 음악의 핵심이자 영혼과도 같다. 아프리카음악에 사용된 리듬은 아프리카적 속성을 담아내며 상당한 수준의 세련됨을 갖추고 있다. 무엇보다도 아프리카 음악은 흑인 음악을 포함한 문화의 전반을 이해하는 근원이며, 현재 세계적으로 유행하는 다양한 장르의 음악적 본령이다. 현재 아프리카에서는 토속적인 음향을 융합해 독특하고 새로운 기법의 아프리카 음악을 선보이는 가운데 전통음악을 세계적인 음악으로 탈바꿈시키고 있다. 아프리카인들은 비록 식민지배와 노예의 삶으로 고통스러운 세월을 보냈지만 과거의 고통은 현대음악의 새로운 장르를 탄생시키는 밑거름이 되고 있다. 그중에서도 아프리카의 음악적 본령은 래그타임과 재즈, 그리고 블루스를 통해 흑인적 감성을 재현되고 있다고 해도 과언이 아닐 것이다.

래그타임과 재즈 그리고 블루스

*래그타임(Ragtime) : 재즈가 태동할 수 있는 중요한 단서이자 재즈의 초창기 형태를 래그타임이라고 한다. 래그타임은 아프리카의 토속적 리듬감과 유럽의 음악이 만난다는 점에서 흑백음악이 최초로 융합되는 형식이라고 정의될 수 있다. 한때 흑인성이 강하게 반영되었다는 점때문에 멸시를 받기도 했지만, 미국 최초의 대중음악 형식으로 규정되면서 그 진가를 인정받았다. 흑인이 연주하는 백인의 음악이라고도 정의되는 래그타임은 구체적으로는 1870년대부터 미국의 술집이나 무도장 등에서 유행한 흑인 피아노 음악을 가리킨다. 이 장르의 작곡가와 이와 관련된 연출가로는 주로 흑인 출신이 많으며, 래그타임에는 당김음이 자주 사용되는 특징이 있다. 재즈와 래그타임 두 장르의 주요한 차이점은 래그타임이 악보에 적힌 그대로를 연주한다면, 재즈는 즉흥연주에 의한 독주를 중시한다는 점이다.

*재즈(Jazz) : 흑인음악을 재즈라고 부르게 된 것은 1910년대 무렵이며, 그 이전에는 일반적으로 래그타임음악 또는 래그라고 불렀다. 재즈는 여러 가지 차별이나 기성개념에 반항하면

서 퍼레이드의 행진음악에서 댄스음악, 그리고 감상을 위한 음악으로 발전하여 지금은 미국뿐만 아니라 현대음악의 중요한 한 분야로 자리 잡았다. 이 장르는 미국의 흑인 음악에 클래식, 행진곡 등의 요소가 섞여서 발달한 대중음악이다. 재즈는 약동적이고 독특한 리듬 감각이 특징이며, 즉흥적 연주를 중시한다. 즉흥적 연주와 독특한 변형을 위주로 재즈는 스윙, 모던 재즈, 프리 재즈 스타일로 확장되어 왔다.

*블루스(Blues) : 래그타임에서 재즈의 형식이 기원했다면 블루스는 재즈를 원형으로 변화한 형태이다. 이 형식은 미국 노예시대에 불렀던 노동가나 민요 등에서 찾아볼 수 있다. 초기의 블루스는 노예해방이 이루어진 19세기 중엽 이후의 것으로, 해방된 흑인들의 비참한 생활환경과 인간적인 슬픔, 고뇌, 절망감이 중심을 이룬다. 독특하게 느린 블루스의 리듬은 백인들 사이에도 널리 퍼져 많은 춤곡들이 나왔으며, 그러한 음악과 춤에도 블루스라는 이름이 붙게 되었다. 재즈와도 밀접한 관련이 있는 블루스는 다른 많은 음악 양식에도 영향을 주었다. 이것은 소울과 리듬 앤드 블루스 장르에서 블루스의 정서와 형식들이 깃들어 있는 데서도 알 수 있다.

아프리카의 문학

아프리카 문학은 크게 아프리카 구전문학과 아프리카어, 영어, 프랑스어로 된 문학을 포함해 총 네 가지 문학으로 분류된다. 어느 범위까지 아프리카 문학으로 간주하는가에 대한 논란이 계속되는 가운데 아프리카 문학은 아프리카가 유럽 식민주의의 지배를 받았다는 역사적 특수성을 고려하여 민족문학과 인종문학을 총체적으로 포함한다. 아프리카 역사를 유럽적 시각이 아닌 아프리카적 시각으로 재구성하여 아프리카의 정체성을 담아내는 한, 아프리카어로 된 문학작품, 구전문학, 영어, 프랑스어로 된 문학작품을 모두 아프리카 문학의 범주에 포함시킬 수 있을 것이다.

위의 네 가지 문학형태 중에서 아프리카 구전문학은 대중들의 사회적인 저항과 정치적인 인식을 고취시키는 길잡이 역할을 하기 때문에 아프리카인들의 화합을 이끄는 중요한 초석이 된다. 무엇보다도 구전문학은 과거 조상들의 행적과 신념을 돌아보게 해주며 후손들의 가치체계를 이끌어간다는 점에서 가치가 있다고 할 것이다. 대부분의 국가에서 문학은 그들의 정신을 대변하는 중요한 수단이 되겠지만 아프리카에서 특히 문학은 유럽의 식민 통치가 야기한 문화적 열등의식을 극복시키는 의미있는 수단이 된다. 한편 외국어로 쓰인 아프리카 문학작품은 "아프리카를 다른 유럽인들에게 설명하려는 의도로 글을 쓴 유럽 식민주의자의 글쓰기에 대한 반작용으로 탄생"(고든 467)했다고 이해하면 좋을 것이다.

> 네그리튀드(Negritude)운동
>
> 1930년대 프랑스어권 아프리카 식민지의 학생들과 파리에 유배된 미국계 아프리카인들 사이에서 일어난 문학 운동. 네그리튀드 작가들은 의식적으로 아프리카적인 제재로 작품을 채워, 프랑스어와 영어로 쓰인 문학에 표현된 아프리카인의 사상과 사회와는 다른 새로운 아프리카인의 사상과 사회를 표현하였다.
>
> (에이프릴 고든, 『현대 아프리카의 이해』)

네그리튀드(Negritude)운동과 함께 문학을 통해 아프리카의 정체성을 되찾자는 움직임이 활성화되면서 아프리카 작가들은 백인의 식민지 정책에 저항하는 흑인들의 문화 운동에 참여한다. 아프리카 문화를 구성하는 다양한 요소 중에서도 아프리카의 동질성을 회복하는데 가장 중심적인 역할을 하는 것은 문학이다. 문학은 현재 진행 중인 아프리카에서의 탈식민 역사의 과정과 자연스럽게 밀접한 관련을 맺고 있기 때문이다. 사실 아프리카 전역에 걸쳐 긍정적으로 자신들의 문화에 대한 동질성을 회복하는데 필수적인 이런 과정을 통해서 아프리카 문학은 그 타당성과 생명력을 되찾게 되는 셈이다(김의락). 아프리카 출신 작가들은 주로 정치적인 이슈를 통해 과거 아프리카의 식민경험을 비롯해 인종과 빈곤 등의 문제를 표면화함으로써 아프리카의 과거와 현재를 형상화시킨다. 특히 식민지 이전에 향유했던 풍부한 역사는 작가들을 통해 식민지 시대를 거치면서도 사라지지 않고 그 전통을 지켜냈다는 점에서 큰 의미가 있다.

아프리카를 대표하는 작가로는 응구기(Ngũgĩ wa Thiong'o), 아체베(Chinua Achebe), 소잉카(Akinwande Oluwole Soyinka), 고디머(Nadine Gordimer), 쿳시(J. M. Coetzee),

브링크(Andre Brink) 등을 들 수 있다. 이들은 아프리카의 문학에 대한 서구의 해석을 다시 써나가면서 과거에 타자화된 아프리카 문학의 우수성과 정당성을 입증했다. 먼저 나이지리아 작가이자 아프리카 영어권 문학의 아버지로 평가받는 아체베가 아프리카 문학사에 남긴 주요 업적은 영어로 된 소설을 통해 아프리카의 전통을 강조하며 아프리카의 다양한 삶의 주제들을 외부에 알린 것이다. 아체베는 자신의 소설의 의미를 "아프리카 문화의 아름다움을 보여주는 것이며 아프리카에도 나름의 문화가 존재한다는 사실을 알리는 것"이고, "아프리카 문학의 가장 의미 있는 공적 중의 하나는 바로 이 점을 이해시키는 것"이라고 밝혔다. 이로써 아체베는 아프리카에는 역사와 전통이 없었다는 서구의 주장을 일축시켰다.

그는 소설 『산산이 부서지다』(*Things Fall Apart*)로 2007년 부커상을 수상했으며, 이 작품은 50개의 언어로 세계 전역에 소개되었다. 이 소설을 통해 아체베는 기독교와 영국 식민주의자들이 우무오피아(Umuofia)라는 아프리카 전통사회를 몰락시키는 과정을 전달한다. 그는 『산산이 부서지다』에서 서구문명이 강압적으로 전통을 말살하는 순간에도 아프리카인들이 이를 지켜내기 위한 과정을 부각시킴으로써 아프리카 탈식민화의 중요성을 강조한다.

"백인이 땅에 대한 우리의 관습을 알기나 하는가?"
"우리말조차 하지 못하는데 어떻게 알겠나. 그런데도 백인은 우리의 관습이 나쁘다고 말하네. 게다가 백인의 종교를 받아들인 우리 형제들마저 우리의 관습이 나쁘다고 말하네. 우리 형제들이 우리에게 등을 돌렸는데 어떻게 우리가 싸울 수 있겠는가? 백인들은 대단히 영리하네. 종교를 가지고 아무 말 없이 조용히 들어왔네. 우리는 그의 바보짓을 즐기면서 여기에 머물도록 했네. 이제 그가 우리 형제들을 손에 넣었고, 우리 부족은 더 이상 하나로 뭉쳐 행동하지 않네. 그가 우리를 함께 묶어 두어 칼을 꽂으니 우리는 산산히 부서지고 말았네." (치누아 아체베, 『산산이 부서지다』)

남아프리카 영어권 문학은 크게 백인문학과 흑인문학으로 분류된다. 흑인 문학은 인종차별사에 대한 직접적인 정치적 저항이 주를 이룬다. 반면에 백인 문학은 양심 있는 백인 작가들이 은유와 알레고리 기법을 통해 과거 인종사에 대해 성찰하는 고백들이다.

이렇게 나뉘는 흑백의 문학은 작가의 인종적인 태생과 밀접한 관련을 맺는다. 따라서 흑백의 갈등이 첨예했던 국가인 남아프리카의 문단에서는 정치적인 주제를 다루느냐 그렇지 않느냐가 중요한 이슈로 등장하는 것은 당연하게 여겨졌다.

▲ J. M. 쿳시

남아공의 대표적인 백인 작가로는 J. M. 쿳시(J. M. Coetzee, 1940-)와 나딘 고디머(Nadine Gprdimer, 1923-)를 들 수 있다. 쿳시는『야만인을 기다리며』(*Waiting for the Barbarians*),『철의 시대』(*Age of Iron*),『추락』(*Disgrace*)등을 중심으로 포스트식민주의 시각에서 인종주의를 비판하고 타자의 윤리문제에 관심을 가진 작가이다. 그의 소설 중에서『야만인을 기다리며』는 제국과 원주민, 지배와 피지배라는 이분법에 의존하지 않고 체제에 순응하기를 거부하는 진보적인 인물이자 화자인 치안판사를 부각시킨다.

쿳시는 이 소설에서 화자인 치안판사를 통해 체제 이데올로기의 허구성을 안으로부터 폭로함과 동시에, 그것에 대한 자기의 공모성을 부각시키면서 거기에 연루되어 있는 지식인의 현실을 날카롭게 지적한다. 제국이 식민화를 수행하는 과정에서 원주민에게 가한 비인간화와 폭력이 화자인 치안판사에게 어떤 반응을 불러일으키는가를 통해 윤리적 문제가 제기된다. 특히 치안판사의 공모적 입장에 숨겨진 제국주의의 실체는 야만인 소녀(barbarian girl)와의 관계에서 부각되며 이 소설의 가장 큰 아이러니로 제국주의 인종담론의 해체가 바로 주인공을 통해 서술된다는 점을 들 수 있다.

『야만인을 기다리며』는 제국과 야만인의 문화가 교차하는 익명의 변경을 배경으로, 야만인이 나타나지 않으면 제국은 그 존재조차 드러낼 수 없는 현실을 이야기한다. 이 소설의 제목은 카바피의 시 '야만인을 기다리며'에서 따온 것으로, 아래 시구 안에 제국이 야만인을 어떻게 상상하는가에 관한 소설의 주제가 함축되어 있다.

"어째서 모든 거리와 광장이 그렇게도 빨리 텅 비어지는가?

그리고 모든 사람들이 그렇게도 깊은 생각에 잠겨 다시 집으로 향하는가?
저녁이 되었어도 야만인들이 오지 않았기 때문이다.
일부 사람들이 변경에서 돌아왔다. 그들은 더이상 야만인들이 없다고 말했다.
야만인들이 없다면 이제 우리는 어떻게 될 것인가? 그 사람들은 일종의 해결책이었다."

제국과 그 주변부가 갖는 역사의 기나긴 모순성을 심도있게 드러내는 『야만인을 기다리며』는 "야만인"처럼 고착화되어 널리 사용되어 온 용어에서부터 야만인들의 실체가 무엇인가에 이르기까지 쿳시의 통찰력을 풍부히 전달한다. 남아공의 "진실과 화해위원회"가 국가적 차원에서 모색되는 과거청산 방식이라면, 치안판사의 윤리적 심리전개는 개인적 차원의 성찰이라 할 수 있다. 그리고 이 윤리적 성찰이 개인적 차원이든, 국가적 차원이든 어쩔 수 없는 한계를 수반하고 있음을 쿳시는 부인하지 않는다.

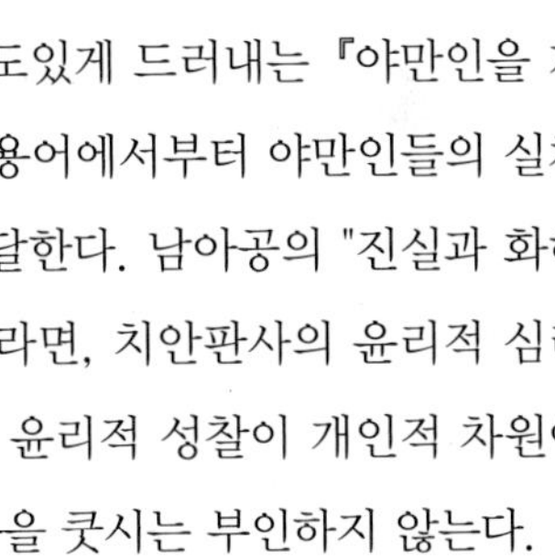
▲ 나딘 고디머

남아공의 백인출신 여성작가인 고디머(Nadine Gordimer)는 『보호론자』(*The Conservationist*, 1974)와, 『버거의 딸』(*Burger's Daughter*, 1979) 등을 통해 남아공 사회 뿐만 아니라 국외에 인종차별정책의 부당성을 적극 알린 작가이다. 그녀는 백인작가이면서 인종차별을 내부에서 비판한 작가라는 점에서, 그리고 아프리카인으로서 자신의 정체성을 확인해가며 흑백의 공존을 염원한 작가라는 점에서 남아공의 양심 있는 재현가라는 평가를 받는다. 고디머는 외부에서 아프리카를 바라보는 시각이 얼마나 왜곡되어 있는지를 지적하며 글쓰기의 과정은 정체성을 찾는 길이라고 다음과 같이 말한다.

"아프리카, 남아메리카, 멕시코, 한국, 일본에 대해서 글을 쓰는 유럽 작가들은 결코 그 속을 제대로 파악하지 못하고 외부적인 시각에서만 접근합니다. 유럽 작가들이 남아프리카공화국에 대해서 쓴 책은 별로 없는 것 같습니다. 물론 보고 즐기는 책이나 야생 동물에 관한 책들을 제외하고 하는 말입니다. 그러나 아프리카 대륙 전체를 기준으로 해서 보면, 많은 책들이 쓰여졌습니다. 가령 헤밍웨이의 소설을 보세요. 얼마나 아프리카가 왜곡되어 있습니까. 아프리카 사람들은 거의 나오지도 않고, 아프리카라는 곳은 사자들만 사는 나라가 되어 있지 않습니까. 남아프리카공화국에서 남아프리카공화국을 중심으로 글을 쓴다는 것은 이런 왜곡된 시각을 뒤집으며 우리 자신의 정체성을 찾아가는 여정입니다." (나딘 고디머와의 인터뷰: 왕은철, 『문학의 거장들 : 세계의 작가 9인을 만나다』)

영화를 통해서 만나는 아프리카의 실상

호텔 르완다(Hotel Rwanda. 2004, by Terry George)

▲ 영화 호텔 르완다, 2004

아프리카는 다양한 종족들이 자신들의 고유한 영역을 바탕으로 수천년 동안 주체적으로 살며 지켜온 대륙이다. 그러나 서구의 침입이 시작되면서 아프리카인들의 긍정적인 면들은 뒤로 묻히게 되고 대신 종족간의 대립과 증오심이 아프리카 대륙을 채워갔다. 이러한 극적인 역사의 변화과정을 아일랜드 출신의 테리 조지(Terry George) 감독의 〈호텔 르완다〉에서 만날 수 있다. 1994년 르완다에서 실제로 일어난 대학살을 소재로 하는 〈호텔 르완다〉는 밀 콜린스(Mill Collins)라는 최고급 호텔의 지배인이며 후투족(Hutu)인 폴 루세사바기나(Paul Rusesabagina)가 종족간의 대립현장에서 아내를 비롯한 천 이백여 명의 투치족(Tutsis)을 구해낸 이야기이다. 후투족과 투치족 사이에 발생한 참혹한 역사적 사건이 중심인 이 영화는 "증오는 과연 어느 대상까지 가능한가"라는 절망적인 의문을 제기한다. 아프리카, 그 중에서도 르완다에서 종족살인으로 나타나는 후투족과 투치족 간의 증오는 식민경험에서 파생된 르완다의 재앙이다. 이 재앙 속에서도 후투족과 투치족 사이에서 주인공 폴이 보여주는 용기와 지혜는 〈호텔 르완다〉에 대한 극적인 감동을 주는 중요한 모티프이다.

그러나 이러한 감동의 이면에 수십 년간 자행된 후투족과 투치족의 갈등은 급기야 인종말살과 폭력으로 이어졌고 세계는 방조자가 되어갔다는 점에서 르완다 학살사건은 그야말로 비극이다. 조직적으로 부추겨진 여성에 대한 강간, 투치족의 씨를 말리겠다는 일념에 아이들까지 학살하는 무자비함, 살기 위한 양자택일도 없는 이 비극은 아프리카인들이 빚은 과오에서가 아니라 과거 식민화의 모순에서 기인했다는 사실을 알렸다는 점에서, 이 영화가 시사하는 바는 크다. 식민화 사업에 앞장섰던 서구 유럽, 그리고 유엔이 현재에 외치는 인도주의는 과연 어떤 마스크를 쓰고 있는지 이 영화는 되묻고 있다. 나아가 〈호텔 르완다〉는 세계 분쟁의 현장에서 아프리카를 향한 인도적인 개입이란 과연 어디까지 가능한가라는 의문을 과제로 남겨준다.

과거 유럽 열강은 아프리카를 효과적으로 통치하기 위해 배타적인 종족 중심의 사회를 철저히 이용했는데, 이러한 과정은 후투족과 투치족의 갈등에서 나타난다. 르완다를 통치한 벨기에는 자신들의 식민 사업을 도와줄 대상이 필요하자 피부가 좀 더 밝고 코가 높은 투치족을 선택하여 그들에게 권력을 부여했다. 벨기에 정부는 종족이 유일한 공동체인 아프리카에서 타 종족을 경계의 대상으로 삼는 식민정책을 수행한 것이다. 이러한 과거로 인해 벨기에가 식민 사업을 끝내고 아프리카를 떠나게 되자 식민화의 수행에 도움을 준 투치족은 후투족에게는 제거해야 할 대상이 되었다. 즉 벨기에의 식민통치는 끝났지만 이것은 후투족과 투치족의 비극적인 갈등을 양산해 냈고 후투족은 그들이 경험했던 희생을 투치족을 향해 그대로 보복한다. 보복행위 과정에서 나타난 주요 수단은 종족 차별과 학살이었다. 아프리카에서 유럽 열강은 떠났지만 르완다의 경우, 과거의 참상을 잊지 않은 채, 자신의 종족을 번영시키기 위해 다른 종족을 무차별적으로 학살하는 환경을 구축했다. 아프리카의 이러한 역사적 비극을 탄생시킨 배후는 따로 존재하지만 영화를 통해 알 수 있듯이 참상을 낳은 주체세력을 자기 종족으로 지목하는 르완다의 집단적 행동은 서구 열강들의 영향에서 아직도 자유롭지 못한 그들의 안타까운 모습을 대변한다.

르완다 학살사건(Rwandan Genocide)

20세기에 일어난 최대의 비극이라 불리는 르완다 학살 사건은 1994년에 3개월 동안 르완다 인구의 20%에 해당하는 약 80만에서 100만의 인구가 내전으로 희생된 사건을 말한다. 이 학살사건에는 두 부족 사이의 갈등을 부추긴 국제적인 공모가 개입되어 있다. 세계 여러 국가가 수년간 르완다 정부에 외채와 함께 무기를 제공했다. 예컨대 1993년부터 1994년 사이에 중국은 이 나라에 50만점의 칼을 수출했고, 그 대금은 프랑스 정부가 빌려준 돈으로 지불됐다. 우간다로 피신해 있던 투치족 사람들로 구성된 르완다 애국전선(Rwandan Patriotic Front)군이 1994년 7월에 진격해 들어와서 전세가 역전되었지만 프랑스는 그때까지도 잔존해 있던 살인마 집단에 계속 무기를 공급했다. 최근에는 이웃 콩고민주공화국으로 쫓겨난 후투족 반군 일부가 진압 작전에 대한 보복으로 민간인 남성과 여성을 가리지 않고 강간하여, 이 지역이 '세계의 성폭행 중심지'가 되었다는 보도도 나왔다(주경철의 <히스토리아>).

역사상 대량 인종 학살과 전쟁을 통한 학살행위는 무수히 존재해 왔으나 그 중에서도 "르완다 사건은 2차 대전 시기에 발생한 나치학살보다도 훨씬 참혹"(Snow 1)했다. 이것은 서구가 아프리카에서 제국주의와 식민주의를 실현해가는 동안 민족, 부족, 종족을 고려하지 않고 서로에게 증오를 선동시킨 결과이다. 르완다의 종족주의는 상대종족의 공포심을 이용하여 폭력성을 가중시키고 다수의 의견을 맹목적으로 합법화시킨 결과 살인까지도 정당화시켰기 때문이다. 르완다 학살사건을 유래 없는 비극으로 정의하는 이유는 무엇보다도 유럽의 개입으로 그 진상이 은폐되고 방치되는 과정에서 더 많은 피해자를 낳았다는 사실에 있다.

블러드 다이아몬드 (Blood Diamond, 2006, by Edward Zwick)

▲ 영화 블러드 다이아몬드, 2006

〈블러드 다이아몬드〉는 화려한 액션영화로 광고되는 것과 달리, 백인 남성의 아프리카 모험담이 아니라 90년대 시에라리온의 비극적인 역사적 사건을 배경으로 한다. 이 영화는 아프리카 내전과 밀접한 관련이 있는 "분쟁 다이아몬드"의 밀거래와 정치적 현실을 고발하고 있다. 지구상에서 다이아몬드가 가장 많이 채취되는 곳은 보츠와나, 남아공, 시에라이온, 짐바브웨 등 아프리카 대륙이다. 영화의 제목인 〈블러드 다이아몬드〉는 아프리카 내전 지역에서 채굴되어 불법적으로 거래되는 다이아몬드를 지칭한다. 에드워드 즈윅(Edward Zwick) 감독은 〈블러드 다이아몬드〉의 메시지는 "다이아몬드에 얽힌 비도덕적인 측면을 부각시키는 것이 주요한 목적이 아니라 보석을 사는 개인의 선택이 정치적인 의미를 함축할 수 있기 때문에 제대로 된 정보를 알고 난 후에 물건을 선택해야 한다"는 것이라고 강조했다.

개봉 당시 이 영화가 대중적인 관심을 끌었던 주된 이유는 아프리카의 현실을 알려는 관객들의 관심보다는 아처의 역할을 한 배우 레오나르도 디카프리오(Leonardo Di Caprio)에 대한 호기심 때문이었다. 그러나 어떤 경위에서였든지 일단 〈블러드 다이아몬드〉를 본 관객들은 소위 "불편한 진실"이 담긴 아프리카의 낯선 역사 앞에서 당황하게 된다. 관객들은 이 한편의 영화로 아프리카의 비극을 들여다보고 다이아몬드와 같은 화려한 물건을 소유하는 행위가 비극에 대한 외면일 수 있다는 사실을 깨닫는다. 세계의 보석시장에서 최고의 인기를 누리는 가운데, 다이아몬드는 남녀의 변함없는 사랑을 서약하는 증표로만 존재하지 않고 아프리카인들의 처참한 희생 속에서 탄생되고 있는 것이다. 부의 가치와 아름다움의 대명사인 다이아몬드가 아프리카에서 어떻게 탄생하게 되는지를 이 영화를 통해 추적해 간다면 빛나는 다이아몬드가 잔혹한 전쟁과 살인을 초래할 수 있음을 알게 될 것이다.

〈블러드 다이아몬드〉는 아프리카에서 벌어지는 수많은 비극 중에서 불법적인 다이아몬드를 둘러싸고 난무하는 폭력과 내전, 그리고 이 과정에서 희생당하는 수많은 아프리카인들을 그린다. 다이아몬드를 찾는 일이 일생일대의 꿈이 되어버린 아프리카인들에게 다이아몬드란 힘겨운 아프리카의 터전을 벗어나게 하는 원동력이고, 때로는 주인공 솔로몬의 경우처럼 인질로 잡힌 가족을 구할 수 있는 구원자격인 매개물일 수 있다. 이 같은 사실 때문에 다이아몬드는 아프리카인에게 때로는 난무하는 폭력과 지옥 같은 일상을 버티게 하는 아이러니컬한 희망으로 존재한다. 다이아몬드를 둘러싸고 10년 이상의 내전을 끌어온 시에라리온의 현장을 담은 〈블러드 다이아몬드〉는 "시에라리온에서 다이아몬드가 발굴되지 않았다면 사지절단과 살육으로 이어지는 참상은 오래전에 끝났을 것"이라는 안타까운 암시를 담고 있는 영화이다.

••• 4. 21세기 아프리카의 현재와 미래

아프리카인은 전 인류를 대신하여 지구에서 가장 살기 힘든 지역을 개척해 온 개척자였고, 지금도 그러하다. 이는 그들이 인류역사에 크게 공헌한 점이며, 아울러 그들이 존중받고 지원받으며 깊이 연구되어야 할 이유이기도 하다. (존 아일리프, 『아프리카의 역사』)

그동안 아프리카의 물 부족, 빈곤, 기아, 에이즈가 이 대륙에 가혹한 요소로 작용한 것은 사실이며 이것은 주로 환경적인 요인이다. 그러나 이보다 더 아프리카를 비참한 상황으로 몰아간 것은 본문에서 살펴본 바와 같이 수백년 동안 진행된 식민사와 노예제도 그리고 아프리카를 바라보는 왜곡된 시선이었다. 이 세 가지가 아프리카 대륙을 처참한 궁지로 몰아넣은 결과, 아프리카인들은 스스로의 인간성을 부정할 만큼 비극에 치닫기도 했다.

현재 아프리카에는 백인들이 흑인들에게 미친 부정적인 결과들에 대해 백인들 뿐만 아니라 흑인들 역시 함께 책임을 져야 한다는 의식이 확대된 지 오래다. 그 결과 자발적으로 흑인에 내재한 일종의 심리적 열등성을 극복하고 의식의 변혁을 통해 "흑인성"이라는 근원에 자부심을 갖자는 "흑인의식운동(Black Consciousness Movement)"이 정착한 단계이다. 이러한 움직임은, 아프리카가 자신들의 훌륭한 전통을 스스로 찾아내는 주체가 되어 역사를 성찰하고 새롭게 써내려감으로써 아프리카 역사와 문화를 다시 한번 세계에 기여하는 원동력으로 이끌어가겠다는 의지를 피력하는 것이다.

지금까지 아프리카가 열등하거나 미개하다는 축적된 이미지와 지식은 단순히 과거의 이데올로기가 설정해 놓은 편파적인 논리에 불과했음을 살펴보았다. 아프리카에 대한 터무니없는 평가와 단정들에 대해서는 현재 아프리카가 보여주는 역량과 발전과정이 반박해 주고 있다. 아프리카는 가난, 문맹, 저개발의 상징이 되었던 과거의 불운을 딛고, 이제는 희망을 부르는 대륙이 되어가고 있다. 그러나 한편으로 아프리카는 경쟁력을 갖춘 자연환경과 천혜의 자원을 보유하면서도 현재의 자력만으로는 완전한 발전에 이를 수 없는 여건에 처해 있다. 근본적으로 과거 식민역사가 낳은 정치적, 경제적인 불안정, 그리고 이에 따른 결과로 현재를 개선해 갈 교육적 여건이 열악해진 탓이다. 그러나 아프리카의 현재적 조건이 아무리 암울하다고 하더라도 미래를 부정적으로 이야기할 수없는 이유는 분명히 존재한다. 그것은 아프리카가 인류의 과거를 대변하는 대륙이었듯이, 미래를 대변해 나갈 대륙으로 자리잡을 것이라는 점이다. 단기적으로 보면 아프리카에 대해 어쩔 수 없이 비관적이지만, 장기적으로 보면 계속 비관적일 수는 없을 것이기 때문이다(Coquery-Vidrovitch).

과거에 서구를 위주로 세계가 아프리카를 무시하고 이용해 왔다면, 이제는 그들의 비극을 방치하지 않고 자립기반을 제공해야 할 때이다. 아프리카의 현재적 비극이 아프리카를 식민화시킨 서구 유럽이라는 사실을 감안한다면 앞으로 그들은 아프리카의 비극에 방조자가 되지 않고 대책을 마련하는 협력자가 되어야 할 것이기 때문이다. 나아가 아프리카인들은 더 이상 그들의 땅을 비극의 씨앗으로 치부하지 않고 식민지 이전에 존재했던 단일화된 아프리카 대륙의 정체성과 전통가치를 회복시키고 있다. 아프리카를 잠식해 온 수천 년 동안의 불행도 이 대륙에 깊이 뿌리 내린 문화의 역동성과 세계에서 차지하는 중요성, 그리고 세계에 미치는 영향력을 반감시키지는 못할 것이다. 인간은 무엇인가에 대한 더욱 깊은 이해는 아프리카에서 시작되었다고 하듯이, 수십만 년 동안 아프리카는 인류를 단련시켜 왔기에 "아프리카의 시대, 아프리카의 차례"(블레이)는 다시금 돌아올 것이다.

생각해 볼 문제

① 서구는 문명의 세계이고 아프리카는 야만의 세계라는 이분법적인 구도는 어떻게 해서 형성되었으며 이러한 체계가 오랫동안 유지될 수 있었던 근본적인 이유는 무엇인지 토론해 보자.

② 아프리카인들은 노예가 되어 카리브해 지역이나 남/북 아메리카 등 세계 곳곳으로 유입되었다. 노예로 흩어지게 되는 이 과정 자체는 비극적이지만 아프리카인들의 이산이 세계사에 남긴 긍정적인 영향이 있다면 무엇이라고 할 수 있는가?

③ 에드워드 사이드는 『오리엔탈리즘』에서 "상상의 동양과 날조된 지식"으로 부터 비롯된 유럽 중심의 잘못된 세계관과 편견을 체계적으로 분석하면서 동양에 대한 계몽을 정당화하는 서구 중심의 이데올로기를 비판했다. 문화 상대주의는 우리 시대의 보편적 가치 가운데 하나인 지금, 우리가 타문화를 이해할 때 어떤 태도를 유지해야 하는지를 오리엔탈리즘과 관련하여 토론해 보자.

④ 아프리카에 에이즈 문제가 심각하게 대두되고 있지만 그 해결책은 쉽지 않은 실정이다. 아프리카에 에이즈가 빠른 속도로 확산되면서 아프리카 대륙 전체의 문제가 되어버린 까닭은 어디에 있는가?

⑤ 아프리카에는 유독 종족과 민족 분쟁이 많은 것으로 알려져 있는데 같은 종족 간의 참상을 부른 역사적 원인은 무엇인가? 서구 유럽인들이 주장하는 것처럼 아프리카인들은 원래 싸움을 좋아하는 인종인가? 아프리카에 인종/민족/종족 분쟁이 잦은 이유는 무엇인지, 그리고 실제로 분쟁이 빈번했던 아프리카 국가를 구체적으로 예를 들어가며 토론해 보자.

⑥ 백인과 흑인이 공존하는 남아프리카 공화국은 어떻게 아파르트헤이트라는 인종차별 정책을 공식적으로 폐지하고 흑백 간에 화해를 이루는 국가로 발전해갔는지 그 과정을 조사해 보자. 그 다음 인종주의가 여전히 남아있는 국가나 공동체의 사례를 들어보고 남아공과 어떤 차이점이 있는지 비교 분석해 보자.

⑦ 아프리카에는 토속 민간 신앙이 많음에도 불구하고 기독교와 이슬람 문화가 아프리카인들의 삶에 밀접한 방식으로 자리잡고 있다. 그 이유는 무엇인지 아프리카 식민사와 연관하여 토론해 보자.

⑧ 서구 학자들은 어떤 방식으로 아프리카의 역사적, 문화적 정체성을 왜곡하며 타자화 작업을 진척시켜 나갔는지 나라별 또는 대륙별로 그 사례들을 들어보자. 나아가 아프리카를 비롯한 제3세계라 불리는 지역들은 "서구의 타자화 작업"을 어떻게 주체적으로 극복하여 왔는지 토론해 보자.

추천 도서

나딘 고디머. 『내 인생, 단 하나뿐인 이야기』. 정혜연 역. 민음사, 2008.
리처드 루드글리. 『바바리안-야만인 혹은 정복자』. 우혜령 역. 뜨인돌, 2004.
에이미 세제르. 『식민주의에 관한 담론』. 이석호 역. 동인, 2004.
월레 소잉카. 『공포의 계절』. 이완기 역. 루비박스, 2005.
잭 웨더포드. 『야만과 문명, 누가 살아남을 것인가』. 권루시안 역. 이론과 실천, 2005.
존 쿳시. 『야만인을 기다리며』. 왕은철 역. 들녘, 2003.
주경철. 『역사의 기억, 역사의 심상』. 문학과 지성사, 2008

추천 영화

개빈 후드 감독. 〈갱스터 초치 Tsotsi〉. 2005.
스티븐 스필버그 감독. 〈아미스타드 Amistad〉. 1997.
페르난도 메이렐레스 감독. 〈콘스탄트 가드너 The Constant Gardner〉. 2005.
헤르민 훈트게부르스 감독. 〈화이트 마사이 De Weisse Massai〉. 2005.

참고 문헌

김상용. 『아프리카 문화서』. 만수출판사, 1997.
김윤진. 『남아프리카 역사』. 명지출판사, 2006.
김재혁. 『아프리카학』. 말굽소리사. 2008.
김현아. 「J. M. 쿳시의 반인종주의 윤리학: 『야만인을 기다리며』」. 『21세기 영어영문학』 22.2 (2009): 31–56.
로버트 게스트. 『아프리카, 무지개와 뱀파이어의 땅』. 김은수 역. 지식의 날개, 2009.
롤랜드 올리버. 『아프리카:500만년의 역사와 문화』. 배기동 · 유종현 역. 여강, 2001.
루츠 판 다이크. 『처음 읽는 아프리카의 역사』. 안인희 역. 웅진하우스, 2005.
르몽드 디플로마티크 기획. 『르몽드 세계사2: 세계질서의 재편과 아프리카의 도전』. 최서연 · 이주영 역. 휴머니스트, 2010.
박승무. 『(신비의 세계)서아프리카의 역사』. 아침, 2002.
서상현. 『아프리카의 이해』. 다해. 2004.
스티브 비코. 『아프리카 탈식민주의 문화론과 근대성』. 동인. 2001.
에이프릴 고든 · 도널드 고든 . 『현대 아프리카의 이해』. 김광수 역. 다해, 2002.
왕은철. 『문학의 거장들: 세계의 작가 9인을 만나다』. 현대문학, 2010.
왕철. 「탈식민주의 담론과 남아프리문학」. 『현대영미소설』 7.12 (2000): 110–30.
이석호. 『아프리카 탈식민주의 문화론과 근대성』. 동인, 2001.
이태주. 『문명과 야만을 넘어서 문화읽기』. 프로네시스, 2006.
장 크리스토프 빅토르 · 비르지니 레송 · 프랑크 테타르. 『지도로 보는 세계의 미래 변화하는 세계의 아틀라스』. 안수연. 책과 함께, 2008.
제러미 블랙. 『지도, 권력의 얼굴』. 박광식 역. 심산, 2006.
조르주 뒤비. 『조르주 뒤비의 지도로 보는 세계사』. 생각의 나무. 2006.
존 아일리프. 『아프리카의 역사』. 문명식 역. 가지 않은 길, 2002.
주경철. 『대항해시대: 해상팽창과 근대세계의 형성』. 서울대학교 출판부, 2008.
피터 N 스턴스. 『지도로 보는 문화사』. 강인황 역. 궁리, 2007.
하름 데 블레이. 『분노의 지리학』. 유나영 역. 천지인, 2007.
EBS 지식채널e. 『지식 e 5』. 북하우스, 2009.
Attwell, David, ed. *Doubling the Point*. Harvard UP, 1992.
Balibar, Etienne, *Race, Nation, Class : Ambiguous Identities*. New York: Verso, 1991.
Cesaire, Aime. *Discourse on colonialism.-An interview with Aime Cesaire*. Ed. Robin D. G. Kelley. New York: MR, 1972.
Chapman, Michael. "African Literature, African Literatures: Cultural Practice or Art Practice?." *Research in African Literature* 1.4 (May 2002): 1–9.

Cloquery-Vidrovitch. Catherine. *Africa: Endurance and Change South of the Sahara*. Trans by David Maisel. Berkeley: U of California, 1998.

Coetzee, J. M. *Waiting for the Barbarians*. New York: Penguin, 1981.

Dunn, Kevin C. "Africa's Ambiguous Relation to Empire and *Empire*." *Empire's New Clothes: Reading Hardt and Negri*. Ed. Paul A. Passavant and Jodi Dean. New York: Routledge, 2004. 143-62.

Feierman, Steven. "Africa in History: the End of Universal Narratives." *After Colonialism: Imperial Histories and Postcolonial Displacement*. Ed. Gyan Prakash. U of Princeton P, 1995.

Feagin, Joe R. and Clairece Booher Feagin. eds. *Racial and Ethnic Relations*. Prentice-Hall, 1996.

Foley, Conor. *The Thin Blue Line: How Humanitarianism Went to War*. London: Verso, 2010.

George, Terry. ed. *Hotel Rwanda: Bringing the True Story of an African Hero to Film*. Newmarket Press, 2005.

Hogan, Patrick Colm. *Colonialism and Cultural Identity*. New York: State U of New York P, 2000.

Manning, Patrick. *Slavery and African Life*. Cambridge: Cambridge University Press, 1990

Nzabatsinda, Anthere. "Hotel Rwanda." *Research in African Literature*. 43.9(2009): 233-236.1990

Snow, Keith Harmon. "Hotel Rwanda: Hollywood and the Holocaust in Central Africa." *South Africán Studies*. 21.7(2007): 1-21.

Tiffin, Helen. "Recuperative Strategies in the Post Colonial Novel" in *Inventing Literatures*, Ed. William McGraw: 27-45

Todorov, Tzvetan. "Race, Writing, and Culture." *Critical Inquiry* 13. U of Chicago, Autumn 1986: 171-181 and Rosemary Jolly. New York: CUP, 1998. 149-65.

http://allafrica.co.kr

브리태니커 백과사전

Key words

아프리카, 제국주의, 식민주의, 흑인, 백인, 문명, 야만, 노예무역, 수탈, 열등, 미개, 원시인, 인종주의, 종족(분쟁), 부족, 미지의 땅, 케냐, 나이지리아, 다르푸르, 범아프리카주의, 흑인의식 운동, 흑인성, 아프리카 연합, 네그리튀드, 아파르트헤이트, 검은 대륙, 공동체, 인류, 결속, 분열통치, 사하라 사막, 아프리카 음악, 아프리카 문학, 주술, 기독교, 이슬람교, 호텔 르완다, 블러드 다이아몬드, 과거사 청산, 식민분할, 래그타임, 블루스, 재즈, J.M. 쿳시, 나딘 고디머, 은크루마, 서아프리카 민족회의, 스티브 비코, 넬슨 만델라, 진실과 화해 위원회

현대 영어권 문화의 이해

카리브해

차이와 다양성이 엮어내는 아름다운 교직물

카리브해
차이와 다양성이 엮어내는 아름다운 교직물

이 혜 란

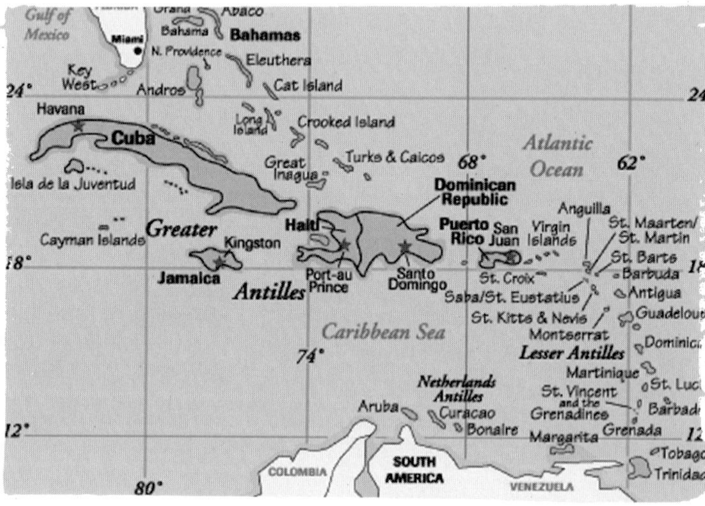

••• 1. 카리브해의 역사와 만나기

'카리브해'(the Caribbean) 하면 우리들의 머릿속에는 어떤 이미지가 떠오를까. 세계지도에서 그 정확한 위치조차 찾아내기 어려울지언정 야자수와 하얀 백사장으로 이름 난 휴양지들이나 영화 속에서 본 낭만적인 해적 무리를 언뜻 떠올리는 이들이 많을 것이다. 물론 역사적 관심이 깊은 사람들이라면 자신이 찾던 인도 항로에 집착한 나머지 이 지역에 '서인도'(the West Indies)라는 이름을 붙여버렸던 유럽인 콜럼버스의 지리적 착각을 떠올릴 수도 있을 것이고 정치, 사회적으로 관심이 높은 이들이라면 쿠바의 피델 카스트로나 체 게바라를 생각해낼 수도 있으며, 코스모폴리탄적 문화 감각을 지녔다면 카니발 축제나 레게 음악 등을 연상할 수도 있을 것이다. 그러나 대체적으로 카리브해 지역에 대한 우리의 지식은 대단히 협소하고 일면적이며 파편적인 인상들에 불과한 것이어서 '세계화'를 곧 능숙한 영어실력과 미국이나 유럽 문화에 친숙해지는 것 정도로 여기는 우리의 빈약한 '세계화' 이해 지수를 곧장 드러내 주기 십상이다. 이 글은 이와 같은 문제의식에서 유럽인 콜럼버스가 첫 발을 내딛은 이후 유럽의 근대사와 불가분의 관계를 맺으며 세계사의 주요한 축을 담당해왔던 카리브해 지역의 사회, 역사, 문화 등을 개관하는 것을 그 목적으로 한다.

카리브해 지역은 쿠바나 아이티, 도미니카공화국 같은 비교적 큰 섬나라부터 바베이도스나 앤티가처럼 지도상에서 깨알 같은 한 점에 불과한 작은 섬에 이르기까지 무수한 섬나라들로 이루어졌지만 이 지역이 지닌 장구한 역사를 논하지 않고는 유럽의 근대사, 나아가 세계의 근대사를 논할 수 없을 만큼 중요한 의미를 지니는 공간이다. 따라서 무엇보다도 익숙하지 않은 이 지역의 지정학적 특징을 우리의 머릿속에 새기는 것으로부터 시작할 필요가 있다. 지정학적으로 카리브해 지역은 남북아메리카를 잇는 허리에 위치해있는 카리브 바다와 촘촘히 늘어선 수천여 개의 섬들을 포괄하는 지명이다.[1] 이들 수 천 개의 섬들은 서인도제도[2]라고도 불리며 크게 바하마제도(the Bahamas), 대앤틸리스(the Greater Antilles), 소앤틸리스(the Lesser Antilles) 등의 3개

1) 최근에는 이 지역을 좀 더 확장해서 정의하자는 의견이 제기되고 있다. 지리학자 엘보우(Gary Elbow)는 서인도제도의 대앤틸리스와 소앤틸리스의 국가들을 카리브해 지역의 중심국(core)들로, 바하마제도와 벨리즈(중미), 가이아나(남미) 등을 이웃국(fringe zone)으로, 콜럼비아, 베네수엘라 등 카리브 해안지역의 국가들을 주변국(periphery)으로 각각 구분한다(블로에 10 재인용). 이와 같은 확장적 정의는 카리콤(CARICOM)과 같은, 카리브해 지역 국가들이 공동의 경제적 이익을 추구하기 위해 결성한 기구의 명칭에서도 드러나는데, 이 기구에는 현재 카리브해 섬국가들을 포함하여 벨리즈나 수리남과 같은 연안국 등 총 15개국이 소속되어 있다.

2) 콜럼버스의 '오인'에서 비롯된 '서인도제도'라는 지명은 일반적으로 카리브해 지역이라는 명칭과 함께 사용된다. 러브레이스(Earl Lovelace)나 셀본(Samuel Selvon)을 비롯한 이 지역 출신 다수 작가들은 '서인도제도'라는 지명이 식민 역사의 잔재이며, 이를 계속 사용한다는 것은 콜럼버스의 지리적 오인을 영구화시키는 것이라고 주장한다. 특히 연안지방을 포함해 전체 카리브해 지역이 지니고 있는 역사적, 사회적 공통점을 하나로 포괄해주는 용어로 적절치 못하다는 단점도 있다. 그러나 '서인도제도 대학'과 같은 명칭에서도 알 수

지형구로 구성된다. 카리브해 지역의 국가들로는 쿠바, 도미니카공화국, 아이티, 자메이카, 마르티니크, 푸에르토리코, 그레나다, 바베이도스, 트리니다드 토바고 등을 들 수 있으며 전체인구는 4천만 정도로 집계 된다.

국 가	인 구	면 적	수 도
전체 카리브해 지역	39(백만)	90,653(마일)	
쿠바	11.3	42,803	아바나
도미니카공화국	8.9	18,815	산토도밍고
바베이도스	0.3	166	브리짓타운
자메이카	2.7	4,243	킹스턴
아이티	8.3	10,714	포르토프랭스
마르티니크	0.4	425	포르드프랑스
앤티가 바부다	0.1	170	세인트존스
푸에르토리코	3.9	3,456	산후안
그레나다	0.1	131	세인트조지스
트리니다드토바고	1.3	1,980	포트오브스페인
…	…	…	…

▲ 카리브해 지역 국가들의 인구와 면적(인구통계국, 2005년 세계 인구자료에서 발췌)

그러나 카리브해 지역은 그 면적이나 인구수에 비해 상대적으로 세계사적인 의미가 큰 지역으로 꼽힌다. 유럽의 항해가 콜럼버스가 스페인 여왕 이사벨라의 지원 아래 아메리카 대륙에 처음 당도한 15세기 이래로 이 지역은 스페인, 네덜란드, 프랑스, 영국 등 유럽 제국주의 열강들의 식민지 쟁탈장이 되어왔다. 서인도제도라는 지명, 노예무역(slave trade), 삼각무역(triangular trade), 플랜테이션(plantation), 계약노동제(indenture system) 등 근대사를 설명하는 데 빼놓을 수 없는 핵심적 용어들은 모두 이 지역의 역사와 직접적으로 결부되어있다. 따라서 카리브해 지역의 역사를 안다는 것은

있듯이 이는 현재까지 통상적으로 사용되고 있는 용어이기도 하다. 일반적으로 이 두 용어는 문맥에 따라 선택적으로 혼용되어 사용되고 있지만 카리브해 지역이라는 명칭이 정치, 경제, 문화적인 측면에서 좀 더 포괄적인 용어로 사용된다.

무엇보다도 유럽 제국주의 팽창의 역사와 대면한다는 것이며, 경제적, 정치적, 문화적으로 커다란 의미를 지니는 굵직한 세계사의 장면들과 만난다는 것을 의미한다.

특히 근 · 현대 유럽 사회는 카리브해 지역과 긴밀하게 연관되어 있다. 유럽인들은 처음에는 무역 항로를 찾아서, 혹은 금이나 은을 좇아 일확천금을 노리고 이 지역에 발을 내딛었고, 후에는 플랜테이션 경영을 통해 사탕수수, 담배, 코코아 등을 생산하여 엄청난 부를 축적할 수 있었다. 산업 혁명과 자본주의 경제체제의 성립, 부르주아 계급 및 시민 계층의 형성 등 근대 유럽사회의 전개와 발전의 주요한 지표로 인식되는 현상들은 사실상 유럽이 카리브해 지역에서 거두어들인 물질적 부를 언급하지 않고는 설명될 수 없다. 인류학자 시드니 민츠(Sidney Mintz)는 카리브해 지역의 설탕 산업과 유럽사회 사이의 구조적 연관관계를 분석한 그의 저서 『설탕과 권력』(*Sweetness and Power*)에서 유럽의 역사는 특정한 방식으로 카리브해 지역 플랜테이션의 역사와 궤를 같이하며, 이런 의미에서 카리브해 지역은 자본주의 체제 등 근대 세계의 형성을 이해하는 데 있어서 매우 중요하다는 점을 거듭 강조한다(24).

이와 같은 굴곡진 역사적 과정이 짐작케 하듯 카리브해 지역은 세계적으로 가장 다양한 인종과 문화가 뒤섞여 있는 공간으로 손꼽힌다. 원래 이 지역에는 타이노족(the Taino)과 카리브해라는 지명의 기원이 되었던 카리브족(the Carib), 아라와크족(the Arawak), 그리고 시보니족(the Ciboney)과 같은 아메리카 원주민이 살고 있었으나 유럽인들이 금광이나 플랜테이션에서 강요했던 혹독한 노동과 유럽에서 유입된 갖가지 전염병에 노출되어 수백만에 달했던 원주민 인구가 대부분 절멸되는 상황에 이른다. 이런 연유로 유럽인들은 플랜테이션 경영에 필요한 노동력을 확보하기 위해 대규모의 아프리카인들을 노예로 만들어 강제 이주시켰고, 19세기에 들어 노예무역과 노예제도가 폐지된 후에는 인도와 중국 등 아시아 지역에서 계약노동자들(indentured laborers)을 대거 이주시켰다. 그 결과 이 지역에는 온갖 인종들이 한 데 뒤섞인 인종 전시장과도 같은 사회가 형성되기에 이른다. 또한 유럽의 식민지 개척자들과 상인들이 설탕이나 담배 같은 유럽인들의 기호식품을 조달하기 위해 구축했던 플랜테이션산업은 수 세기를 거치는 동안 이 지역에 농업 이외의 산업 기반이 전무한 기형적 경제구조를 고착시

▲ 카리브해 지역 국가들과 그 국기

켰다. 게다가 대규모의 노동력이 인위적으로 유입되어 지역의 면적에 비해 과도한 인구가 밀집됨으로써 카리브해 지역에는 만성적인 고용불안에 시달리는 빈곤 사회들이 형성되었다.

덧붙여, 카리브해 지역을 이해하기 위해서는 세계 각지의 다양한 문화가 섞여있는 이 지역 특유의 혼합 문화를 간과할 수 없다. 비록 강제노동과 식민착취라는 어두운 역사를 그 배경으로 하지만 아프리카와 유럽, 아메리카와 아시아의 각종 문화들은 때로는 상호 충돌하고 때로는 창조적 소통을 거듭하면서 이 지역에 특유의 활기차고 개방적인 혼합 문화를 형성시켜 놓았다. 카리브해 지역의 문화적 저력은 데릭 월콧(Derek Walcott)과 V. S. 나이폴(V. S. Naipaul)과 같은 역대 노벨문학상 수상자들을 비롯하여 조지 래밍(George Lamming), 윌슨 해리스(Wilson Harris), 진 리스(Jean Rhys), 자메이카 킨케이드(Jamaica Kincaid) 등 걸출한 작가들을 배출하였으며, 레게 음악의 본산지로서 밥 말리(Bob Marley)와 같은 세계적인 레게 가수를 탄생시켰다.

카리브해 지역의 역사와 문화와 만난다는 것은 인류사의 가장 격동적인 시기라고 할 수 있는 근 · 현대 세계를 전지구적 시야에서 총체적으로 이해하는 과정이며, 세계의 여러 인종과 문화가 혼합되어 형성된 역동적인 문화와 만나는 것이기도 하다. 이 글은 이와 같은 점들에 초점을 맞추어 카리브해 지역의 역사와 사회, 문화를 개관하는 것을 목적으로 하며, 특별히 과거 영국의 식민지였던 영어권 카리브해 지역을 중점적으로 다루고자 한다.

••• 2. 식민의 역사, 디아스포라의 역사

유럽의 식민지배 (16세기~19세기)

15세기 말 콜럼버스가 카리브해 지역에 당도한 이래로 금과 은을 찾아 혈안이 된 스페인인들은 아메리카 원주민들을 노예로 만들어 가혹한 노동에 몰아넣었다. 여기에 유럽에서 옮겨 온 각종 질병들, 천연두나 홍역 등과 같은 전염병은 수백만의 원주민 인구를 거의 절멸상태로 이끌었다. 스페인이 맨 처음 아메리카 대륙 정복의 실험대로 삼았던 앤틸러스 제도의 경우 약 500만 명의 원주민 인구가 불과 20~30여 년 동안에 거의 사라지다시피 했다. 스페인은 카리브해 지역 대부분을 점령하고 유럽 본토의 인구를 이주시켰으며, 주로 히스파니올라섬(현재의 아이티와 도미니카공화국)과 푸에르토리코, 쿠바, 자메이카, 그리고 트리니다드에 정착했다. 그러나 원주민 인구가 급격히 감소하면서 식민지 정복사업이 원활하지 못하게 되고, 코르테스(Hernan Cortes)에 의해 멕시코의 아즈텍 제국이 손안에 들어오자 스페인의 관심은 아메리카대륙 본토로 이동해 갔다. 16세기까지는 스페인이 카리브해 지역을 장악했다면 이후 17세기에 들어서는 영국과 네덜란드, 프랑스 등이 소앤틸러스를 중심으로 식민지를 건설하기 시작했다.

영국은 1590년대에 민간무장선들을 이끌며 스페인 선박과 요새를 공격하는 등의 해상 활동을 펼쳤던 존 호킨스(John Hawkins)와 프랜시스 드레이크(Francis Drake)를 앞세워 카리브해 지역의 식민지 쟁탈에 끼어들기 시작했다. 영국의 카리브해 지역 식민지화는 1623년 세인트 키츠(St. Kitts)에서 시작되었으며 1627년에는 바베이도스를 손에 넣었다. 영국은 이 두 곳을 근거지로 삼아 네비스(Nevis), 앤티가(Antigua), 앵귈라(Anguilla), 윈드워드 제도(the Windward Islands) 등으로 세력을 넓혀 식민지 사업을 확장해갔다. 1655년에는 윌리엄 펜(William Penn)이 자메이카를 점령하였고, 이후 영국은 이곳을 300년 동안 식민지로 지배했다. 프랑스 역시 세인트 키츠에서 식민지 사업을 시작했으며, 이곳을 근거지로 1635년에 과달로프와 마르티니크를 식민화한다. 스페인은 1697년에 히스파니올라의 서쪽(현재의 아이티)을 프랑스에게 양도했으며 코투가 역시 프랑스에게 넘어간다. 이로써 스페인의 카리브해 지역에서의 패권은 17세기 후반에 이르러 영국과 프랑스로 넘어가게 된다.

카리브해 지역은 1640년과 1680년 사이에 특히 해적들이 들끓는 지역으로 알려지게 된다. '버커니어'(buccaneer)는 이 지역에서 창궐했던 해적들을 가리키는 말이다. 그러나 사실 이들 해적들은 영화 〈캐리비언의 해적〉(Pirates of the Caribbean)의 몇몇 장면들이 암시하듯이 일부 유럽 제국주의 국가들의 비호를 받았다. 신항로 발견과 식민지 개척에서 스페인에 뒤쳐진 영국과 네덜란드는 16세기 중엽부터 호킨스나 드레이크 등 민간무장선을 이끌었던 해적 세력들을 앞세워 아메리카에서 스페인이나 포르투갈로 운송되는 금과 은을 약탈하였으며, 이들의 근거지를 아메리카대륙 진출의 교두보로 활용하였다.

> **해적활동으로 기사작위를 받은 드레이크**
>
> 스페인과 포르투갈에 비해 뒤늦게 해외 식민지 개척에 나선 영국은 초기에 해적들을 앞세워 해외 식민 사업을 수행케 했다. 프랜시스 드레이크는 16~17세기에 서인도제도를 중심으로 활동했던 민간무장선을 지휘했던 인물로서 유사시 국가의 허락을 받아 적국의 함대를 공격하는 해상활동을 펼쳤다. 이처럼 국가로부터 공격면허를 받은 민간무장선을 사략선(privateer)이라 한다. 드레이크의 활동이 워낙 두드러져 영국의 엘리자베스 여왕은 당시 스페인 함대를 격파한 드레이크에게 기사작위를 내리고 해군제독으로 임명하기까지 했다. 영국은 초기 식민지 개척을 위해 기꺼이 '해적 국가'가 되었던 것이다. 그러나 점점 식민지 개척 사업이 본 궤도에 오르고 국가가 이를 담당하게 되면서 해적들은 점점 골칫거리로 여겨지게 된다. 이제 해적활동은 더 이상 국가의 이익에 봉사하는 행위가 되지 못했으며 해적들은 제거해야 할 불법자들이 된 것이다.
>
> *자료 참조: 『문학으로 역사 읽기, 역사로 문학 읽기』

유럽의 카리브해 지역 식민 사업에서 가장 커다란 부분을 차지했던 것은 설탕 산업이었다. 콜럼버스에 의해 카리브해의 섬들이 사탕수수 재배에 적합하다는 사실이 스페인에 알려지면서 이 지역의 중요성은 새롭게 평가되기 시작했다. 사탕수수 플랜테이션 붐(일명 '사탕수수 혁명')은 1640년 경 바베이도스에서 본격화 되어 곧 다른 소앤틸러스 섬들로 확산되어 갔다. 17세기 바베이도스는 당시 영국의 식민지들 중 가장 많은 부를 생산해 낸 지역 가운데 하나였다. 18세기 중반에 이르러 영국사회에서 커피와 홍차의 소비가 증가함에 따라 설탕은 영국의 가장 커다란 수입 품목이 되었고, 날로 늘어나는 수요를 충당하기 위해 카리브해 지역에는 대규모의 플랜테이션들이 세워졌다.

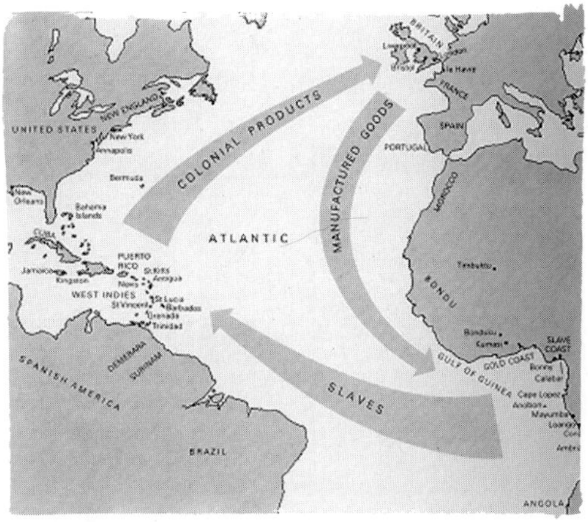

▲ 유럽과 아프리카, 카리브해 지역을 연결했던 삼각무역

일반적으로 카리브해 지역에서의 설탕 생산은 사탕수수의 재배 및 수확, 압착 및 과즙 추출, 가열과 결정화라는 세 단계의 공정을 거쳤으며, 이는 엄청난 노동력을 필요로 하는 과정이었다. 이미 급격하게 감소해 버린 원주민 인구로는 이같은 노동력의 수요를 충당할 수가 없었던 유럽 제국주의 국가들은 아프리카로 눈을 돌렸고 이로부터 노예무역이 본격화되기 시작했다. 노예사냥꾼들에게 붙잡힌 아프리카인들은 노예무역선에 실려 '대서양 중간항로'(the Middle Passage)를 건너는 몇 달간의 항해 끝에 카리브해에 도착한 후 플랜테이션 농장주들에게 팔렸다. 19세기 초에 이르러 노예무역이 금지되기까지 대략 1천만 명이 넘는 아프리카인들이 카리브해 및 아메리카 대륙으로 끌려온 것으로 추정된다. 이들은 힘든 노동과 식량부족, 각종 질병 등으로 사망률이 매우 높고 출생률은 극히 낮아서 노예노동력은 지속적으로 유입되어야만 했다.

대서양 노예무역은 유럽-아프리카-아메리카를 잇는 삼각무역 체제의 핵심적인 고리를 이루었다. 그리고 카리브해 지역은 이 삼각무역에서 없어서는 안 될 요충지로서 유럽제국주의 국가들의 치열한 패권다툼의 대상이 되었다. 삼각무역의 패턴을 살펴보면, 유럽의 상인들이 말이나 옷감 같은 물품들을 아프리카로 가지고 가서 금이나 노예를 사들였고, 이를 다시 아메리카로 가지고 와서 담배, 설탕, 면화 등과 거래했으며, 이 물품들을 다시 유럽 시장에서 판매하여 엄청남 수익을 거두는 형태였다. 영국의 런던, 리버풀, 브리스틀 등이 이와 같은 삼각무역과 관련하여 대도시로 발달했다.

▲ 노예사냥꾼에게 잡힌 아프리카인들

결국 아프리카의 노동력과 카리브해의 토지를 기반으로 유럽의 대자본이 형성되었으며, 나아가 이러한 자본력이 바로 영국의 산업혁명과 근대화의 원동력이 되었다고 할 수 있다. 카리브해 지역의 역사가이자 트리니다드 토바고의 초대 수상이었던 에릭 윌리엄즈(Eric Williams)는 이와 관련하여 그의 저서 『자본주의와 노예제도』(*Capitalism and Slavery*)에서 "카리브해 지역에서의 노예무역과 설탕 산업이 이 지역[유럽]의 자본주의와 산업혁명을 발전시켰는데, 이는 모두 노예들의 노동에 의해 이루어진 것이나 다름없다"고 주장한다. 대서양 노예무역은 19세기에 들어 유럽사회 내부의 비난 여론과 함께 비로소 법적으로 금지되기 시작했는데, 각국의 식민지 경영 사정에 따라 영국 1807년, 미국 1808년, 네덜란드 1814년, 프랑스 1931년, 스페인 1845년에 이를 각각 금지시켰다. 그러나 노예무역이 금지되었을 뿐 노예제도는 여전히 유지되었는데, 1816년과 1831년 각각 바베이도스와 자메이카에서 발생했던 노예반란과 영국 내부의 노예제 폐지 여론이 급등함에 따라 1833년에 영국의회는 결국 노예해방령을 통과시켰다.

노예제도 폐지 이후 영국 정부는 플랜테이션 농장주들의 요구에 따라 노동력 충원을 위해 인도나 중국에서 계약노동자들을 대량으로 들여오는 정책을 시행한다. 이 정책에 의해 1838년에서 1917년 사이에 거의 50만 명에 이르는 인도인들이 카리브해 지역으로 이주했으며, 이는 노예무역에 의한 아프리카인들의 이주 다음으로 대규모로 이루어진 국제적 노동력 이동으로서 이 지역의 사회와 문화에 커다란 변화를 초래했다. 결국 카리브해 지역은 영국, 프랑스, 스페인, 네덜란드 등 유럽 각지 출신의 백인들과 그 후손들인 크레올(Creole), 토착민인 아메리카 원주민, 아프리카인, 인도와 중국 등지에서 이주한 아시아인 및 아랍인 등 온갖 인종과 문화가 뒤섞인 복잡한 다인종, 다문화 사회를 형성하게 된다. 나아가 유럽 제국주의 국가들의 식민지 경영의 이해관계에 따라 일방적으로 이루어진 이와 같은 인종적, 문화적 이동과 섞임은 이 지역에 인종 갈등과 경제적 빈곤 등 여러 심각한 사회 문제들을 초래했다.

한편, 노예제도가 폐지되면서 카리브해 지역에도 임금제도가 도입되었다. 그러나 이 역시 백인의 자본과 유색 인종의 값싼 노동력에 기반 했으므로 그 기본적인 관계는 이전의 노예제도의 패턴과 크게 다르지 않았다. 대규모의 미숙련 일꾼들이 플랜테이션의 반복적인 단순 작업에 투입되었고, 이 외에는 아무런 기술도 없는 이들이 농장을 떠나 다른 일을 도모하는 것은 매우 어려운 일이었다. 그나마 설탕 산업의 고용구조는 사탕수수라는 작물 재배의 특성상 대단히 불안정해서 플랜테이션에 의존하는 임금노동자들은 수확기인 1월에서 6월까지의 기간을 제외한 나머지 기간에는 만성적인 실업상태에 시달려야 했다. 게다가 20세기에 들어 유럽에서 산업화가 진전됨에 따라 플랜테이션 산업이 퇴조기에 접어들면서 다수의 일꾼들은 일자리를 잃게 되었고 이들은 무작정 도시로 몰려들었다. 그러나 카리브해의 섬들은 대부분 농업 이외의 다른 산업적 기반을 결여하고 있었기 때문에 도시에도 별다른 일자리가 없었으며, 사탕수수 농장을 벗어나 본 적이 없는 비숙련 일꾼들이 도시에서 할 수 있는 일은 드물었다.

> **노예무역선**
>
> 노예무역상들은 가능한 한 많은 노예를 실어 나르기 위해 노예들을 수평으로 나란히 눕혔고 각자에게는 평균 183×41cm의 공간만을 할당했다. 똑바로 일어나거나 몸을 돌리는 것이 불가능했기 때문에 많은 노예들이 그 자세로 죽었다. 악천후 때문에 항해가 지연되면 하루 두 번 배급되던 질 낮은 식사량이 크게 줄었으며 극도의 영양실조와 그로 인한 질병이 뒤따랐다. 대서양 중간항로에서 전염병과 자살, '고착우울증' 등으로 인한 사망자의 비율은 13%정도로 추산된다. 노예무역선을 타고 끌려온 아프리카인들은 1,100만~1,200만 정도로 추정되며 이보다 더 많은 수가 노예 사냥이나 항해 중에 사망한 것으로 알려진다. 1790년대까지 영국령 카리브 식민지에만도 48만 명의 노예들이 있었다.
>
> *출처: 『브리태니커 백과사전』

사탕수수를 제외한 지역의 다른 생산품들 역시 돈벌이가 되지 못했다. 이 상품들은 가격을 통제하는 식민 본국의 독점상인들에게 팔렸고, 이들은 유럽시장에서 물건을 팔

때 높은 가격으로 상품을 팔 의향이 전혀 없었으므로 결국 이는 현지에서 극한의 저임금을 초래할 수밖에 없었다. 이와 같은 유럽 제국주의 국가들의 경제적 수탈 구조는 카리브해 지역에 유럽시장의 경기에 크게 의존하는 농업 플랜테이션 위주의 빈약한 산업구조를 형성시켰으며, 이는 20세기 중반 독립과 함께 탈식민화(decolonization)를 위한 도정에 놓인 카리브해 지역 신생국가들을 높은 실업률과 빈곤에 시달리게 하는 주요인으로 작용했다. 제2차 세계대전 이후 이 지역의 다수 인구가 미국과 유럽의 대도시로 2차 이주를 택하고 여러 국가들이 유럽과 미국의 경기에 크게 좌우 되는 관광산업 위주의 불안정한 경제구조를 지니고 있는 현재의 사정은 이러한 역사적 상황에 깊이 연관된다.

트리니다드 토바고 출신의 세계적인 소설가 V. S. 나이폴은 『미겔 스트리트』(*Miguel Street*)와 『비스와스씨의 집』(*A House for Mr Biswas*)과 같은 그의 초기 작품들에서 카리브해 사회의 피폐성과 특히 그가 속했던 이주 인도인들의 열악한 처지를 매우 사실적으로 다룬다.

우리는 야단스런 파티를 열었고 럼을 들고 여인들과 어울려 마라카스만으로 가서 밤새 소동을 벌이기도 했다.

"너는 요즘 너무 난폭해지고 있구나" 어머니가 말했다. . . .

나는 어머니에게 대꾸했다. "따지고 보면 내 잘못도 아니에요. 모두 트리니다드의 책임이죠. 이곳에서는 술이나 마셔야지 그밖에 할 일이 있겠어요?"

(V. S. 나이폴의 『미겔 스트리트』 중에서)

떠나는 거다. 샤마를 떠나고, 툴시 가족들을 잊고, 모두를 잊어버리는 거다. 하지만 어디로 간담? 그리고 뭘 하지? 무엇을 할 수 있을까? 버스 차장이 되거나 사탕수수농장 일꾼 혹은 도로 노동자가 되는 것, 그도 아니면 상점 주인이 되는 것을 제외하면 말이다.

(V. S. 나이폴의 『비스와스씨의 집』 중에서)

탈식민화와 독립국가의 형성 (제2차 세계대전 이후)

히스파니올라섬의 프랑스 식민지 생 도밍그(Saint-Domingue, 현재의 아이티)는 유럽

제국으로부터 독립을 이룬 최초의 카리브해 국가였다. 프랑스 혁명의 인권선언에 영향을 받아 1791년에 시작된 노예 봉기는 투생 루베르튀르(Toussaint L'Ouverture)의 지휘 아래 아이티 혁명(the Haitian Revolution)으로 이어졌고, 1804년에는 흑인 공화국 아이티가 세워졌다. 아이티는 세계에서 가장 오래된 흑인 공화국이며, 서반구에서는 미합중국의 뒤를 이어 두 번째로 세워진 공화국이다. 그러나 아이티를 제외한 나머지 대부분의 카리브해 지역 국가들은 20세기 중반에 이르러서야 유럽으로부터 독립을 이룬다.

미국의 아이티 비하하기

아이티가 독립한 이후에도 미국의 출판계나 할리우드는 계속 아이티를 백인들의 피를 팔아먹는 '좀비들의 나라'로 묘사해왔다. 이런 관행은 비교적 최근작인 앨런 파커 감독의 <엔젤 하트>(1987) 에서도 잘 드러난다. 파커 감독은 부두교(voodoo)를 흑마술(black magic)이나 난잡한 섹스파티와 연결시킨다. 다른 종교나 문화에 대한 섬세한 이해는커녕 왜곡을 일삼는 이런 관행은 어떻게 탄생한 것일까?

아이티 혁명이 발발하자 미국 남부의 백인 노예주들은 이 열병이 퍼질까봐 전전긍긍했다. 자연스레 당시 유행하던 인종주의 이데올로기에 영향을 받은 작가들은 부두신앙을 흑마술, 좀비, 식인풍습, 악마숭배와 연결시켰고 이를 바탕으로 괴기소설이나 공포영화를 만들었다. 미국이 보기에는 아이티인들은 자치능력이 없고 미신에 빠진 미개한 흑인들이었으며, 그들에게 독립공화국은 사치라고 여겨진 것이다. 1915년 미국 해병대는 이 흑인들에게 '문명'을 전파하기 위해 아이티를 점령했고 1934년까지 '백인의 의무'를 다하기 위해 '노력'했다.

*출처: 『콜럼버스가 서쪽으로 간 까닭은?』

제2차 세계대전은 카리브해 지역의 정치, 경제, 사회적인 측면에 커다란 지각변동을 일으키는 계기가 된다. 전쟁을 전후하여 이 지역에서 영국과 프랑스를 비롯한 유럽 국가들의 세력이 쇠퇴하고 미국의 영향력이 크게 증가하게 되었다. 독일에게 점령당한 영국과 프랑스 등은 자신들의 해외식민지에 대한 통제력을 상실하였으며, 비록 최종적으로는 승전을 거두었으나 원래의 위세를 회복하기에는 전쟁의 후유증이 지나치게 심각했다. 미국은 이를 틈타 카리브해 지역에서 자국의 영향력을 극대화하고 유럽 국가들을 배제하기 위해 정치적, 군사적으로 지속적인 노력을 기울였다. 특히 미국은 독일군의 공격으로 곤경에 처한 영국을 군사적으로 지원했고 이 대가로 자메이카와 앤티가, 트리니다드 등과 같은 영국령 카리브해 식민지에 군사기지를 확보할 수 있게 되었다.

전후 유럽 제국주의 국가들의 세력이 약화되면서 전세계적으로 가속화된 정치적 자유화의 움직임과 탈식민화의 기운은 이 지역에도 커다란 영향을 미쳤다. 특히 수천 명의 카리브해 인들이 연합군에 소속되어 전쟁에 참전했던 경험은 이들의 정치적 자유화를 향한 자각을 일깨우는 계기로 작용했다. 인도나 파키스탄과 같은 여타 영국식민지들처럼 전후에 곧바로 독립을 이루지는 못했지만, 1945년을 전후하여 자메이카와 트리니다드, 바베이도스 등지에서 모든 성인에 대한 참정권이 획득되었다. 이어 1958년에는 자메이카와 트리니다드, 바베이도스를 비롯한 소앤틸러스 제도의 소규모 섬들을 모아서 서인도제도 연방(West Indies Federation)의 구성이 추진되었다.

서인도제도 연방의 목적은 경제적으로 취약한 소규모 섬들을 규합하여 보다 규모있는 독립국가의 형성을 도모하는 것이었다. 그러나 정치, 경제, 행정 등의 분야에서 공동의 경험이 부재하고 각 섬별로 민족주의가 대두되는 등 현실적 어려움에 직면하게 되면서 이는 곧 해체되기에 이른다. 보건, 교육, 무역과 외교 등 행정적 권한이 각 섬의 입법부와 영국 식민당국의 관할 하에 놓여있었다는 점도 보다 강력한 연방 구성의 장애물로 작용했다. 서인도제도 연방은 1961년 자메이카가 국민투표를 통해 연방을 탈퇴하고 곧이어 트리니다드가 탈퇴함으로써 영국의회에 의해 1962년에 공식적으로 해체가 선언되었고 두 나라는 같은 해에 각각 독립국이 되었다. 이어 1966년에는 바베이도스가 독립하였지만 그밖에 좀 더 작은 규모의 섬들은 여전히 영국의 속국이나 보호령으로 남아있다.

서인도제도 연방과 관련하여 가장 의미있는 결실은 지역을 대표하는 고등교육 기관으로 서인도제도 대학(University of the West Indies)을 설립하여 자메이카와 트리니다드, 바베이도스에 주요 캠퍼스를 마련하게 된 것이다. 또한 서인도제도 연방은 해체되었지만 카리브해 국가들 사이의 경제적 협력의 필요성은 점점 커져 1965년에는 카리브 자유무역협정(CARIFTA)이 결성되었고, 이는 1973년 카리콤(CARICOM, Caribbean

Community and Common Market)으로 이어지는 성과를 낳았다. 카리콤은 현재 15개의 카리브해 국가들이 공동 경제협력 체제를 형성하고 나아가 카리콤 단일 시장(Single Market)을 구축하기 위해 결속력을 더욱 높이는 단계로 나아가고 있다.

영국으로부터 독립한 카리브해 지역 국가들은 총 10개국으로 자메이카, 트리니다드 토바고, 바베이도스를 비롯하여 바하마, 그레나다, 도미니카, 세인트 빈센트, 세인트 루시아, 앤티가 바부다, 세인트 키이츠 등이 있으며 이들은 현재 영연방(British Commonwealth)에 소속되어 있다. 영연방은 영국과 과거 영국 식민지였던 국가들이 형성한 조직으로 캐나다, 호주, 인도, 파키스탄, 나이지리아를 포함해 총 54개국이 소속되어 있다. 영연방 국가들은 트리니다드 토바고를 제외한 대부분의 국가들이 영국 여왕 엘리자베스 2세를 국가원수로 인정하고 있으나, 각국은 독립국으로서의 온전한 지위를 갖는다. 영연방의 핵심원칙은 민주주의, 인권, 법치, 지속가능한 발전에 의한 환경보호 등이며 경제협력과 발전을 위한 네트워크를 형성하고 있다.

한편, 미국은 제2차 세계대전 이후 카리브해 지역에서 자신의 영향력을 꾸준히 증가시켜왔으며 특히 경제적, 군사적, 문화적으로 이 지역에 커다란 영향을 미치고 있다. 카리브해 지역은 지리적인 측면에서 미국에게 매우 중요하다. 카리브해의 섬들은 유럽과 중동, 아프리카로부터 미국 동부해안으로 이어지는 주요한 무역로 상에 위치해있다. 또한 석유와 같은 전략 물품들이 이 지역을 통해 운송되며 많은 원유가 이곳에서 정제된다. 미국은 카리브해 지역 및 아메리카 대륙 전체에서 유럽 국가들의 영향력을 배제하기 위해 일찍이 19세기 말에 '먼로주의'(Monroe Doctrine)[3]를 채택하였으며, 20세기 초 대서양과 태평양을 연결하는 파나마 운하를 건설함으로써 경제적, 군사적 이익을 위한 중요한 교두보를 확보했다.

---

3) 미국 대통령 제임스 먼로(James Monroe)에 의해 1823년 제창된 미국의 외교방침으로서 유럽 열강들이 아메리카 대륙에 식민지를 건설하거나 주권 국가들에 대해 정치적으로 간섭하는 것을 거부한다는 내용을 담고 있다. 먼로주의는 카리브해 지역을 포함해 라틴아메리카에서 유럽의 영향력을 저지함으로써 미국 중심의 새로운 세력권을 구축하려는 의도를 담고 있었으며, 이는 이후 200여 년간 미국의 기본 외교 방침이 되었다.

이 지역에 대한 장악력을 놓치지 않으려는 미국의 의도는 사회주의 및 공산주의 세력의 확산을 저지하려는 필사적인 노력에서도 드러난다. 미국은 쿠바에서 사회주의 혁명을 성공시키고 구소련과의 연대로 미국의 봉쇄 조치를 돌파해 나갔던 피델 카스트로를 끊임없이 제거하려 했으며 이로 인해 카리브해 지역은 냉전시대 동안 미국과 구소련의 주요 전장이 되어야 했다. 미국은 이 지역에서 쿠바와 같은 사회주의 성향의 정부가 들어서지 않도록 하기 위해 우파 정부를 지원하였는데, 심지어 도미니카공화국의 라파엘 트루히요, 파파독(Papa dog)과 베이비독(Baby dog)으로 불리는 아이티의 뒤발리에 부자, 쿠바의 바티스타 등과 같은 독재 정권들을 비호함으로써 이 지역의 정치적 발전을 저해하기까지 했다.

자메이카 사회 들여다보기

자메이카는 대앤틸러스 제도의 쿠바 남쪽에 위치한 섬으로, 자메이카라는 이름은 원주민 아라와크족과 타이노족이 이 지역에 붙였던 '숲과 물의 땅'이라는 뜻의 Xaymaca라는 지명에서 유래한다. 1494년에 콜럼버스가 이 섬에 도착한 이래 스페인의 식민지로서 산티아고라는 이름으로 알려졌으나, 1666년 이후 영국의 식민지가 되어 200여 년 동안 세계 최대의 설탕 산업 중심지가 되었다. 노예 노동력과 사탕수수 플랜테이션에 의존했던 카리브해의 여타 지역들과 마찬가지로 인구의 90%는 아프리카계이며, 노예제 폐지 이후 인도인, 중국인 계약노동자들의 유입으로 다인종 사회가 형성되었다.

1958년에 영국으로부터 독립을 이루고 서인도제도 연방에 가입하였으나 곧 탈퇴함으로써 1962년에 완전한 독립을 이루었고 현재는 영연방에 소속되어 있다. 자메이카는 인민국가당(People's National Party, PNP)과 자메이카 노동당(Jamaica Labor Party, JLP)의 양당 구조에 의해 유지되어 왔으며, 인민국가당의 마이클 맨리(Micheal Manley)는 사회주의적 노선을 추구한 지식인이자 정치지도자로서 1970년대와 1990년대 걸쳐 수차례 자메이카의 수상을 지냈다.

인구의 압도적 다수를 차지하는 아프리카계는 자메이카의 문화 형성에 커다란 영향을 미쳤다. 특히 마커스 가비(Marcus Garvey)는 전세계 아프리카인들의 통합과 연대를 제창했던 범아프리카주의(Pan-Africanism) 운동을 주도함으로써 흑인들의 인권 향상과 아프리카 국가들의 독립투쟁, 흑인 민족주의 운동에 커다란 영향을 미쳤다. 카리브해 지역의 주요한 흑인 종교운동 가운데 하나인 라스타파리아니즘(Rastafarianism) 역시 자메이카를 중심으로 형성되었다.

자메이카의 문화적 영향력은 특히 음악 분야에서 두드러지는데, 멘토(mento), 레게(reggae), 스카(ska), 더브(dub) 등과 같은 음악 형태들이 자메이카의 역동적인 혼합 문화에서 비롯되었고, 특히 레게와 스카는 펑크 락(punk rock)과 랩뮤직(rap music)의 발달에 커다란 영향을 미쳤다. 전설적인 레게음악가 밥 말리(Bob Marley) 역시 자메이카 출신이다.

트리니다드 토바고 사회 들여다보기

트리니다드와 토바고라는 두 개의 섬으로 이루어진 트리니다드 토바고는 카리브해 지역 남동쪽에 위치하며 베네수엘라의 동쪽 해안을 면하고 있다. 1498년부터 1797년까지 스페인의 식민지였다가 이후 영국이 지배권을 넘겨받았고, 1962년에 비로소 완전한 독립을 이루었다. 영연방에 속해있지만 영국 여왕을 국가원수로 삼지 않는 유일한 카리브해 국가이다.

사탕수수 플랜테이션 경영을 위해 스페인과 영국이 실시한 노예제도와 계약노동제 때문에 자메이카의 경우와 마찬가지로 아프리카인계, 인도계, 중국계, 아랍계, 유럽 출신 백인들 등으로 구성된 다인종, 다문화 사회가 형성되었다. 이 중에서 특히 인도계의 인구 비율은 오랜 기간에 걸쳐 꾸준히 증가하여 전체 인구의 40%에 이르렀으며, 인구의 다수를 점했던 아프리카계 인구 규모를 넘어서고 있다. 인도인들의 경우 처음에는 5년 정도의 계약기간을 정하고 남부지역의 사탕수수 플랜테이션을 중심으로 거주했으나 이후 대부분 영구 정착하게 되었다.

현재 트리니다드가 안고 있는 가장 커다란 문제들 가운데 하나는 아프리카계 흑인과 인도계간의 분열과 대립이다. 이는 이들 양대 인종이 오랜 기간 동안 공간적, 문화적으로 분리되어 각자의 삶을 꾸려왔던 사정과 관계되는데, 흑인들은 노예 해방 이후 주로 도시를 중심으로 거주했고, 이들의 뒤를 이어 사탕수수 플랜테이션에 투입되었던 인도인들은 남부의 시골지역을 중심으로 힌두공동체를 형성하였다. 특히 인도인들은 노예노동을 대체함으로써 사회적 천대를 받았으며, 계약노동자라는 잠정적 신분이 주는 불안정함 때문에 카스트제도나 힌두교 등과 같은 그들의 독자적 문화를 폐쇄적으로 고수함으로써 트리니다드 사회에서 인종적, 문화적 배제의 대상이 되었다. 이러한 상황은 트리니다드에서 통용되는 '크레올'이라는 용어의 특별한 의미에서도 드러난다. 트리니다드에서 크레올이란 백인, 흑인, 그리고 혼혈인까지를 포함하며, 주로 인도인들과 같은 아시아계나 아랍계를 배제하기 위한 용어로 사용된다. 트리니다드에서 이러한 인종적 분열과 대립은 길고도 복잡한 역사를 지니지만, 여러 인종적, 문화적 차이를 인정하는 가운데 '트리니다드인'이라는 정체성으로 이를 통합해 내려는 진지한 노력들이 모색되고 있다.

트리니다드 사회의 다인종, 다문화 조건은 때로는 사회적 긴장과 대립을 유발했지만, 다른 한편으로는 혼종 문화만이 지닐 수 있는 무한한 역동성과 창조성을 보여주었다. 트리니다드에서 발원한 카니발(Carnival)과 칼립소(calypso), 소카(soca), 스틸 밴드(steel band) 등은 이러한 혼종 문화의 대표적인 예로서, 트리니다드를 카리브해 지역과 세계 문화의 중심지 가운데 하나로 만들었다.

··· 3. 진 리스에서 밥 말리까지: 카리브해의 문학과 문화

카리브해 지역의 문화는 공통점과 차이점이라는 씨실과 날줄의 엮임으로 형성되었다고 할 수 있다. 즉, 카리브해 사회는 장구한 식민통치라는 역사적 공통점을 지니지만, 이 지역을 읽어내는 또 하나의 중요한 키워드는 '차이'이다. 주요한 카리브해 문학 비평가 가운데 한 사람인 브루스 킹(Bruce King)은 이 지역의 문학이나 문화를 이해하는 적절한 모델로 '음악'의 예를 든다. 예컨대, 카리브해 음악의 경우, 세계 각지로부터의 이주를 통해 이 지역에 유입된 다양한 음악적 요소들이 이 지역의 역사적, 사회적 과정에서 서로 섞이고 상호 작용하면서 칼립소나 소카, 레게, 스틸 밴드 등과 같은 새롭고도 독특한 음악 장르들을 형성시켜냈다는 것이다. 카리브해 지역의 문화는 그것의 통문화적(transcultural) 특징으로 인해, 문화란 본래 다른 문화와의 접촉과 상호 작용을 통해 형성되고 정의될 수 있다는, 문화의 본질적 성격을 가장 잘 드러내주는 훌륭한 사례가 된다.

카리브해 문학

카리브해 문학은 이 지역의 특수한 역사에서 비롯된 세계적 규모의 이주와 망명으로 인해 카리브해 지역을 넘어 유럽과 아프리카, 북미 등지를 아우르는 코스모폴리탄(cosmopolitan) 문학, 혹은 디아스포라(diaspora) 문학의 양상을 띤다. 이 때문에 카리브해 문학을 온전히 살피기 위해서는 카리브지해 지역에서 생산된 작품뿐만 아니라, 유럽이나 미국 등지로 이주한 카리브해 출신 작가들이 쓴 문학작품을 모두 망라해야 한다.[4] 또한 카리브해 문학은 유럽의 기나긴 식민 지배가 초래한 깊숙한 상흔의 역사를

4) 이 글에서 다루는 영역은 영어권 카리브해 문학(Caribbean Literature in English)으로 한정한다. 영어권 카리브해 문학은 Caribbean Literature, Anglophone Caribbean Literature, Commonwealth Caribbean Literature, 혹은 드물게는 West Indian Literature 등으로 지칭되기도 한다.

▲ 데릭 월콧

▲ V. S. 나이폴

▲ 자메이카 킨케이드

문학적으로 재현하고 식민 억압의 중심부에서 유럽 중심주의 및 식민주의에 대항하는 도전적인 문제 제기를 함으로써 20세기 후반에 본격화된 포스트식민 문학(postcolonial literature)의 흐름을 주도하였다.

카리브해 지역을 소재로 한 문학적 재현만으로 보자면, 월터 롤리(Walter Raleigh)의 글이나 아프라 벤(Aphra Behn)의 소설 『오루노코』(*Oroonoko*, 1688)까지 거슬러 올라갈 수 있다. 그러나 유럽인들이 쓴 이 같은 초기의 문학적 기록은 모험가의 시선, 또는 흑인노예들의 비참한 상황에 대한 동정적인 시선 이상을 넘어서지 못했다. 소설로만 한정한다면, 영어권 카리브해 문학은 20세기 초, 자메이카의 탐 레드캠(Tom Redcam)의 『베카의 백인 아기』(*Becka's Buckra Bab*, 1903)와 허버트 리서(Herbert George de Lisser)의 『로즈홀의 백인 마녀』(*The White Witch of Rosehall*, 1929) 등과 같은 작품들에서 시작되며, 보다 본격적으로는 트리니다드의 알프레드 멘데스(Alfred H. Mendes), 제임스(C.L.R. James), 랄프 브와지에(Ralph de Boissiere), 그리고 자메이카의 클라우드 맥케이(Claude McKay), 빅터 리드(Victor Stafford Reid), 가이아나의 에드가 미텔홀저(Edgar Mittelholzer) 등을 들 수 있다. 멘데스는 『피치 레인』(*Pitch Lane*, 1934), 『검은 염소』(*Black Fawn*, 1935) 등과 같은 작품을 통해 카리브인들의 글쓰기는 카리브해 지역의 상황과 언어, 그 지역을 배경으로 해야 한다고 주장했으며, 맥케이의 『할렘으로』(*Home to Harlem*, 1928), 『벤조』(*Banjo*, 1929) 등과 같은 작품들은 에이미 세자르(Aime Cesaire)와 생고르(Senghor) 등이 이끌었던 네그리튜드 운동(Negritude movement)과 식민지 해방을 위한 여러 정치적 운동에 커다란 영향을 주었다. 미텔홀저와 리드는 최초로 세계문학 속에 카리브해 문학의 존재를 각인시킨 작가들이기도 하다.

카리브해 문학을 구성하는 또 하나의 커다란 축은 20세기 중반에 보다 나은 문학시장을 찾아 영국이나 미국으로 건너간 일군의 작가들이다. 이들은 1950년대와 60년대에 런던을 중심으로 '서인도제도 르네상스'로 명명될 만큼 활발한 작품 활동을 펼침으로써 영국문단을 비롯하여 세계문단에 카리브해 문학의 존재를 깊숙이 각인시켰다. 이들은 또한 시, 소설, 희곡을 망라하는 다양한 작품들을 통해 자신들이 지닌 카리브해인으로서의 정체성을 지속적으로 탐색했으며, 이주와 망명으로 인한 문화적, 인종적 '뿌리 뽑힘'과 이러한 혼종적 정체성에 대한 고뇌와 자의식을 드러냄으로써 디아스포라 문학의 창조적 힘과 깊이를 보여주었다. 대표적 작가로는 바베이도스 출신의 조지 래밍(1927~), 세인트 루시아 출신의 데릭 월콧(1930~), 트리니다드 출신의 V. S. 나이폴(1932~), 도미니카 출신의 진 리스(1890~1979), 앤티가 출신의 자메이카 킨케이드(1949~) 등을 들 수 있다.

래밍은 카리브해 지역의 기나긴 식민 역사와 현재의 정치적, 사회적 상황 등을 그의 문학 속에서 다루며 '정신의 탈식민화'라는 주제를 탐색함으로써 카리브해 지역의 포스트식민적 글쓰기를 대표하는 작가가 되었다. 그의 대표작 『내 피부색의 성』(*In the Castle of my Skin*, 1953)과 『이민자들』(*The Emigrants*, 1954)은 카리브해 출신의 주인공 인물이 고향에서 피폐하고 불안한 성장기를 겪고 유럽으로 이주 한 후 혼란과 소외를 겪는 과정을 그리며, 『모험의 시절』(*Season of Adventure*, 1960)과 『나의 종족』(*Natives of my Person*, 1972)에서는 식민시대 이후 독립국가를 건설하고 정체성 혼란을 극복하려는 카리브해인들의 시도와 노력, 어려움 등을 다루고 있다. 또한 『망명의 즐거움』(*The Pleasure of Exile*, 1960)에서는 셰익스피어의 『폭풍우』(*The Tempest*, 1611)를 포스트식민적 관점으로 재해석하는 등, 서구중심주의를 극복하려는 문학적 문제의식을 담아냄으로써 이후 포스트식민 문학이론의 주요한 주제들의 형성과 논의 과정에 커다란 영향을 미쳤다.

2001년 노벨문학상 수상자이기도 한 V. S. 나이폴 역시 그의 전체 작품을 아우르는 일관된 주제는 카리브해 지역의 식민역사와 관련된다. 나이폴은 계약노동제에 의해 카리브해로 이주한 인도인의 후손으로 트리니다드에서 성장 한 후 청년기에 영국으로 이주하여 주로 영국에 거주하며 작품 활동을 했지만 『비스와스씨의 집』(*A House for Mr Biswas*, 1961), 『흉내 내는 사람들』(*The Mimic Men*, 1967)과 같은 그의 주요 작품들은 모두 카리브해 사회를 깊이 있게 다루고 있으며, 그의 대표작 『당혹스런 도착』(*The Enigma of Arrival*, 1987) 역시 소설 속 화자의 영국에서의 삶과 트리니다드에서의 삶이 촘촘하게 교차된다. 그러나 트리니다드-영국-인도를 아우르는 그의 성장 배경에서 짐작할 수 있듯이, 그의 문학세계는 여느 포스트식민주의 작가들의 그것과 상당히 다른 양상을 보인다. 그의 주요 소설들은 주로 카리브해 지역 특유의 다인종, 다문화 사회의 경험, 특히 특권층인 백인과 다수 인구를 점했던 흑인의 양대 인종 구도에서 인도계라는 인종적 입지로부터 경험하게 된 소외의 문제, 자신이 속했던 트리니다드의 폐쇄적인 힌두 공동체와의 갈등 등을 다루고 있으며, 이는 『흉내 내는 사람들』에 등장하는 크리팔싱이나 『강이 구부러드는 곳』(*A Bend in the River*, 1979)의 쌀림 같은 인물들이 보여주는 분열된 내면, 염세적 세계 인식 등을 통해 잘 드러난다. 그의 문학은 비록 제3세계에 대한 부정적 재현과 피식민지인에 대한 회의적인 형상화 때문에 다수 포스트식민 문학 비평가들의 비판의 대상이 되었지만, 제국이라는 '중심'에 대한 끊임없는 부정과 식민지 사회 내부를 향하는 그의 엄밀하고 성찰적인 태도는 포스트식민 문학의 풍요로운 폭과 깊이를 드러내준다.

세인트 루시아에서 출생하여 이후 트리니다드에서 시인이자 극작가로 활동해 온 월콧은 1947년 자메이카의 서인도제도 대학교를 졸업하고 1948년에 시집 『25편의 시』(*25 Poems*, 1948)를 출간하여 문단에 데뷔했다. 이후 시집 『푸른 밤에』(*In a Green Night: Poems 1948-60*, 1962)를 출간하여 대중적 명성을 얻게 되며, 카리브해 지역이 겪는 소외와 문화적 갈등을 주제로 카리브해의 현실과 정서를 강렬한 이미지와 은유로 표현했다. 카리브해 지역의 설화를 시로 형상화한 대서사시 『오메로스』(*Omeros*, 1990)로 1992년도 노벨문학상을 수상, 이 지역의 문학적 저력을 세계적으로 인정받는 계기를 마련하였다.

도미니카 출신의 여성작가인 진 리스의 글쓰기는 카리브해 문학의 또 다른 가능성을 보여준다. 널리 알려진 그녀의 대표작 『드넓은 사가소 바다』(*Wide Sargasso Sea*, 1966)는 샬롯 브론테의 『제인 에어』(*Jane Eyre*)를 '되받아 쓴'(write back) 작품이다. 리스에 의하면 자신의 소설은 『제인 에어』를 읽으면서 품게된 의문, 즉 다락방에 갇혀 있다가 불 속으로 뛰어드는 한 여성에 대한 의문에서 시작되었다. 리스는 주인공 제인과 로체스터의 사랑의 걸림돌이자 그들의 사랑이야기의 배경으로 가려졌던 버사라는 인물을 앙트와네트라는 크레올 여성으로 재창조하여 그녀에게 자신의 이야기를 할 수 있는 목소리를 부여한다.

'되받아 쓰기' 문학은 카리브해 문학에 특징적인 전유(appropriation)의 전략을 잘 보여준다. 애쉬크로프트(Ashcroft) 등에 의하면 전유 전략이란 언어를 포획해서 그것을 구체적인 문화적 공간 속에 재배치하면서도 '타자성'을 잃지 않는 것을 의미한다. 즉, 이와 같은 관점에서 보았을 때 '되받아 쓰기'는 단순한 패러디나 고쳐 쓰기 행위가 아니라, 유럽 중심의 정전이 배제해버린 숨겨지고 억압된 타자의 목소리를 복원함으로써 정전이 지니는 자명성을 전복시키는 힘을 발휘하게 하는 작업이다. 리스의 『드넓은 사가소 바다』는 영문학 정전에서 은폐되거나 삭제되어버린 식민 역사와 피식민지인의 침묵당한 목소리를 회복하기 위한 '되받아 쓰기' 문학의 전범을 보여준다.

리스의 뒤를 이어 카리브해 여성 문학을 대표하는 작가로는 앤티가 출신의 미국 소설가 킨케이드를 들 수 있다. 킨케이드는 『애니 잔』(*Annie John*, 1985) 『루시』(*Lucy*, 1990) 『내 어머니의 자서전』(*The Autobiography of My Mother*, 1995)과 같은 작품을 통해 카리브해 여성들의 정체성을 탐색한다. 특히 킨케이드는 그녀의 작품에서 식민주의의 질곡과 백인/유색인 남성들에 의한 성적 억압이라는 '이중의 억압'을 경험하는 식민지 여성의 문제를 제기함으로써 제1세계 페미니즘과 구별되는 '탈식민주의 페미니즘'(postcolonialism feminism)의 사유를 제기한다. 예컨대, 킨케이드의 여성인물들은 서구 페미니즘이 '보편성 여성성'의 범주로 인식하는 '모성'을 극단적인 형태로 거부하거나 모녀관계를 극복해야할 대립적 관계로 인식하는데, 이는 식민주의와 성적 억압의 극복이라는 이중의 과제를 안고 있는 카리브해 여성들의 입지에 대한 구체적 이해를 통해서만 그 함의가 제대로 평가될 수 있다. 다시 말해, 킨케이드의 여성인물들에게 있어서 카리브해 지역은 수세기에 걸친 식민지배 문화가 답습되고 있는 '어머니'의 공간이기에 식민시대 이후를 살아가는 딸들에게 있어서 '어머니', 혹은 어머니의 '모성'은 여성적 유대관계로 결합되어야 할 대상이기 이전에 식민주의적 가치를 내재하고 있는 존재로서 극복해야 할 대상이 된다. 킨케이드는 카리브해 지역의 현실을 결코 이상화하거나 낙관적으로 그리지 않으며, 식민지 여성들의 삶을 시 · 공간적으로 가로질러 더듬어가며 노예제와 강제 이산 등 식민지배의 역사가 남긴 씻을 수 없는 흔적들을 탐색한다. 킨케이드의 인물들은 식민 시대 이후의 사회적, 문화적 상황으로 인해 망명과 이주의 삶을 선택할 수밖에 없지만, 그들은 카리브해 지역과 서구의 메트로폴리스라는 두 공간의 경계를 넘나들며 끊임없이 포스트식민 시대의 문화적 문제들을 제기한다.

카리브해 문학의 대위법적 읽기

이처럼 카리브해 지역과 서구의 메트로폴리스를 넘나들며 그 경계에서 서구 중심주의와 식민주의를 심문하는 카리브해 작가들의 글쓰기는 서구의 역사가 은폐하는 이 지역의 식민 역사와 서구의 근대사 간의 긴밀한 연관관계를 사유할 수 있게 한다. 그러나 그간 유럽의 문학은 그들의 사회를 문학적으로 재현함에 있어서 식민지 경영과 결부된 중요한 문제들을 의도적으로, 혹은 무의식적으로 은폐해왔다. 예컨대, 18~19세기 영국 사회의 중 · 상류계급의 형성은 아메리카 식민지와 카리브해 지역의 플랜테이션에서 흑인 노예들을 수탈함으로써 얻어진 부에 기반하고 있지만 이는 당시 영국 소설에서 침묵으로 일관되어진다. 그러나 사정을 좀 더 들여다보면, 에드워드 사이드(Edward Said)가 『문화와 제국주의』(*Culture and Imperialism*)에서 주장하듯이 문학텍스트란 당대의 역사적, 사회적, 정치적 상황과의 복잡한 관계 속에서 생산되는 것이며, 이러한 관점에서 보자면, 19세기 영국 문학이 산출되었던 가장 근본적인 조건들 가운데 하나는 바로 그 시기 영국을 '해가 지지 않는' 대영제국으로 군림하게 했던 제국주의와 식민주의라 할 수 있다. 이와 연관하여 영문학이 비로소 국민문학의 형태를 취하고 하나의 제도로서, 공식적 학문영역으로서 성립된 시기 역시 바로 19세기이며, 이후 영문학 작품들은 대영제국의 권위와 식민주의 이데올로기를 전파할 목적으로 식민지의 교육제도에 도입되어 확고한 지위를 점하게 되었다는 사실 역시 짚고 넘어가야 한다. 이러한 점은 영문학과 대영제국의 식민주의 간의 긴밀한 공모관계를 암시한다.

사이드가 『문화와 제국주의』를 통해 했던 작업 역시 영국문학에 대한 '대위법적 읽기'(contrapuntal readings)를 통해 영국사회와 영국의 해외 식민지간의 은폐된 연관관계를 드러내는 것이었다. 사이드가 제기하는 '대위법적 읽기'란, 간단히 말해, 겉으로 자명하게 서술되는 유럽의 역사와 이 역사의 그림자로 숨겨져 있지만 이것과 긴밀하게 연관되어 있는 식민지의 역사를 동시에 인식하는 글 읽기이다(59). 예를 들어, 제인 오스틴(Jane Austen)의 『맨스필드 공원』(*Mansfield Park*, 1814)은 겉으로는 식민주의와 아무 관련이 없어 보이지만, 이를 대위법적으로 읽는다면 우리는 이 소설이 궁극적으로는 카리브해 지역의 식민지에 관한 지식에 의존하고 있음을 알 수 있다. 토마스경 부부가 영위하는 맨스필드 파크에서의 안락하고 풍요로운 삶은 그가 가진 카리브해의 앤티가 농장 경영을 그 원천으로 한다. 맨스필드 파크의 한 가정집의 거실과 앤티가의 플랜테이션의 농장은 그 엄청난 물리적 거리에도 불구하고 실은 분리될 수 없는 동전의 양면과도 같은 관계를 이룬다.

이와 같은 예는 18, 19세기 영국 문학 속에서 무수히 찾아 볼 수 있다. 『제인 에어』에서 제인의 삶을 바꿔놓을 뻔했던 존 리버스의 동양으로의 선교활동, 제인의 궁극적 독립을 가능케 한 삼촌의 유산 등은 모두 당시의 영국의 아메리카 식민지 경영과 불가분의 관계를 이룬다. 다니엘 디포(Daniel Defoe)의 『몰 플랜더스』(*Moll Flanders*, 1722)에서 주인공 몰의 인생역전 중 중요한 한 부분을 차지하는 것도 아메리카의 버지니아 식민지이며, 『로빈스 크루소』(*Robinson Crusoe*, 1719)의 난파와 표류라는 중심 플롯 또한 크루소가 손댔던 브라질의 사탕수수 플랜테이션과 노예무역에서 비롯된다. 찰스 디킨즈(Charles Dickens)의 『위대한 유산』(*Great Expectations*, 1861)에서 주인공 핍을 영국 신사로 성장시켜주는 물질적 원천 역시 매그위치가 호주 식민지에서 거두어들인 이익에 그 물질적 기반을 둔다. 그러나 영국 작가들은 주인공들의 삶을 획기적으로 바꿔놓곤 하는 이 같은 사건들을 그저 소설의 플롯 전개를 위한 장치로만 사용한다. 그들은 영국 사회와 인물들을 상세하게 묘사하기위해 커다란 심혈을 기울이면서도 이들 사건들에 대해서는 이상하리만치 간단하게 일축해버린다. 이런 방식으로 유럽 사회와 카리브해 지역 등 유럽의 해외식민지를 연결하는 단일하고 긴밀한 역사적 과정은 은폐되고 생략된다.

이러한 대위법적 읽기의 가장 적극적인 형태는 무엇보다도 서구 정전에 대한 '다시 읽기'와 '되받아 쓰기'와 같은 형태이며 이는 사실 카리브해 작가들에 의해 시작되고 주도되어 왔다고 할 수 있다. 앞서 소개했던 진 리스의 『드넓은 사가소 바다』 외에 셰익스피어의 『태풍』에 대한 다시 읽기와 재해석 작업 역시 그 대표적인 예라 할 수 있다. 쿠바 작가 로베르토 페르난데스 레타마르(Roberto Fernandez Retamar)의 『칼리반』(*Caliban*, 1971)이나 래밍의 『망명의 즐거움』은 『태풍』을 유럽인 프로스페로의 관점이 아닌, 그에 의해 미개인이자 야만인으로 간주되었던 칼리반의 관점으로 재해석하는 대표적인 저작들이다. 레타마르나 래밍의 글쓰기에서 프로스페로의 섬에 대한 통치행위는 유럽인의 오만하고 폭압적인 식민지배 서사로 읽혀지며, 칼리반은 억압받는 원주민이자, 그가 프로스페로에 맞서는 행위는 식민지배에 맞서는 식민지인의 저항으로 재해석된다. 이러한 글쓰기는 단순한 재해석 작업을 넘어 카리브해인들이 자신의 관점에서 세계를 바라보고 재구성함으로써 서구 문학과 문화 속에 만연한 서구중심주의가 갖는 오만함과 편협성을 드러내주며, 나아가 그러한 서구중심적 근대사에서 의도적으로 침묵당하고 삭제되어왔던 자신들의 존재성과 정체성을 확인하는 작업이라는 중요한 의미를 갖는다고 할 수 있다.

카리브해 문학의 풍요로운 결실을 통해서도 볼 수 있듯이, 지난 500여 년간 유럽 제국주의 열강들의 치열한 패권다툼장이 되었던 카리브해 지역의 역사적, 지정학적 위치는 역설적이게도 풍성한 포스트식민 문학을 생산해내는 자양분이 되었으며, 인종적, 문화적 혼종, 언어의 문제 등으로부터 제기되는 문학의 문제들에 관해 복잡하고도 흥미로운 논의들을 제기해주는 근거가 되었다. 카리브해 지역 출신 작가들은 포스트식민 문학에 막대한 기여를 하였을 뿐만 아니라, 그들의 문학을 통해 식민 본국과 식민지간의 지배와 종속의 문제, 주체와 타자의 문제, 언어와 혼종성의 문제 등에 관해 일련의 문학적 성찰을 지속적으로 제기한다.

카리브해 문화

크레올 문화/ 크레올 언어

크레올(Creole)이란 원래 16~18세기에 스페인령 아메리카로 이주한 스페인 사람들과 그들에게서 태어난 백인 후손들을 가리키는 말이었다. 뒤에 이 말은 지역에 따라 본래의 의미가 달라지면서 다양한 뜻으로 사용되었는데, 유럽 출신 이주민의 후손을 보편적으로 가리키는 말로 그 의미가 확장 되었으며 때로는 유럽인, 아프리카인, 아시아인, 인도인 할 것 없이 카리브해 문화를 구성하고 있는 사람이면 계층이나 선조를 가리지 않고 통틀어 가리키는 폭넓은 말로 쓰이기도 한다. 즉, 크레올은 카리브해 지역의 다인종성과 혼합 문화의 특성을 한 마디로 축약하는 키워드라 할 수 있다.

그러나 이 용어는 각 지역에 따라 조금씩 다른 의미를 가지기도 하는데 가령, 프랑스령 기니에서는 피부색과 관계없이 유럽풍의 생활 방식을 따르는 사람들을 가리키며, 수리남에서는 아프리카 노예의 후손들을 가리키는 용어로 사용된다. 한편, 흑인과 인도인들의 갈등이 심한 트리니다드와 같은 곳에서 크레올이라는 용어는 인도인들을 제외한 백인과 흑인 및 나머지 전체 인종들을 아우르는 말로 사용되기도 한다.

한 편, 크레올어(Creole Language)는 피진어(pidgin)가 한 언어 공동체의 토박이말로 굳어지면서 형성되는 언어를 뜻한다. 피진어는 혼성어로서 주로 해상 무역에 종사하던 사람들 사이에서 사용되던 말이다. 대개는 영어나 프랑스어, 스페인어, 포르투갈어에 바탕을 두고 현지 토박이말이 섞여져 형성되는데, 물건을 사고파는 데 꼭 필요한 만큼의 낱말과 문법으로만 이루어진 매우 단순하게 변형된 언어이다. 그런데 이 피진어가

한 언어공동체의 토박이말로 굳어지면서 생겨난 것이 크레올어이다. 일반적으로 한 언어를 사용하는 사람들이 다른 언어들을 사용하는 사람들보다 경제적 · 정치적으로 우세할 때, 특히 후자의 사람들이 글을 읽고 쓸 줄 모를 때 크레올어가 생긴다. 즉, 처음에는 지배집단의 언어를 단순화하거나 수정하여 서로 다른 집단의 구성원 사이에서 의사소통을 위해 사용되기 시작한다.

그러나 이것이 특정 지역의 언어, 역사 등 구체적인 사회적, 문화적 맥락과 결합하게 되면 원래의 언어가 가지고 있는 의미를 굴절, 변형시켜 새로운 의미를 가지는 언어가 된다. 그리고 이로부터 원래의 언어(표준 언어)와 크레올어는 끊임없는 긴장 관계에 놓이게 된다. 예를 들어, 영어가 식민지 지역에서 사용될 때 텍스트가 만들어진 지역의 특수한 맥락이 필연적으로 그 의미를 변형시킨다. 맥클라우드(Mcleod)에 따르면, 여기에서 생겨나는 새로운 '영어들'(englishes)들은 원래의 영어(English)와는 다른 차별적인 의미를 가지게 된다. 비록 새롭게 변형된 '소문자 영어'가 표준영어 사용자들에 의해 이해된다 해도 표준영어 사용자들에게는 거리감이 있는 요소를 지니며 또한 그들의 이해를 거부한다는 것이다(136). 나아가 이와 같은 소문자 영어들은 모델이 되는 표준 영어의 언어구성체를 끊임없이 침범하고 표준 영어를 중심에 놓는 '동심원적' 언어개념을 전복시킴으로써, 앞서 언급한 '되받아 쓰기'의 전유 전략과 더불어 탈식민주의 문학의 효과적인 언어로 작

카니발과 칼립소

카니발은 카리브해 지역의 대표적 축제로서 가장 널리 알려진 것은 트리니다드의 포트오브스페인 카니발을 꼽을 수 있다. 트리니다드의 카니발은 카리브해 지역 모든 카니발의 원조라 할 수 있으며 매년 2월에 닷새 동안 열린다. 카니발은 기나긴 노예제 역사 속에서 온갖 핍박을 받으며 살아온 흑인들이 자유와 해방을 외치며 거리에서 화려한 축제를 연 데서 유래했다. 축제기간 중 밤낮없이 밴드의 연주에 맞춰 춤과 노래를 즐기며 민속음악인 칼립소와 전통 악기인 스틸 드럼 연주, 아름답고 웅장하며 현란한 색채가 거리를 가득 메운다. 축제의 하이라이트는 마지막 날에 펼쳐지는 대형 거리 퍼

레이드이며 밴드의 왕과 여왕, 칼립소왕, 의상왕 등 여러 선발대회가 열린다. 사람들은 축제를 위해 1년 동안 일하여 값비싼 축제의상을 준비할 정도로 분장과 의상에 많은 것을 투자한다. 노출이 심한 의상은 열정과 기쁨을 몸으로 표현하는 아프리카인들의 방식을 그대로 보여주는데 원색의 천과 금색 위주로 화려한 의상이 선을 보인다. 참가하는 사람들은 얼굴에 페인트칠을 하고 화려한 의상을 입고 다닌다.

칼립소는 주로 카니발에서 불리는 노래로서 트리니다드에서 유래한 민요의 일종이다. 카리브해 지역으로 끌려왔던 아프리카 노예들은 서로 간에 대화를 나누지 못하도록 감시당하게 되자 노래를 통해 서로를 위로하고 필요한 의사소통을 하게 되는데, 이것이 칼립소의 기원이 되었다. 재치 넘치고 풍자적인 가사의 주제는 정치, 사회적으로 중요한 시사적인 사건이 주를 이루는데 암시적, 냉소적, 중의적인 어조가 특징적이다.

칼립소의 형식은 발라드와 비슷해서 8행으로 된 1연마다 4행의 후렴이 붙는다. 운율은 단순하지만 매우 독창적이며 상상력이 풍부한 가사가 특징적이다. 칼립소 가수들은 '위대한 약탈자', '선율의 신', '훈족의 왕 아틸라'처럼 개성이 넘치는 가명을 사용하며 보볼(사기꾼), 파코티(불성실), 그라프(계집) 등 스페인어, 크레올어, 아프리카어에서 따온 새로운 구어체 어휘를 창출해낸다. 정상적인 발음 강세를 왜곡하여 사투리를 과장되게 발음하며, 칼립소 특유의 당김음 리듬에 맞추어 노래한다. 칼립소 가수들은 자신의 가사를 기존의 가락에 붙이거나 자신만의 새로운 노래를 만들기도 한다.

칼립소 ♬♪♩♬

중국인 아이들이 나를 아빠라 불러요!	Chinese children calling me Daddy!
나는 이렇게 시커먼 흑인인데요	I black like jet,
내 아내도 타르처럼 시꺼멓고요	My wife like tar—baby
그런데도 여전히--	And still--
중국인 아이들이 나를 아빠라고 불러요!	Chinese children calling me Daddy!
맙소사, 누군가 내 커피에 우유를 타고 있네요	Oh God, somebody putting milk in my coffee.

* * * * *

아버지, 어머니, 딸 할 것 없이	Father, mother, and daughter

양키 돈을 벌려고 일하네	Working for the Yankee dollar!
온 나라에 돈!	Money in the land!
오, 양키의 돈이여!	The Yankee dollar, oh!

(V. S. 나이폴의 『미겔 스트리트』 중에서)

부두교와 라스타파리아니즘

카리브해 문화의 혼합적 특성은 종교에 있어서도 예외가 아니다. 기독교의 온갖 분파들, 아프리카의 토속 종교들, 힌두교와 이슬람 등 다양한 종교들이 카리브해 지역 전체에 퍼져있으며, 특기할만한 점은 이러한 종교들이 디아스포라의 역사 속에서 섞임과 변형의 과정을 거치게 되었다는 점이다. 카리브해 지역의 주요 종교가운데 하나인 라스타파리아니즘(Rastafarianism)은 이와 같은 혼합적, 변형적 종교의 대표적인 예에 속한다. 라스타파리아니즘은 에티오피아의 황제였던 하일레 셀라시에(Haile Selassie)의 본명인 라스타파리에서 이름을 딴 것으로서 예수 그리스도를 흑인으로 보고 하일레 셀라시에를 재림한 그리스도로 섬기는 신앙운동이다. 이 운동은 또한 아프리카와 에티오피아를 흑인들의 고향이자 약속의 땅으로 여기고 이곳으로의 회귀를 주장하기도 했다. 여기에는 백인들의 세계를 악마의 세계로 보며, 흑인들이 아프리카로 귀환함으로써 자신들이 가진 선한 능력을 회복하여 흑인들에 의한 이상적인 세계를 구축한다는 믿음이 내재되어 있다.

부두교(Voodoo)는 서부 아프리카의 애니미즘적인 토속종교에서 기원한 것으로 아프리카에서 노예로 붙잡혀 카리브해로 강제 이주된 사람들이 가톨릭의 요소들을 결합시켜 발전시킨 종교이다. 부두의 원명은 보둔(vodun)이며, 그 어원은 '영혼'을 뜻하는 서아프리카 단어이다. 보둔은 서아프리카의 다호미(Dahomey)에서 18세기와 19세기에 살았던 요로바족에게로 그 뿌리가 거슬러 올라간다. 이들은 노예가 되어 강제로 서인도제도의 아이티와 다른 섬들로 이주하게 되면서 자신들의 종교를 들여오게 되는데, 오늘날의 부두교 형태는 주로 유럽의 식민통치를 거치는 동안 아이티와 도미니카에서 형성되었다.

유럽의 식민지배자들은 노예로 끌고 온 아프리카의 부족들을 따로 따로 격리시킴으로써 하나의 공동체를 형성하지 못하게 했지만, 노예 생활의 비참함은 이들로 하여금 자신들의 토속신앙에서 스스로를 이어주는 공통분모를 찾게 했다. 부두교는 식민역사의 전 과정에서 극심한 억압에 시달렸다. 많은 부두교 사제들이 죽임을 당하거나 투옥되었고 사원들도 파괴되었다. 그러나 이것은 오히려 조상 숭배와 이들의 신들에 대한 예배를 계속하기 위해 부두교 교단을 형성하고 지하 조직을 만드는 계기가 되었다. 또한 이 과정은 다양한 종족들의 종교의식들이 혼합되고 변형되는 계기가 되기도 했다. 이러한 혼합의 결과, 다른 종교 그룹들이 이들의 신앙들을 통합하고 새로운 종교인 부두교를 탄생시켰다. 부두교는 1996년 2월에 서아프리카 베냉(Benin)의 공식적인 종교로 인정되었으며 아이티 공화국의 다수 국민은 부두교 신자들이다. 부두교는 북미에 있는 많은 대도시들, 특히 미국 남부지역에서도 많이 찾아볼 수 있으며, 오늘날에는 전 세계적으로 6천만 명이 넘는 신도가 있다.

레게 음악과 스틸 밴드

레게는 자메이카를 중심으로 형성된 음악형태로 빈민가의 열악한 환경과 노예제도를 비롯한 식민지배 역사를 주된 음악적 소재로 삼는다. 레게의 음악스타일은 룸바와 같은 아프로-라틴아메리카의 음악과 아프로-북아메리카의 재즈, 리듬앤블루스 등 다양한 요소들의 혼합으로 구성된다. 그중에서도 특히 아프로-자메이카인들의 종교음악과 1960년대에 인기를 끌었던 자메이카의 민속 리듬인 스카가 그 기원을 이룬다. 대표적인 레게 음악가로는 자메이카 킹스턴 출신의 밥 말리(1945~1981)를 들 수 있으며 〈캐치 어파이어〉(Catch a Fire)와 〈버닝〉(Burnin') 등의 앨범으로 세계적 명성을 얻었다.

트리니다드에서 발달한 스틸 밴드 역시 레게와 마찬가지로 혼합 대중문화의 산물이다. 스틸 밴드란 스틸 팬(steel pan)이라는 일종의 드럼통을 두드려서 연주하는 합주 음악단으로서, 그 문화적 기원은 17~18세기 아프리카 출신 노예들이 통을 두드려서 그들

▲ 스틸 밴드 연주

▲ 세계적인 레게 가수 밥 말리

사이의 의사소통을 행했던 것으로 거슬러 올라갈 수 있다. 따라서 이는 노예들 사이의 의사소통과 연대 행동을 철저히 금지하고 통제했던 영국 식민당국에 의해 한 때 불법으로 금지되기도 했다. 그러나 아프리카인들의 전통에 인도인들의 음악적 요소가 새롭게 결합되고, 이후 제2차 세계대전 당시 미군 기지에서 나온 가솔린 통들이 본격적으로 활용됨으로써 인기있는 카리브해 지역의 대표적인 음악 형태들 가운데 하나로 발전했다.

크리켓

크리켓(cricket)은 특히 영국령 서인도제도를 중심으로 대중적 인기를 누리고 있는 스포츠로서 19세기 초 영국군 장교들에 의해 처음 도입되었다. 원래 크리켓은 17세기 경 영국에서 시작되어 귀족과 신사, 하층 노동계급 등을 모두 아우르는 영국의 '국민 스포츠' 지위에 올라 19~20세기 초반까지 엄청난 대중적 인기를 누렸다. 영국인들의 크리켓에 대한 애정을 각별하다고 할 수 있는데, 이는 크리켓이 영국 시골마을의 잔디밭과 전통적 공동체에서 비롯되었기 때문에 19세기 들어 영국사회에서 사회적 담론으로 형성되었던 '전원적 이상'과 연계되어 영국적인 문화적 표상으로 여겨진 사정과 관련된다. 영국 남성들을 강인한 정신과 육체를 지닌 제국적 이상 실현의 일꾼으로 육성시키기 위해 크리켓, 축구 등의 스포츠를 이용했던 대영제국은 이를 또한 식민지 각지에 전파시켰는데, 이는 스포츠 경기가 갖는 요소들, 즉 '페어플레이' 정신으로 대변되는 규칙에의 복종, 자제와 극기 등의 요소들이 식민지 지배 질서의 구축과 경영에 용이하게 활용될 수 있기 때문이었다.

▲ 크리켓 경기 장면

식민지로 전파되었던 크리켓은 초기에는 식민지 관료들과 상인, 농장주 등 상층계급 중심으로 클럽이 형성되어 경기를 펼쳤으나 독립 이후 점점 대중화되었다. 이후 지역 대항과 국가 대항 및 영국 팀들과의 경기들이 증가하면서 뛰어난 크리켓 선수들이 등장했고 특히 식민종주국이었던 영국과의 경기에서 서인도제도 팀이 승리하는 경우가 많았다. 트리니다드 출신의 저술가이자 작가인 제임스(C.L.R. James)는 크리켓이 카리브해 지역에서 성행하게 된 이유로 크리켓 경기를 통해 식민지배자들과 대등하게 겨룰 수 있고 그들을 이길 수도 있다는 희열 때문이라고 설명한다. 일부 평론가들은 서인도제도에서 크리켓이 문화적 저항의 형태로 재구성되었다다는 점을 지적하기도 한다. 애초에는 '가장 영국적인 것'의 구현으로 인식되던 크리켓이 식민지인들을 집단적으로 결속시키는 매개체가 된 것이다. 1990년대 들어 크리켓은 상업적으로 다시 한 번 부흥기를 맞았으며, 현재까지도 카리브해 지역의 크리켓 팀들은 세계대회를 석권하며 크리켓 월드컵대회 등에서 국제적 관심을 모으고 있다.

음식 문화

카리브해 지역의 요리는 아프리카, 유럽, 북미, 아시아 등지에서 유입된 재료와 요리법이 혼합되어 이 지역의 다문화적 특징을 잘 반영해주는 요소들 가운데 하나이다. 기나긴 식민 역사의 과정에서 아프리카와 아시아, 유럽에서 모여든 여러 인종과 종족들은 자신들의 전통적인 요리법을 이 지역으로 가지고 왔고, 이후 다양한 문화권의 요리법이 혼합된 독특한 스타일의 카리브해 요리가 발달했다.

카리브해 지역의 원주민들인 아라와크족, 타이노족, 카리브족 등 아메리카 인디언들은 원래 해산물과 카사바, 고구마 등을 주식으로 삼았다. 이후 유럽인들이 다양한 과일과 채소, 가축 등을 도입했고 감자와 쌀, 콩 등이 주식이 되었다. 유럽인 농장주들에 의해 플랜테이션에서 재배되었던 사탕수수와 바나나 등도 지역의 주요한 농산물이 되었다.

아프리카에서 노예무역상과 노예로 끌려온 아프리카인들에 의해 도입된 요리 및 식재료로는 오크라(okra), 굼보(gumbo), 악키(ackee), 얌(yam), 칼랄루(callaloo) 등을 들 수 있으며, 이 중 칼랄루는 마늘과 허브, 매운 양념 등의 향을 가미한 스프나 스튜요리를 지칭하는 것으로 카리브해의 대표적인 요리로 꼽을 수 있다. 인도와 중국에서 건너온 이주민들이 들여온 요리로는 쌀을 주원료로 한 음식들과 커리(curry)와 로티(roti) 등을 들 수있다. 또한 럼주는 카리브해 지역 전체에 걸쳐 즐겨 마시는 술로 각 지역마다 특유의 럼주들이 있다.

카리브해 지역과 영화[5]

그간 카리브해 지역은 할리우드 영화의 낭만적 모험이나 스릴 넘치는 액션을 위한 단골 배경이 되어왔다. 이들 영화에서 카리브해 지역은 그저 푸른 바다와 야자수가 늘어선 멋진 휴양지의 모습이나 거칠고 원시적인 자연의 모습으로만 비칠 뿐이다. 카리브해 사회를 진지하게 담으려는 영화는 소수에 지나지 않는데, 그 중 대표적으로는 질로 폰테코르보(Gillo Pontecorvo) 감독의 1969년 작 〈번〉(Burn)과 2006년 BBC 제작 스티븐 그린혼(Stephen Greenhorn) 감독의 〈광막한 사르가소 바다〉(Wide Sargasso Sea)를 들

5) 카리브해 지역에서 자체 제작된 영화들은 1970년을 전후하여 등장하기 시작하지만 이들 영화들은 안타깝게도 아직 국내에서 소개되지 못한 관계로 이 글에서는 다루지 못한다. 여기에서는 우리가 비교적 쉽게 접할 수 있는 영화들 가운데 카리브해 사회를 직접적으로 다루고 있는 영화 두 편을 소개한다.

수 있다.

영화 〈광막한 사르가소 바다〉는 도미니카 출신의 영어권 소설가 진 리스의 동명 소설을 영화화 한 작품이다. 영화는 자메이카의 강렬하고 아름다운 자연풍광과 앙트와네트의 아름다움을 한껏 드러내며 동시에 이에 매혹당하는 한 영국 남성을 보여준다. 그는 낯선 문화에 대한 이질감으로 내내 불안과 감정적 동요를 떨치지 못하는데, 낯선 풍경과 기후, 자신을 낯선 눈빛으로 힐끔거리는 원주민들의 시선, 그리고 백인 정착민들인 크레올들의 문화 역시 그를 불안하게 한다. 그러나 앙트와네트는 영국사회의 상속제도에서 차남이라는 전적으로 불리한 위치에 놓인 그에게 막대한 액수의 지참금을 가져다 줄 수 있는 매력적인 결혼상대자이다. 영화를 보는 내내 우리는 사랑이라는 감정과 결혼이라는 제도 안으로 걸어들어 간 한 아름다운 크레올 여성이 점차 아름다움과 생기를 잃어가고 결국은 영국의 한 다락방에서 미친 여자로 취급받으며 자신의 목소리를 상실해가는 모습을 지켜보게 된다. 그러나 앙트와네트가 백인과 자메이카 크레올 여성으로서의 정체성 사이에서 그 어느 곳에도 속하지 못하고 자신의 목소리를 잃어버리는 혼란스러운 과정이 잘 드러나는 원작과는 달리 영화는 다소 여성의 관능적인 면에만 치우치는 면이 있다.

영화 〈번〉은 포르투갈 식민지인 서인도제도의 퀘이마다섬을 배경으로 유럽 제국주의의 식민지배 하에 카리브해 지역에서 자행되었던 노예 착취의 역사적 사실을 충격적인 영상으로 전달한다. 영화는 영국인 윌리엄 워커의 섬에서의 행적과 그의 추동으로 일어난 노예반란을 중심으로 펼쳐지며 19세기 극심했던 자유무역을 빙자한 식민주의, 인종차별 등을 고발한다. 영화는 또한 신자유주의의 물결 속에 여러 다국적기업들이 가난한 제3세계 국가들을 착취하고 있는 오늘날의 상황 역시 당시와 크게 다르지 않음을 상기시켜 준다.

••• 4. 카리브해 지역의 미래와 그 가능성

카리브해 지역은 독립 후의 인도와 아프리카처럼 회복해야 할 단일한 전통이나 문화적 자산을 결여하고 있었기 때문에 집단적 정체성을 형성하는 데 커다란 어려움을 겪었다. "서인도제도의 우리들은 우리 자신의 것이라 할 만한 것이 아무것도 없다"는 에릭 윌리엄즈의 증언이나, "빌려온 문화에 살고 있으므로, 서인도제도인들은 무엇보다도 우선, 자신이 누구이고 어디에 서 있는지를 알려줄 작가를 필요로 한다"는 작가 나이폴의 논평은 이들 지역이 갖고 있는 이와 같은 어려움을 대변한다.

그러나 자메이카 출신의 저명한 문화평론가인 스튜어트 홀(Stuart Hall)은 정체성이라는 개념 자체를 전환적으로 사고해야 한다고 주장한다. 홀에 의하면, 과거에는 정체성이 주체를 구조적으로 봉합해주며 주체와 그들이 살고 있는 문화적 세계 양자를 안정시키면서 상호 통합되고 예견할 수 있는 것으로 만들어주는 기능을 했지만, 오늘날에는 통합되고 안정된 정체성으로서 경험되었던 주체는 이미 파편화되었으며 하나가 아니라, 몇 개, 때로는 모순되거나 결정되지 않은 정체성들로 짜깁기 된다. 즉, 정체성은 생물학적으로 정의되는 것이 아니라 우리를 둘러싼 문화체계들 속에서 끊임없이 변형되는 것이며 따라서 역사적으로 정의된다. 우리가 태어나서 죽을 때까지 통합된 정체성을 갖고 있다고 느낀다면, 그것은 단지 우리가 우리자신을 편안하게 해주는 이야기 또는 자기 자신에 대한 '자아의 서사'를 만들어내기 때문이다("Question" 276-77). 이러한 홀의 논의는 카리브해인들이 자신을 규정할 단일한 정체성의 신화에 집착하기보다 자신들이 지니고 있는 혼합문화가 지닌 역동성과 창조성을 긍정하면서 이를 자신의 정체성의 핵심으로 삼아야 함을 시사한다.

현재 카리브해 지역에는 30여 개의 섬에 다양한 인종으로 구성된 4천만에 달하는 인구가 거주하고 있다. 수세기 동안의 유럽 식민지배의 역사 그리고 오늘날 미국의 경제적, 문화적 영향으로 이 지역에는 다양한 혼합 문화가 형성되었다. 그러나 경제적인 측면에서 대부분의 카리브해 지역 국가들은 빈약한 자원, 경제 구조의 불균형, 산업규모에 비해 과도하게 높은 인구 밀도와 일자리 부족 등의 난제들을 안고 있다. 특히 장구한 식민역사는 이 지역에 형성된 기형적인 경제구조의 직접적 원인이 되었다고 할 수 있다. 다수의 국가들은 여전히 사탕수수, 커피, 과일, 향신료 등 농업수출에 의존하고 있으며, 이렇다 할 산업 기반이 없는 상황에서 점점 더 많은 국가들이 관광산업에 대한 의존도를 높여가고 있다. 그러나 지나친 관광산업 위주의 경제 발전은 북미 지역이나 유럽의 경제적 상황에 의해 좌우될 수밖에 없으므로 대외 의존적 경제구조를 더욱 심화시킬 수밖에 없다. 이와 같은 취약한 경제구조는 오늘날에도 카리브해인들로 하여금 유럽과 미국 등지로 노동 이주를 선택할 수밖에 없게 하는 직접적 원인이 되고 있다.

그러나 세계 역사의 당당한 구성원인 카리브해인들의 존재성을 묻고 자신들이 이루어야 할 카리브해 지역의 미래를 탐색하는 작업은 지금도 여전히 지속되고 있다. 카리브해인들은 이것이 무엇보다도 자신들이 처해있는 현재 상황에 대한 냉정한 통찰로부터 시작되어야 한다는 점을 잘 알고 있다. 이 같은 작업은 무수한 카리브해 지역출신의 지식인, 작가, 정치가, 사회운동가들에 의해 모색되고 있는 바, 마르티니크 출신 프랑스 작가인 에두아르 글리상(Edouard Glissant)은 '부정할 수 없는' 카리브해 지역의 현실을 "플랜테이션에서 비롯된 문화들, 섬 문화의 고립성, 유럽인을 정점으로 하고 아프리카계, 인도계로 형성되는 피라미드형 사회구조, 굴욕적, 타협적 언어들, 크레올화된 일반적 문화현상, 아프리카적 요소의 지속, 사탕수수, 옥수수, 후추 재배에 대한 의존성 등"으로 요약한다(222). 정치적 현실 또한 긍정적이지 만은 않다. 서인도제도 연방의 실패 이후로 통일된 정치적 연합체의 전망은 어려워졌으며 경제적 연합기구가 구축되고 있지만 작은 섬들은 이로부터도 배제되고 있다. 그러나 글리상은 적어도 문화의 영역에서는 "카리브해성"(Caribbeanness)을 추구하는 카리브해인들의 "꿈"이 가능하다고 주장한다. 그는 "카리브해성에 관한 문제들은 지적으로 실행되는 부분이 아니라 집단적으로 공유되어야하는 것이고, 정교한 이론이나 원칙에 얽매이기보다 함께 꾸는 꿈의 산물이며, 지식인에게 일차적으로 관련된 것이 아니라 그 무엇보다 카리브해의 민중들과 관련된 것"이라 주장한다(224). 카리브해인들이 공유하는 역사적 상흔들은 현재의 카리브해 지역에 여러 난제들을 초래했지만, 카리브해 지역의 미래를 논할 때 상기해야 할 중요한 사실은 카리브해인들이 공동의 기억과 경험을 지니고 자신들만의 독창적이며 역동적인 문화와 공동체를 이루며 지금까지 존속해 왔다는 사실이며, 이러한 공동의 문화적 자산에 대한 지속적인 확인은 카리브해인들의 미래의 연대에 커다란 토대가 될 수 있다는 점이다.

생각해 볼 문제

① 쿠바 작가 레타마르의 글을 읽고 콜럼버스의 '신대륙 발견'이라는 수사가 갖는 허구성과 유럽인들의 서양 중심주의에 관해 토론해 보자.

> "1955년 나는 마드리드, 파리, 베네치아, 피렌체, 로마, 나폴리, 아테네를 발견했다. 이미 1947년에 나는 뉴욕을 발견한 바 있었다. 1956년에는 런던, 안트베르펜, 브뤼셀을 발견했다. 그럼에도 불구하고 내가 쓴 시와 엽서 몇 편을 제외하고는 이렇게 흥미로운 발견을 이야기하고 있는 텍스트를 보지 못했다. 아마도 내가 이 유명한 도시들을 처음 방문했을 당시 이미 많은 사람들이 살고 있었다는 사실이 사람들을 숙연한 침묵으로 이끄나보다. 이렇게 생각하니, 내가 태어났고 살고 있는 대륙에 몇몇 유럽인들이 도착한 것을 우쭐대며 이야기하는 소위 '아메리카의 발견'이라는 말을 받아들일 수가 없구나.
>
> *출처:『콜럼버스가 서쪽으로 간 까닭은?』

② 아래의 예문에서 보듯이 유럽 항해가 콜럼버스는 자신의 항해와 식민 사업을 후원한 스페인 군주의 관심을 끌기위해 '판타지 기법'을 동원하여 아메리카 대륙과 원주민들을 묘사한다. 콜럼버스의『항해일지』는 비유럽 원주민들에 대한 유럽의 전통적 담론 가운데 하나가 된 소위 '선량한(고귀한) 야만'(the bon sauvage/ the noble savage)이라는 개념의 기원이 된다고 할 수 있다. 이와 같은 '선량한 야만'이라는 수사가 유럽인들의 타자에 대한 재현 방식과 관련하여 함의하는 바를 생각해 보자.

> "놀라운 맛을 지닌 과일과 나무가 있고 새들이 있습니다. 밤에는 귀뚜라미가 노래하며 공기는 향기롭고 달콤합니다. 어떤 물고기들은 세상에서 가장 아름다운 색깔을 지닌 수탉처럼 생겼습니다. . . . 마치 어머니가 방금 낳은 아이처럼 남녀모두 벌거벗고 다니지요. 하늘에서 내려

왔다고 상상될 정도로 순결하며, 자신들이 가진 것을 아무것이나 받고 줄 정도로 맘씨가 좋습니다. 받은 것이 아무리 적더라도 말하는 법이 없지요. 그들은 아름답고 너무 선해서 전쟁 같은 악은 상상도 못한답니다. 스페인인 한 사람이라도 보이면 그들 100명이 몸을 피할 것입니다."

*출처: 『콜럼버스가 서쪽으로 간 까닭은?』

③ 다음은 『로빈슨 크루소』의 일부분으로 한 때 브라질의 플랜테이션 농장주였던 로빈슨 크루소가 동료 농장주들과 함께 아프리카로 노예 매매를 위한 항해에 나서게 되는 동기를 잘 설명해주고 있다. 노예무역의 구체적 과정, 그것이 아프리카와 유럽 사회, 그리고 아메리카 대륙에 미친 영향 등에 관해 좀 더 구체적으로 알아보자.

. . . 나 [로빈슨 크루소]는 브라질에서 거의 4년째 살고 있었고 내 농장 사업은 순조롭게 잘 풀렸다고 할 만했는데, 나는 그 나라 언어를 배웠을 뿐만 아니라 동료 농장주들과 그 지역 항구인 산살바도로 상인들도 알게 되어 친구로 사귀었으며, 이들과 대화를 나눌 때 기니(Guinea) 해안에 내가 두 번 항해했던 이야기를 자주 해주었고, 거기서 어떤 식으로 흑인들과 거래를 할 수 있는지 설명하며, 그쪽 해안에서는 구슬, 쇠붙이, 칼, 가위, 도끼, 유리 조각 따위 하찮은 물건들을 주고 금가루, 곡물, 상아 등을 살 수 있을뿐더러 흑인들을 한 묶음씩 살 수 있으니, 브라질로 데려와서 써먹으면 될 것이라고 했다.

이들은 내가 이런 화제를 꺼내서 얘기를 할 때마다 매우 열심히 들었는데 특히 흑인을 사는 문제와 관련된 부분에 관심을 보였으니, 이것은 당시에는 별로 많은 사람이 손을 댄 장사가 아니었을 뿐 아니라 오직 스페인과 포르투갈 국왕의 계약서 내지는 허가가 있어야만 할 수 있었고, 공적인 독점 거래 대상이어서 그 결과 살 수 있는 흑인이 많지 않았고 값도 매우 비쌌다.

그러던 어느날, 내가 아는 상인과 농장주들과 같이 앉아서 이런 문제에 대해 매우 진지하게 얘기들을 나눈 후, . . . 이들은 기니로 가는 배를 하나 마련할 생각이 있고, 자기들도 나처럼 모두 농장을 가지고 있는데 일손을 마음대로 살 수 없으니 인력이 모자라는 게 제일 힘든 문제일터, 하지만 대놓고 흑인을 구매할 수 없으니, 사적으로 은밀히 흑인들을 데려온 후 각자 농장에서 쓸 수 있게 나눠 갖자며, 단도직입적으로 나보고 기니 해안에서 거래를 담당할 화물 관리인 역을 맡아줄 용의가 있느냐고 물었다. . . .

*다니엘 디포 『로빈슨 크루소』 중에서

④ 카리브해 지역에 인도인, 중국인 등 아시아인들을 대규모로 유입시킨 '계약노동제'(indenture system)의 구체적 진행 과정, 카리브해 지역에 미친 영향 등에 대해 좀 더 구체적으로 알아보자.

⑤ 본문에서 언급한 진 리스의 『드넓은 사가소 바다』와 같은 '되받아 쓰기' 혹은 '다시 쓰기' 문학의 사례를 좀 더 찾아보자. 맥클라우드에 의하면, 되받아 쓰기나 다시 쓰기는 서구 정전에 대한 대중적 글 읽기의 과정에서 노정되는 피식민인과 피식민문화에 대한 식민지배자의 재현을 거부하거나 이에 도전하는 적극적 행위이며 텍스트 간의 생산적 대화라는 의미를 갖는다. 반면, 어떤 비평가들은 이러한 글쓰기는 서구의 '고전'의 권위에 완전히 도전할 수 없다는 점을 제기한다. 즉, 되받아 쓰기나 다시 쓰기가 서구 정전을 얼마나 해체하고 전복하든지 간에 그 행위 자체는 서구 정전을 '바탕'이 되는 근원적 텍스트로 삼으면서 그 '고전'에 계속 가치를 부여하는 셈이 되기 때문이다. 이러한 점들을 고려하여 되받아 쓰기나 다시 쓰기 작업이 탈식민주의에서 갖는 의미에 관해 얘기해 보자.

*'되받아 쓰기', '다시 쓰기'의 예
- 샬롯 브론테, 『제인 에어』 / 진 리스, 『드넓은 사가소 바다』
- 조셉 콘라드, 『암흑의 핵심』 / 치누아 아체베, 『모든 것이 산산이 부서진다』
- 다니엘 디포, 『로빈슨 크루소』 / 존 쿳시, 『포』

⑥ 아래는 데릭 월콧의 「아프리카의 먼 외침」이라는 시의 일부분으로 자신의 기원이 되는 아프리카와 영어를 사용하는 현실의 카리브해인으로서의 현실 사이의 딜레마를 드러낸다. 장구하고 지난한 디아스포라의 역사 속에서 카리브인들이 느끼는 정체성 혼란의 문제를 살펴보자.

> 양쪽의 피로 독물이 든 나
> 혈관까지 나누어졌으니, 어느 쪽으로 나는 돌아서야 하나?
> . . .
> 어떻게 고르지? 내가 사랑하는 이 아프리카와 영어 사이에서
> . . .

추천 도서

V. S. 나이폴. 『미겔 스트리트』. 이상옥 역. 민음사, 2003.
V. S. 나이폴. 『흉내』. 정영목 역. 강, 1996.
시드니 민츠. 『설탕과 권력』. 김문호 역. 지호, 1998.
이성형. 『콜럼버스가 서쪽으로 간 까닭은?』. 까치, 2003.
주경철. 『대항해 시대: 해상팽창과 근대세계의 형성』. 서울대학교출판부, 2008.

진 리스. 『광막한 사르가소 바다』. 윤정길 역. 펭귄클래식코리아, 2008.

George Lamming. *The Pleasure of Exile*. The University of Michigan Press, 1960

______________. *In the Castle of My Skin*. The University of Michigan Press, 1953

Jamaica Kincaid. *A Small Place*. Farrar Straus & Giroux, 1988

______________. *Lucy*. Farrar Straus & Giroux, 1990

V. S. Naipaul. *A House for Mr Biswas*. Penguin Books, 1969.

______________. *The Enigma of Arrival*. Vintage, 1987

참고 문헌

김용호. 「탈식민적 관점에서 바라본 카리브해 문학」. 『현대 문학』. 현대문학사, 2006.

박지향. 『영국적인 너무나 영국적인』. 기파랑, 2006.

올윈 블로에. 『현대 카리브의 삶과 문화』. 신정환 외 역. 한국외국어대학교 출판부, 2008.

이경순. 「카리브계 미국 흑인여성의 포스트식민적 글쓰기」. 『영어영문학 21』. 21.2 (2008): 27–48.

이성형. 『콜럼버스가 서쪽으로 간 까닭은?』. 까치글방, 2003.

이현주. 『자메이카 킨케이드 소설에서의 탈식민적 이산과 모성』. 전남대학교 박사학위 논문, 2007.

이혜란. 『V. S. 나이폴의 소설 연구: 카리브해 지역의 식민지 근대성을 중심으로』. 전남대학교 박사학위 논문. 2009.

주경철. 『대항해시대: 해상팽창과 근대세계의 형성』. 서울대학교 출판부, 2008.

_____. 『문학으로 역사 읽기, 역사로 문학 읽기』. 사계절, 2009.

플라비오 피오라니, 마르첼로 플로레스. 『사진으로 읽는 세계사 : 제4권 식민주의』. 김운찬 역. 플래닛, 2008.

Ashcroft, Bill, Gareth Griffiths, and Helen Tiffin. *The Empire Writes Back : Theory and Practice in Post-colonial Literature*. London: Routledge, 1989.

Clarke, Colin G. *East Indians in a West Indian Town*. London: Allen, 1986.

_____, ed. *Politics in the Caribbean*. Hongkong: Macmillan, 1991.

Glissant, Edouard. *Caribbean Discourse*. Charlottesville: UP of Virginia, 1989.

Hall, Stuart. "Negotiating Caribbean Identities." *New Left Review* 209 (1995): 3–14.

_____. "The Question of Cultural Identity." *Modernity and its Futures*. Ed. Stuart Hall, David Held, and Tony McGrew. Cambridge: Polity, 1992.

King, Bruce. *The New English Literature: Cultural Nationalism in a Changing World*. London: Macmillan, 1980.

_____, ed. *West Indian Literature*. London: Macmillan, 1995.

Mcleod, John. *Beginning postcolonialism*. Manchester: Manchester UP, 2000.

Mintz, Sidney. *Sweetness and Power.* New York: Viking Penguin, 1985.

Naipaul, V. S. *A House For Mr Biswas*. London: Penguin Books, 1969.

_____. *Miguel Street*. Oxford: Heinemann, 2000.

_____. *The Mimic Men*. London: Andre Deutsch, 1974.

Richardson, Bonham. *The Caribbean in the Wider World, 1492-1992*. Cambridge: Cambridge UP, 1992.

Said, Edward. *Culture and Imperialism,* New York: Vintage, 1993.

Williams, Eric. *Capitalism and Slavery*, Chapel Hill: U of North Carolina P, 1944(1994).

_____. *From Columbus to Castro*. New York: Vintage Books, 1984

브리태니커 백과사전

Key words

계약노동제, V. S. 나이폴, 노예무역, 노예제도, 대서양 중간항로, 대위법적 읽기, 데릭 월콧, 되받아 쓰기, 라스타파리아니즘, 레게, 부두교, 사탕수수, 삼각무역, 서인도제도, 서인도제도 연방, 설탕 산업, 스틸 밴드, 영연방, 유럽 제국주의, 자메이카 킨케이드, 전유, 조지 래밍, 진 리스, 카니발, 카리브해 지역, 카리콤, 칼립소, 크레올, 크레올어, 크리켓, 포스트식민문학, 플랜테이션

현대 영어권 문화의 이해

인도

혼종문화의 새로운 비전

인도
혼종문화의 새로운 비전

이 성 진

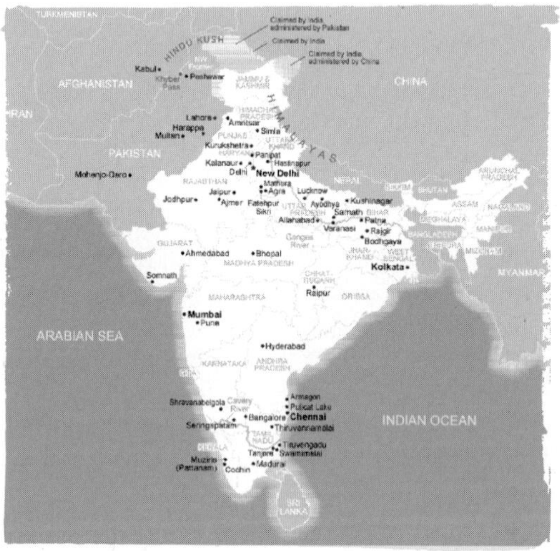

··· 1. 동인도회사와 식민지배

인도는 다양한 언어와 종교 그리고 복합적 역사와 문화가 혼재하는 곳이다. 오늘날 28개 주의 연방공화국으로서 11억 인구와 힌디어를 비롯한 22개의 공용어를 사용하고 있으며, 힌두교와 불교 그리고 시크교와 자이나교의 발생지이기도 한 인도는 고래로부터 유럽인들의 욕망의 대상이었다. 헤로도토스(Herodotos)에 따르면 인도는 세상에서 가장 동쪽에 위치한 나라로 그곳의 모든 짐승들은 다른 대륙의 그것들보다 크며, 그곳에는 엄청난 양의 금이 있으며, 인도인들은 열매 대신 털실이 열리는 나무에서 난 털실로 옷감을 짜는데 품질은 양털을 능가한다고 소개하고 있다(월퍼드 65재인용). 1492년

재정복(Reconquista)에 성공한 유럽이 대항해시대를 맞아 인도에 도착했을 때 그들의 눈에 비친 인도는 너무나 매력적이고 풍요로운 곳이었다. 후추와 망고를 비롯한 다채로운 농산물 뿐만 아니라 이국적인 예술품과 공예품은 유럽인들의 관심을 사로잡기에 충분했다. 중세시대 이슬람 상인들을 통해 후추 맛을 본 유럽인들에게 인도의 온갖 향신료들은 그들의 탐욕을 자극하는 것이었다.

근대사에서 대영제국이라는 왕관을 찬란하게 밝혀준 보석들은 식민지인들의 피와 땀으로 이루어졌으며 그 중 가장 큰 보석은 인도였다. 영국의 근대 국가 형성의 초석은 산업혁명이었으며 그 밑바탕은 동인도회사를 통한 상업혁명이 있었다. 그리고 영국의 상업혁명의 기저에는 인도가 자리하고 있다. 맨체스터를 중심으로 하는 근대 공업단지가 형성될 수 있었던 것은 산업혁명으로 인한 방적기와 같은 공업기술의 발전 때문이기도 하지만, 산업혁명을 이룰 자금과 시장 확보는 주로 식민지 인도와의 교역을 통한 상업혁명이 있었기에 가능했다. 따라서 인도에 대한 영국 식민주의를 고찰하는 데 있어 동인도회사는 중요한 초석이 된다.

> 인디아(India)
>
> 인도 즉 인디아(India)라는 말은 페르시아 사람들에 의해 처음으로 사용되었다. 하지만 인도인들은 자신들의 땅을 바라타(Bharat)라고 불렀으며 한때 인도를 대신하는 국명으로 '마하바라타(Mahabharat)'를 사용하기도 했다.

동인도회사의 태동

영국 식민주의의 시작은 '국가주권을 가진 특허회사'인 동인도회사(East India Company)로부터 시작된다는 데 연구자들은 의견을 같이 하고 있다. 16세기 포르투갈을 선두로 17세기 영국, 네덜란드, 프랑스 등의 유럽 국가들은 아시아와의 무역을 목적으로 상관을 설치하였는데 이것이 바로 동인도회사의 시작이다.

영국 동인도회사는 1600년 12월 31일 엘리자베스 1세로부터 특허장(English Royal Charter)을 부여받음으로써 시작된다. 영국 동인도회사의 상인들은 아프리카 대륙의 희망봉에서부터 남아메리카 대륙의 혼 곶에 이르는 무역권을 15년 동안 독점하게 된다. 하지만 개인들이 자금을 출자한 조합 형식의 영국 초기의 동인도회사는 자금과 조직력에 있어서 다른 나라의 동인도회사와의 경쟁에서 열세를 보였다. 이처럼 고전을 면치 못하던 동인도회사는 1613년 수정합본회사(modified joint stock company)로 개편 되고 1657년 선전포고와 강화 등의 외교권을 부여한 크롬웰[1] 특허로 영구 자산의 주식회사(permanent joint stock company)로 발돋움 한다. 1688년 명예혁명으로 국왕 제임스 2세가 쫓겨나고 윌리엄 3세가 왕좌에 오르자 토머스 파필론 등은 기존의 조사이어 차일드를 중심으로 한 기존의 동인도회사를 대신할 새로운 형태의 동인도회사를 설립했다. 그러나 두 회사의 병립은 분쟁과 대립으로 인해 존폐의 위기에 처했으며, 그 결과 1709년 3월 '합동 동인도회사'가 탄생하여 1858년까지 존속하게 된다.

그 밖의 약소 동인도회사로는 1616년에 설립된 '덴마크 동인도회사', 1695년에 설립된 스코틀랜드의 '다리엔회사', 1722년 독일 황제가 인가한 '오스텐드 동인도회사', 1731년과 1754년에 각각 발족한 '스웨덴 동인도회사'와 '프로이센 벵골회사' 등이 있다. 하지만 이들 동인도회사는 영국인과 네덜

네덜란드 동인도회사
(Vereenigde Oost Indische Compagnie: VOC)

16세기 대항해시대를 맞아 스페인이 해상권을 독점하고 있었지만 1588년 영국이 스페인과의 해전에서 승리함으로써 국제 정세에 변화가 일어난다. 네덜란드 동인도회사는 영국보다 늦은 1602년에 설립되었지만 탄탄한 자금력을 갖춘 국책회사였기 때문에 개인 조합 성격을 띤 영국 동인도회사보다 발전하였다. 당시 네덜란드 동인도회사의 자본금은 영국 동인도회사의 8배에 달했으며, 보유 선적 역시 영국이 3척이었음에 비해 네덜란드는 22척을 능가했다. 그 결과 네덜란드 동인도회사는 17세기에 황금기를 누렸다.

1) 1651년 크롬웰의 항해조례에 이어 1660년 찰스 2세의 항해조례로 인해 1665년 영국은 네덜란드와 전쟁을 하게 되고 그 결과 영국은 처음으로 북미 식민지로 뉴욕을 획득하였을 뿐만 아니라 노예무역에 참가할 수 있는 기회를 얻게 되었다. 이러한 사실은 당시 유럽 식민주의의 역학관계를 보여주는 한 단면이다.

란드인들이 자국에서 특허권 획득에 실패하자 편법으로 주변국에 출자하여 무역권을 획득한 경우가 대부분이었기 때문에 실제 동인도회사를 대표하는 것은 영국과 네덜란드 무역상들이었다.

동인도회사의 세력화 과정

1453년 터키인들이 콘스탄티노플을 점령함으로써 향신료 거래를 독점하자 유럽인들은 항로를 서쪽으로 돌려 아프리카 대륙의 희망봉을 돌아 인도로 향했다. 당시 향신료는 고기 맛을 내게 하는 데 꼭 필요했으며, 냉장시설이 없던 시절에 음식을 보다 오래 보존할 수 있었으며, 포도주와 맥주에도 첨가하였기 때문에 매우 귀중한 것이었다. 당시 유럽에 알려진 향신료로는 가장 유명한 후추 외에도 카더몬, 생강, 계피, 정향유, 육두구, 메이스 등이 있었다. 유럽에서 향신료 인기는 바스코 다 가마(Vasco da Gama) 제독의 항해에서 알 수 있다. 그는 1498년 인도의 캘리컷에 닻을 내린 후 향신료를 가득 싣고 리스본으로 돌아왔을 때 모든 경비를 제하고도 32배 이상의 수익을 올렸다. 이는 유럽에서 향신료의 인기를 짐작할 수 있는 사례이다.

▲ 동인도관(East India House)
: 이곳에서 인도 교역과 관련된 행정업무가 이루어짐

영국은 동인도회사를 설립하여 포르투갈에 이어 아시아와 향신료 무역을 시작하였지만, 네덜란드 동인도회사에 밀린 영국은 인도네시아를 중심으로 한 육두구와 같은 향신료 무역권을 얻지 못하고 후추 무역에 전념하게 된다. 1608년 헥터 호는 홍해와 페르시아 만을 잇는 무굴제국의 가장 중요한 항구인 수라트에 들르기 위해 타프티 강 앞바다에 정박함으로써 인도에 입항한 영국 최초의 선박으로 기록된다. 1611년 캘리컷에 도착한 글로브 호는 네덜란드에 밀려 인도의 동쪽에 자리한 마술리파탐에 도달한다. 동인도회사는 그곳의 골콘다 왕국으로부터 상관 허가를 받아 처음으로 인도에 상관을 설치한다. 네델란드 때문에 향신료 제도에서 무역권을 얻지 못한 영국에게 저렴한 가격으로 인해 대중적 인기를 누리고 있는 후추만은 양보할 수 없는 품목이었다. 따라서 영국은 적자를 감수하고서도 경쟁적으로 많은 수량을 수입하였고 그 결과 유럽에서의 후추 가격은 폭락하게 된다. 그 후 영국과 네덜란드는 협약을 맺어 후추 수입량을 조정함으로써 공멸을 피하게 된다.

17세기 전반에 동인도회사의 수입품은 후추를 비롯한 향신료가 주종을 이루었지만 세기 후반부로 들어서면서 캘리코와 견직류의 수입 비중이 높아진다. 아사다에 따르면 1664~1678년 동인도회사의 수입품 중 후추의 비율은 15~30%인데 비해 캘리코와 견직류는 평균 60~70%를 차지했다(106). 인도산 옥양목에 캘리코라는 이름이 붙게 된 것은 포르투갈 사람들 때문이다. 바스코 다 가마 일행이 인도에 처음으로 도착한 곳은 말라바르 해안의 캘리컷(Calicaut)이었으며, 그들이 현지인들의 옷감을 '캘리컷 제 천'이라는 의미로 '캘리코(calico)'라고 부른데서 유래했다. 1670년대와 80년대에 영국에서는 '캘리코 열풍'이라 할 정도로 인도산 캘리코에 대한 반응이 뜨거웠다. 이러한 열풍에 힘입어 동인도무역은 번창하게 되고 동인도회사는 날로 발전하게 된다. 동인도회사의 무역이 착실히 성장하던 1660부터 1760년까지의 100년은 영국에서 상업혁명이 일어났던 시대였다. 이 100년 동안 인도와의 무역으로 영국이 얻은 수입액은 매년 증가했다. 물론 당시 상업혁명의 주역이 비단 인도만은 아니었다. 당시 영국은 인도 이외에도 아메리카와 아프리카 대륙과도 무역을 확대하고 있었는데 이러한 상황을 잘 보여주는 것이 '허드슨만회사', '왕립 아프리카회사', 그리고 '동인도회사'와 같은 3대 무역회사의 비약적인 발전이다.

18세기에 들어서면서 동인도회사의 교역품은 캘리코와 같은 직물류가 거의 대부분을 차지하고 후추와 같은 향신료는 불과 7%에 그쳤다. 하지만 그 이면을 살펴보면 1756년 플라시 전투(Battle of Plassey)에서 승리한 결과 동인도회사는 상품 교역에서 식민통치로 그 관심을 바꾼 후 이다. 1813년의 특허장으로 동인도회사는 교역에서보다 식민통치에 전념함으로써 더 많은 수익을 얻게 된 것이다.

카리브지역에서 아프리카 흑인 노예를 이용한 사탕수수 플랜테이션 경작과 이를 바탕으로 한 설탕이 18~9세기 대영제국의 주요한 수입품이었다면, 인도를 중심으로 한 아시아에서의 향신료와 캘리코 수입은 17~8세기 주요한 품목이었다. 영국의 동인도회사는 아시아산 향신료와 캘리코를 독점 판매함으로써 자본주의 경제체제의 초석을 다질 수 있었으며, 산업을 비약적으로 발전시킴으로써 세계의 중심에 설 수 있었다.

식민지 전쟁과 식민지배

1526년 델리술탄(Delhi sultan)을 몰아낸 바부르(Zahiruddin Muhammad Babur)는 인도 북부지역에 무굴제국(Mughal Empire)을 건설한다. 이후 제3대 황제 악바르(Akbar)는 강력한 중앙집권제를 통해 북으로 카불과 카슈미르, 동으로 벵골과 오리사, 남으로 구자라트 그리고 남서로 라자스탄에 이르는 영토를 확장함으로써 전성기를 이룬다. 강력한 중앙집권 체제와 관대한 종교 정책은 그의 아들 자한기르(Jahangir)에서 손자 샤 자한(Shah Jahan)에게까지 이어졌다. 하지만 권좌에 대한 탐욕이 강했던 아우랑제브(Aurangzeb)는 아버지 샤 자한을 감옥에 가두고 형 다라(Dara)를 죽인 후 왕좌에 오른다. 그는 선대와는 달리 이슬람교의 엄격한 교리를 국정의 근간으로 삼고 타 종교를 박해하였다. 뿐만 아니라 많은 영토 전쟁을 치름으로써 지주와 백성들의 지지기반을 잃고 만다. 무굴제국의 세력이 약해진 틈을 타서 벵골지역에서 새로운 독립국이 생겨난다. 1740년 나와브 칸(Nawab Alivardi Khan)은 벵골의 태수가 되지만 사후 아들들의 권력투쟁 때문에 국가체제가 약화된다. 이 시기 유럽의 탐험가와 무역상들이 벵골과의 교역을 요구하기 시작했으며 군사적 충돌이 발생하게 된다.

영국은 1757년 플라시전투를 통해 인도에 대한 식민지배의 첫발을 내딛는다. 동인도회사는 벵골의 태수 나와브로부터 징세권과 군통수권을 획득함으로써 영토의 지배자로 탈바꿈한다. 영국의 인도 식민지배는 크게 두 시기로 구분할 수 있다. 첫째, 동인도회사를 통한 식민지배와 둘째, 정부의 직접 통치시기로 구분할 수 있다. 동인도회사는 1757년 플라시 전투에서 1857년 인도 항쟁(세포이 항쟁, Indian Mutiny)에 이르는 100년 동안 통치하였으며, 영국 정부는 인도 항쟁에서 1947년 인도 독립까지 100여 년 동안 인도를 직접 통치하였다.

플라시 전투와 군사보호조약

플라시 전투는 인도가 영국에 의해 처음으로 영토지배를 받기 시작했다는 점에서 역사적 의미가 크다. 무굴제국이 유명무실해진 후에도 벵골 지역은 인도 서부와 남부 지역에 비해 무굴의 영향력이 막강했기 때문에 동인도회사가 진출하기 쉽지 않았다. 하지만 영국은 플라시 전투 이후 이곳에 킹 윌리엄 요새(Fort William)를 건설하고 식민영토를 확장해 나갔다. 1757년 영국군과 벵골 태수와 프랑스 연합군 사이의 전투가 캘커타로부터 북쪽으로 150km에 위치한 플라시(파라시)에서 일어났다. 수적으로 월등히 우월한 군사력을 가진 시라지 웃 다울라(Siraj-ud-Daulah) 태수는 6월 23일 플라시에서 영국군과의 전투를 준비한다. 하지만 겨우 3000명의 군사를 가진 로버트 클라이브(Robert Clive)는 군사적 열세를 모면하기 위해 정면 승부를 피하고 술수를 사용한다. 태수의 삼촌이면서 권좌를 노리는 미르 자파(Mir Jafar)에게 접근하여 전쟁에서 승리하면 태수 자리를 내주겠다는 밀약을 맺는다. 미르 자파는 조카를 돕기 위해 전투에 참여하는 것처럼 가장하고 실제로 전투가 벌어지자 전투에 방관함으로써 영국에게 손쉬운 승리를 안겨주고 꼭두각시 태수로 임명된다. 그 결과 벵골 지역이 영국의 손아귀에 들어가게 되었을 뿐만 아니라 이후 인도 남부지역의 영토 상실의 계기가 되었다. 또한 많은 인적 · 물적 자원의 착취와 경제와 문화에 대한 식민통치의 계기가 되었다.

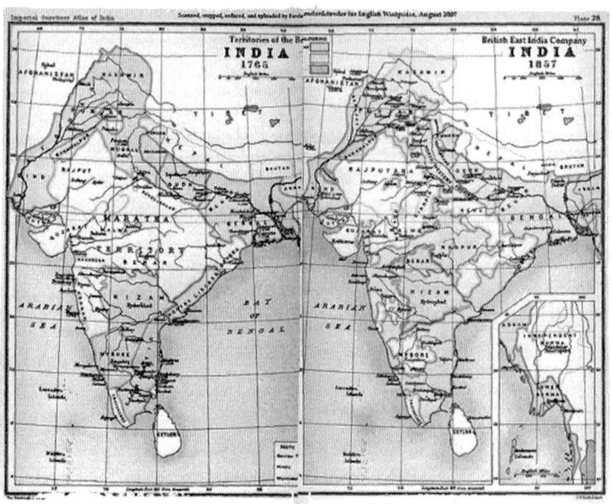

▲ 1765년 플라시 전투가 끝난 후 영국령 인도　▲ 1857년 인도 항쟁이 일어날 즈음 영국령 인도

클라이브를 이은 밴시터트(Henry Vansittart)는 미르 자파를 밀어내고 대신 미르 카심(Mir Kasim)을 태수에 임명한다. 미르 카심은 영국이 징세권(diwani)을 남용하는 데 반발해 벵골 지역을 영국으로부터 되찾으려 하지만 1764년 북사르 전투(Battle of

Buxar)에서 영국군에게 다시 패하게 됨으로써 벵골, 비하르, 오리사 지방의 징세권을 빼앗기게 된다. 그 결과 인도는 매년 동인도회사에 40만 파운드를 납부하게 된다. 인도가 징세권을 양도했다는 것은 겉보기에 정치나 행정에 관한 권한은 그대로 유지되는 것처럼 보였지만, 실제로는 영국이 벵골의 완전한 통치권을 갖는 것이나 마찬가지였다. 경제적 뒷받침 없는 통치 행위는 불가능했기 때문에 벵골은 꼭두각시 정부에 불과했다.

동인도회사의 총독 중에서 가장 많은 식민 영토를 획득한 이는 웰즐리(Arthur Wellesley)이다. 그는 1799년 32년간(1767~1799) 지속되던 마이소르 전쟁(Mysore War)에서 승리함으로써 마이소르 주를 차지했다. 뿐만 아니라 인도 최남단 코모린 곶에서 북쪽에 위치한 수틀레지 강에 이르는 지역을 식민지로 만들었다. 영국은 마이소르 주를 직접 통치하지 않고 꼭두각시 태수를 내세워 힌두교 토후국을 부활시켰다. 겉으로는 어린 태수(크리슈타 라자)가 성장할 때까지 영국인 행정관이 후견 역을 맡는 것처럼 보이지만 실제로는 행정에 소요되는 비용을 줄이는 동시에 효과적으로 통치하기 위한 수단이었다. 영국의 이러한 양면적 정책은 군사보호조약(subsidiary alliance)에서 찾아 볼 수 있다. 토후국을 잃는 대신 보호국이 될 수 있게 되자 많은 태수들이 이 조약을 체결하였다. 군사보호조약을 체결한 보호국은 식민 정부에 군사비를 조달하거나 이에 상응하는 영토를 제공했다. 반면 영국은 영토 병합의 경우와 달리 통치할 행정관 대신 외교관을 파견함으로써 비용을 줄일 수 있었다. 결국 인도는 독자적인 군사력을 상실하여 실질적인 주권을 상실하게 되었으며 막대한 군사비 부담으로 경제가 파탄에 이르게 되었다.

영국은 처음에는 군사보호조약을 내세워 토후국과 보호국을 차별함으로써 상호간의 전쟁을 유발하는 분할 통치(Divide & Rule)를 취하였다. 이후 영국은 보호국을 병합하기 위해 실권 원칙(Doctrine of Lapse)을 내세운다. 영국은 태수에게 뒤를 이을 후손이 없다거나 실정이 계속된다는 이유를 들어 토후국들을 병합하였다. 미처 영국의 군사보호조약의 진의를 파악하지 못한 많은 토후국들은 결국 스스로 군비와 행정비용을 내놓으면서 영국의 식민지로 전락하게 된 것이다.

자민다르제를 통한 토지 약탈과 과세

북사르 전투 이후 징세권을 빼앗은 영국이 1793년 자민다르제(Zamindari system)[2]를 도입하여 토지세를 부과하면서 식민 지배는 행정에서 영토에까지 확대된다. 플라시 전투에서 패한 인도가 영국에 내준 것은 지속적으로 교역할 수 있는 권리였으며, 북사르 전투의 패배로 인해서는 교역품에 대한 징세권을 빼앗겼을 뿐이다. 하지만 영국이 자민다르제를 통해 토지세를 징수한 것은 결국 인도로부터 영토에 대한 권리마저 빼앗은 것이다. 영국 식민정부의 자민다르제로 인해 인도 농민들은 지금까지 누려왔던 반영구적 소작권이나 관계시설 이용권을 박탈당하게 되며, 자민다르는 농민으로부터 징수한 세액의 10/11을 식민정부에 지불해야 했다. 원래 자민다르는 군주를 대신해 농민에게서 세금을 거두어들이는 중개자이면서 군주를 대신해 사법권과 같은 여러 가지 권한을 행사했다. 영국은 이러한 제도를 이용하여 벵골의 자민다르를 동인도회사의 소작인으로 전락시켜 버렸다. 영국은 자민다르에게 토지 증서와 조세권을 주는 대신 식민 정부에 영구정액제로 세금을 지불하게 하였다. 자민다르는 수확량에 상관없이 세액의 10/11을 식민정부에 지불하였을 뿐만 아니라 그 액수 역시 매우 높게 책정되어 있었다. 또한 영국은 농민에게 토지 소유권을 주는 대신 세금을 지불하게 하는 개별 농민제(Ryotwari system)를 도입하였지만 농민들은 토지 소유자라기보다 식민정부에 소작료를 지불하는 소작인에 불과했다. 만약 경작자가 토지세를 납부하지 못하면 경작자의 토지를 매각하거나 또 다른 경작자에게 양도하였다. 뿐만 아니라 촌락을 단위별 구획으로 나누거나 통합한 다음 촌장이나 지주를 통해 공동으로 세금을 납부하는 촌락 공동제(Mahalwari system)를 실시하였으나, 이 역시 조세량이 고정되어 있지 않았으며 촌락 구성원들이 공동 책임 하에 납부해야 하는 이중고가 따랐다.

---

2) 자민다르제는 영국 식민정부가 처음으로 만든 것은 아니며 무굴제국시대에도 이미 존재하고 있었다. 그리고 이 제도는 인도 전역에서 실시되지 않았으며 벵골지역이 그 중심지였다. 무굴시대부터 존재했던 자민다르는 정치적 실권이 바뀌자 몰락하게 되었고, 영국 식민정부는 더 이상 그들을 보호해 주지 않았다. 그리고 식민정부와 우호적 관계를 맺은 대부업자들이 그 자리를 이었다.

인도의 전통적인 경제체제는 영국의 토지수탈로 인해 붕괴되고 원자재를 제공하는 식민지로 전락하게 되었다. 기술력과 노동임금에서 열세를 보이던 영국은 산업혁명 이후 방적기술을 개발함으로써 단점을 보안할 수 있었으며, 반면 수세기 동안 축적된 기술력을 바탕으로 명성을 얻었던 인도의 면직물 수공업은 영국의 기술력과 생산비에 밀려 점차 쇠퇴하게 되었다. 결국 인도는 영국이 면직물이나 의류를 생산하는데 필요한 목화를 재배해서 공급하는 원자재 식민지로 전락하였다. 이는 아메리카대륙이나 카리브지역에서 단일경작(monoculture)으로 이루어졌던 담배나 사탕수수 플랜테이션과 견주어 생각해 볼 수 있다. 식민지에서 저렴한 가격에 재배된 담배와 사탕수수는 식민모국으로 건너와 완제품으로 만들어져 유럽 각지와 식민지로 다시 팔려가게 되고, 식민모국의 공산품을 구입해야 하는 식민지인들은 더 많은 노동에 시달리게 되었다. 그 결과 식민지의 경제구조는 더욱 식민모국에 의존하게 된다. 식민지인들은 단일경작에 필요한 노동 말고 특별한 기술을 습득하지 못해 독립 이후에도 새로운 일자리를 얻지 못하고 또 다시 다국적 기업 등의 노동자로 전락하게 된다. 단일경작은 가격이 하락하였을 때 수익의 감소로 인해 필요한 식료품 구입조차 어려워져 많은 사람들이 목숨을 잃는 결과로 이어지기도 했다. 점차 인도에서도 영국제 의류나 직물 소비가 늘어나자

> 기계로 만들어진 값싼 면포가 인도로 유입되면서 수공업에 의지하여 번창하고 있던 인도의 면직업은 눈 깜짝할 사이에 무너져 버리고 말았다. 이에 대해 1820년대와 1830년대의 어느 영국인은 다음과 같이 쓰고 있다.
>
> "수라트, 다카, 무시다바드 등 토착공업이 이루어지고 있던 도시의 쇠퇴와 파괴는 너무나도 비참해서 말로 다 표현할 수 없을 정도이다."
>
> "고급 다카제 모슬린의 제조원료였던 윤기 나는 고급 면화는 예전에는 벵골 지방에서 재배되었지만 지금은 거의 찾아볼 수 없다."
>
> "15만 명이었던 다카의 인구는 3~4만 명으로 줄어들어 버렸고, 정글과 말라리아가 급속하게 도시로 침투하고 있다."
>
> "인도의 맨체스터였던 다카는 번영을 구가하던 도시에서 가난한 소도시로 전락해 버리고 말았다."
>
> "목면 직공들의 뼈가 인도 평원을 하얗게 만들고 있다."
>
> 『동인도회사』 중에서

면직물 수공업에 종사하던 많은 인도인들이 기아와 빈곤에 시달리게 되었다.

영국은 자민다르제를 통해 토지세를 거둬들여 인도 내에서 영토 확장에 필요한 전쟁 비용이나 본국과의 무역 그리고 인도 통치 등에 필요한 비용으로 충당했다. 뿐만 아니라 자민다르처럼 영국에 우호적인 새로운 계급을 육성해 냄으로써 소수의 영국인만으로 넓은 인도를 효율적으로 통치하였다. 토지세를 바탕으로 인도에서 거둬들인 부는 영국의 산업혁명에 일조하였고, 영국 공장에서 생산된 공산품의 판매 시장을 찾던 영국은 망설임 없이 인도를 무역시장으로 만들었다. 1813년 영국은 지금까지 금지했던 선교사들의 인도 여행과 정착을 허용하게 되며, 이들은 인도인을 미개한 이교도로 규정하고 기독교로 개종시키려 한다. 1833년 토머스 바빙턴 매콜리(Thomas Babington Macaulay)가 인도에서 영어 교육을 주장한 이후 영어 사용능력이 점차 새로운 계급 형성의 수단이 된다. 하지만 영국의 교육 정책은 이후 이런 교육의 수혜를 받은 인도 엘리트들이 민족주의자로 성장하여 독립을 이끌게 되는 역설적인 결과를 낳는다. 뿐만 아니라 영국의 우편전신제도와 철도 건설 역시 그들의 의도와는 달리 인도인들의 민족의식을 깨우치는 계기가 된다. 인도는 지형적 특성 때문에 남부와 북부 그리고 서부와 동부가 분리되어 있었다. 하지만 새로운 통신 설비를 통해 손쉽게 중요한 정보를 얻을 수 있게 됨으로써 점차 하나의 인도라는 민족의식을 갖는 수단이 된다. 영국의 철도건설은 자국의 제철공장에서 만든 차량과 선로를 인도로 가져와 건설함으로써 관련자에게 많은 이익을 안기면서도 그 비용을 인도에게 부담시켰다. 하지만 이 철로 역시 인도를 하나로 연결해주는 중요한 인프라가 되었다. 이 밖에도 영국은 소금과 아편을 전매함으로써 이후 간디의 저항운동뿐만 아니라 중국과의 아편전쟁을 야기시킨다.

인도 항쟁과 독립

식민 수탈과 압제로 억압받던 인도인들은 식민지배가 시작된 지 100년이 되던 1857년에 대대적인 항쟁을 일으킨다. 이후 민족주의 진영은 전국적으로 확산된 반영 투쟁과 독립의지를 바탕으로 항쟁을 이어간다. 세포이 항쟁이 있은 후 90년만인 1947년에 마침내 독립을 쟁취하지만 안타깝게도 영국의 분할 통치의 영향으로 인도는 파키스탄과 분리되고 파키스탄은 다시 방글라데시와 분리되는 아픔을 겪는다.

세포이 항쟁(Sepoy Rebellion)

인도 항쟁(Indian Mutiny), 대항쟁(Great Rebellion), 또는 제1차 독립전쟁(First War of Independence)으로 불리는 세포이 항쟁은 1857년 5월 10일 미루트(Meerut)에서 일어났다. 동인도회사 소속의 세포이는 클라이브에 의해 처음으로 영국에 고용되었다. 인도에서는 과거부터 용병제도가 있었기 때문에 영국의 용병이 된다는 것이 크게 문제 되지는 않았다. 따라서 동인도회사의 세포이는 상위 카스트 출신과 힌두교뿐만 아니라 이슬람, 시크, 자이나교 출신으로 이루어져 있었다. 하지만 불공평한 업무, 낮은 급료, 제한된 진급기회[3], 그리고 기존의 용병 징집지역에서 다른 지역으로의 징집지역 변동 등 오랫동안 불만과 불안에 시달려 오던 세포이들은 영국의 신식 엔필드 소총 사용에 필요한 화약 주머니의 기름에 대한 반발로 군사적 행동을 결행한다.

▲ 세포이
: 종교별로 착용한 의상이 차이를 보인다

5월 10일 미루트에서 영국군 상급자를 죽이고 감옥에 갇힌 동료를 구출한 세포이들은 델리에 있는 마지막 무굴 황제 바하두르 샤 2세에게 향한다. 다른 세포이들은 인도 북부지방이나 다른 변방에서 일어난 봉기에 참여한다. 하지만 영국은 그 해 9월 바하두르 샤 2세와 그의 두 아들

3) 당시 대략 26,000명에 달하는 영국 병사에 비해 140,000명이라는 월등히 많은 수의 세포이들은 영국을 대신해 목숨을 내걸고 제1차 영-아프간 전쟁(the First British-Afghan War), 펀자브 전쟁(Punjab Wars), 제2차 버마 전쟁(the Second Anglo-Burmese War), 아편 전쟁(Opium Wars), 그리고 크림 전쟁(Crimean War) 등에 참전하였지만 진급은 영국군사에 비해 제한되어 있었다.

을 체포하여 사형시킴으로써 델리의 통치권을 되찾는다. 세포이 항쟁의 한 가지 이유는 영국의 근대화 정책 또는 사회 개혁을 들 수 있다. 영국은 제국의 면모를 갖추기 전까지는 인도의 종교와 관습에 대해 개입하지 않았다. 하지만 근대화 정책이 시행되면서 기독교 포교는 물론 사티제의 금지와 토후국에 대한 실권 원칙을 내세웠다. 상위 카스트 출신의 세포이들은 자신들을 기독교로 개종시킬지 모른다는 불안감을 갖게 되었으며, 불합리한 관습이지만 오랫동안 힌두 문화에 자리하고 있던 사티제의 금지는 심리적 충격뿐만 아니라 반영 감정을 불러일으켰다. 또한 과거 행정 비용을 줄이기 위해 유지했던 군사협약을 통한 보호국에 대해 이런 저런 구실을 내세워 영국령으로 복속시켜버렸을 뿐만 아니라 벵골을 중심으로 하는 인도 북동부 지역에서 선발하던 세포이를 펀자브 지역을 중심으로 하는 북서부 지역에서 선발하였다. 이것은 단순히 지리적 변화 이상의 의미를 지니는데 벵골 지역이 이슬람교도가 많은 지역이라면 펀자브 지역은 시크교도가 많은 지역이었기 때문이다.

세포이 항쟁을 진압하는 과정에서 영국의 잔인성은 유래를 찾아 볼 수 없을 정도였다. 항쟁에 참여했다 붙잡힌 세포이들은 처참하게 처형되었다. 영국군은 유죄판결을 받은 세포이들을 채찍질 한 후 대포 앞에 세운 후 발포하여 시체를 산산이 부숴버림으로써 독립의지마저 부숴버리려 했다. 엥겔스(Frederick Engels)는 "영국군만큼 잔인한 군대는 유럽에도 아메리카에도 없었다"고 말 할 정도로 영국은 닥치는 대로 약탈하고 폭행하고 대량학살을 저질렀다(위키피디어 백과사전). 오우드 지역에서만 150,000명이 살해되었으며 그 중 100,000명은 민간인이었다. 어떤 곳에서는 마을 사람 전체가 교수형에 처해졌다. 인도인들은 영국의 이러한 처벌을 '악마의 바람(devil's wind)'이라 불렀다. 영국의 이러한 작태는 애초 문명인

▲ 포로로 잡힌 세포이들을 대포로 처형하는 영국

으로써 미개하고 야만적인 유색인종을 계몽시키겠다던 백인의 의무(white burden)와는 너무나 거리가 먼 일이었다.

세포이 항쟁이 인도의 종교와 관습을 위협하는 정책 때문이라는 것은 1806년에 일어난 폭동에서 그 전조를 찾아 볼 수 있다. 남부의 벨로르 병영에서 세포이들은 자신들의 제복 변경과 카스트 마크 사용이 금지 되자 자신들을 기독교로 개종시키지 않을까 의심하고 자신들의 카스트를 지키기 위해 폭동을 일으켰다. 이 사건은 1857년의 세포이 항쟁과 성격이 매우 유사하다.

세포이 항쟁 이후 동인도회사를 통한 식민지배에 위기를 느낀 영국은 1877년 동인도회사 체제의 막을 내리고 빅토리아 여왕(Queen Victoria)을 인도 여왕으로 추대함으로써 인도제국을 선언하였다. 또한 거짓 소문을 퍼뜨려 전에는 존재하지 않았던 종교 간의 갈등을 불러일으킴으로써 인도 사회를 분열시키는 '분할 통치 정책'을 본격화 하였다. 이는 오늘날까지도 인도에서 종교 간 분쟁을 일으키는 계기가 되었다. 비록 세포이 항쟁이 실패로 돌아갔지만 인도인들의 마음 속 깊은 곳에는 영국의 속박으로부터 벗어나려는 독립 투쟁의 의지가 불타오르기 시작했다.

간디의 불복종 저항 운동

20세기가 시작되면서 인도 국민회의를 비롯한 정치 조직으로부터 저항운동이 시작되었다. 무엇보다 간디는 아힘사(ahimsa)라는 비폭력 불복종운동을 이끌었다. 마하트마 간디(Mahatma Gandhi)로 불리는 모한다스 카람찬드 간디(Mohandas Karamchand Gandhi)는 런던에서 법률을 공부한 후 남아프리카로 건너간다. 그곳에서 그는 인종차별과 불공평한 조세법으로 궁핍한 삶에 시달리는 동포를 보고 사회운동가로 변신하여 영국의 부당한 법률에 항의하였으며, 처음으로 아힘사라는 비폭력 저항 이념을 바탕으로 사티아그라하(satyagraha) 운동을 전개한다.

1915년 인도로 돌아온 간디는 이곳에서도 역시 사티아그라하 운동 조직을 만들어 불공평한 세금에 항의하고 불매운동과 평화로운 시위를 벌인다. 1920년대 초반 간디는 본격적으로 영국의 행정과 조세정책에 반대하는 시위를 벌였다. 하지만 그 결과 수 천

▲ 간디의 사티아그라하운동
: 영국의 소금 전매권에 항의 하는 소금행진

명의 시민들이 체포되어 폭행당하거나 감금되었다. 간디는 1918년 비하르에서 농민들이 재배한 인디고가 너무 낮은 가격에 판매되고 있는 데 항의함으로써 영국정부와 농민들 사이에 절충안을 이끌어냈다. 1931년에는 영국의 소금 전매에 반대하여 사바르마티에서 구자라트의 단디 해변까지 도보로 행진 한 후 소금을 채취하는 시위를 이끌었다. 그 결과 간디는 법률위반으로 체포되었으며, 60,000명에서 90,000여 명의 시민과 국민회의 관계자들이 체포되었다. 간디와 인도 시민들이 해안에 가까워졌을 때 그곳에는 비상 초소가 설치되었고 시위행렬은 백 미터까지 길게 이어졌다. 시위에 참여한 시민들은 소그룹을 이루어 대열로부터 나와 해변으로 향했고 영국인 초병은 무차별 곤봉세례를 퍼부었지만 누구도 소리 내거나 손을 들어 곤봉을 막지 않았다. 아무런 보호 장비를 갖추지 않은 두개골이 곤봉에 맞아 핏빛으로 변해 쓰러지면 여성들은 재빨리 들것으로 옮겨 치료했으며, 또 다른 소그룹이 해변을 향해 침묵의 행진을 계속했다.[4] 간디는 1942년 인도 총파업(Quit India)을 계획하다 체포되어 감옥에서 2차 세계대전을 보내게 된다.

또한 간디는 영국제 양복을 벗어버리고 직접 만든 인도 전통의상인 도티(dhoti)와 숄(shawl)을 입고 생활하였다. 이것은 값싼 영국제 옷감 때문에 굶주리게 된 농민들을 위한 저항이었으며, 영국의 공산품 시장으로 전락하는 인도 경제체제의 실상을 인도인들에게 알리기 위한 모범이었다. 1948년 1월 30일 한 급진적인 힌두교도에 의해 간디가

4) 1931년 간디의 소금 행진은 리처드 아텐버로우 감독의 영화 〈간디〉(Gandhi, 1989)에서 생생하게 확인할 수 있다.

암살되었을 때, 네루(Jawaharlal Nehru)[5]는 "우리 삶에 빛이 사라져 버렸다"고 애통해 했다. 간디의 비폭력 저항운동은 전 세계 여러 곳의 시민운동에 영향을 미쳤으며 마틴 루터 킹(Martin Luther King, Jr) 목사나 넬슨 만델라(Nelson Mandela) 대통령에게 영향을 주었다.

독립과 분리

인도의 지속적인 저항에 부딪힌 영국은 마침내 세포이 항쟁을 맞게 되었고 이후 이와 같은 상황을 되풀이하고 싶지 않았다. 영국 정부는 세포이 항쟁 관련자들에게 책임을 물어 교체한 후, 인도에 대해서도 보다 덜 강압적인 태도를 취하였다. 이후 흄(Allan Octavian Hume)을 중심으로 하는 의원들은 인도인이 정치적 활동을 할 수 있도록 보장하는 결의를 했다. 그 결과 1885년 12월 70명의 지역대표가 첫 모임을 갖고 인도 국민회의(Indian National Congress)[6]를 창설하게 된다.

THE FIRST INDIAN NATIONAL CONGRESS, 1885.

▲ 인도 국민회의 : 1885년 봄베이에서 첫 모임

1906년 12월 국민회의 창설에 위

5) 독립 인도의 초대 총리인 자와할랄 네루는 뛰어난 웅변술과 카리스마를 갖춘 인물로 아버지 모티랄 네루(Motilal Nehru)의 후계자였을 뿐만 아니라 마하트마 간의의 정치적 후계자이기도 했다. 그는 1930년대와 40년대 대영제국에 항의한 결과 수차례 감금되었으며 저서로 『인도의 발견』(*The Discovery of India*)이 있다. 수상으로 재직할 당시 세 차례에 걸친 경제 개발 5개년 계획을 통해 인도의 경제수준을 끌어올렸으며, 외교적으로는 비동맹 원칙을 고수했다. 이는 그의 딸 인디라 간디(Indira Gandhi) 수상에게까지 이어졌다.

6) 1885년 12월 70명의 대표단이 모여 창설한 이후 그 대표단의 수는 1887년 600명 그리고 1889년에는 2000명까지 늘어났다. 1920년대와 30년대는 간디를 중심으로 완전한 독립을 요구하며 정부 형태를 갖추는 것이 주요 목적이었고 30년대와 40년대는 네루를 중심으로 인도의 독립운동을 전개했다.

▲ 이슬람 연맹
: 1906년 다카에서 열린 All India Muhammadan Educational Conference

기를 느낀 이슬람 대표자들은 사이드 아메드 칸(Syed Ahmed Khan)을 중심으로 35명의 이슬람교 엘리트들이 모여 영국 정부에 고등법원 등 공직에 일정 비율의 무슬림을 채용할 것을 촉구하는 모임을 갖고 이슬람 연맹(Muslim League)을 창설하였다. 1916년 국민회의와 함께 러크나우 협정(Lucknow Pact)을 체결하여 명실 공히 양대 민족주의의 주축으로 발돋움하였다. 1934년 진나(Mohammad Ali Jinnah)가 의장직에 오르면서 정치적으로 많은 활동을 전개한다. 1935년 인도통치법(Government of India Act)에 따라 투표로 지역 대표자를 선출하게 된다. 선거에서 참패한 진나는 잠시 지도력을 잃게 되지만 1946년 지역 선거에서 이슬람 연맹이 많은 득표를 하면서 그의 지도력도 다시 인정받게 된다.

1915년 마하트마 간디가 인도로 돌아오면서 인도 국민회의의 반영투쟁은 이전과는 다른 양상을 보인다. 지금까지 국민회의가 온건한 사회개혁을 주장하였다면 간디의 출현은 좀 더 급진적인 저항으로 바뀌게 된 것이다. 1차 세계대전 이후 영국은 더욱 강압적인 방법으로 인도를 억압하게 된다. 영국은 로우레트 법안(Rowlatt Acts)을 공포함으로써 시민의 자유권과 관습법 보장을 억압하였는데 간디는 이를 '흑색 법안(Black Acts)'으로 지칭했다. 그러던 1919년 4월 암리차르의 잘리안왈라 공원에서 힌두교 축제가 열리고 있었다. 영국의 레지널드 다이어 준장은 이 축제를 집시법 위반으로 간주하고 50명의 병사를 이끌고 와 비무장 시민들에게 발포하여 4백여 명의 무고한 시민들을 희생시키고 1200명의 부상자를 발생시켰다. 잘리안왈라 대학살로 인해 온건파 지도자들은 더 이상 점진적인 권력 이양이 불가능하다는 것을 깨닫게 되었다.

마침내 인도 정치인들은 국가 형태를 갖추었지만, 그것은 매우 복잡하게 고안된 연방조직 형태였기 때문에 결국 그 조직은 와해되고 말았다. 1937년 영국령 인도(British

Raj)의 11개 지역에서 선거가 치러졌다. 국민회의와 이슬람 연맹뿐만 아니라 기타 군소 정당들이 후보자를 내고 치러진 선거에서 국민회의가 7곳의 지방내각을 책임지게 되었다. 패배한 진나는 분개하여 무슬림으로 이루어진 단일 정당으로 전환하고 무슬림 자치주를 요구했다. 그리고 이 요구가 훗날 파키스탄으로 실현된다.

1939년 영국이 인도인들에게 제2차 세계대전에 영국을 대신해 참전할 것을 일방적으로 통보하자, 국민회의는 모든 의회 각료들로 하여금 즉각 공관에서 철수하도록 결정함으로써 영국 정부에 저항한다. 하지만 진나가 이끄는 이슬람 연맹은 영국 정부의 결정을 지지함으로써 궁지에 몰린 영국 정부를 돕게 된다. 이슬람 연맹의 도움을 받은 영국 정부는 이후 인도 무슬림들의 요구를 수용한다.

제2차 세계대전이 끝난 후 1946년 영국은 내각 사절단(Cabinet Mission)을 파견하여 연방제를 기본 골자로 한 인도의 독립과 권력 이양을 약속하였다. 인도 국민회의와 이슬람 연맹 양측은 원칙적으로 이를 수용하였지만, 국민회의는 과도 정부를 받아들이지 않은 반면 이슬람 연맹은 이를 받아들임으로써 완전한 합의를 보지 못했다. 이런 와중에 힌두교와 이슬람교 사이에 폭력 사태가 빈번히 일어나고 영국 정부는 또 다시 세포이 항쟁과 같은 폭동이 일어날지 모른다는 불안감을 가졌다. 그 결과 영국 정부는 마운트배튼(Mountbatten) 총독으로 하여금 서둘러 양 진영을 분리하여 독립시키기로 결정한다. 영국 의회는 1947년 7월 18일 인도 독립법(Indian Independence Act)을 통과시킴으로써 최종적인 분리 독립을 결정한다. 그리고 양국체제 원리(two-nation theory)에 따라 인도의 565개의 토후국들(Princely States)은 힌두교 중심의 인도와 이슬람교 중심의 파키스탄 중 하나로 소속될 수 있는 선택권이 주어졌다. 선택 기준은 통치자(토후)의 뜻과 시민의 뜻에 의해 결정될 수 있었다. 하지만 당시 서파키스탄

▲ 펀자브 지역의 난민들

의 카슈미르지역의 경우 토후는 힌두교도였지만 대다수의 시민은 이슬람교도로 구성되어 있었다. 파키스탄의 입장에서는 이슬람교도가 대다수의 시민이므로 카슈미르는 파키스탄에 편입되어야 마땅하다고 생각했고, 인도는 통치자의 선택을 존중하자는 입장이었다. 결국 파키스탄이 무력으로 카슈미르를 차지하려 하였고 위협을 느낀 힌두교 토후는 인도에 도움을 요청함으로써 카슈미르 지역은 오늘날까지도 분쟁지역으로 남아 있다. 뿐만 아니라 영국의 성급한 분리 독립은 인도에 또 다른 분열과 혼란을 불러일으켰다. 지리적으로 멀리 떨어져 있던 서파키스탄과 동파키스탄은 결국 파키스탄과 방글라데시로 다시 분리 독립하였다. 문화적 종교적 이해가 전혀 없었던 영국 식민정부로 인해 오늘날까지도 펀자브와 카슈미르 지역은 종교 분쟁이 그치지 않고 있다.

••• 2. 종교와 사회적 규범의 혼종: 카스트와 사티

단적으로 말하기는 어렵지만, 인도 사회의 신념 · 가치체계는 업과 윤회사상 그리고 정(淨)과 부정(不淨)이다. 그들은 자신의 카스트에서 최선을 다했을 때 다음 생에 더 좋은 카스트로 태어날 수 있기 때문에 어떤 신분에 속해 있든 최선을 다해야 하는 것으로 믿고 있다. 세상은 오염되지 않은 정과 오염된 부정으로 이루어졌으며, 정은 부정보다 높은 사회적 지위를 갖는다. 카스트제도가 그토록 오랜 세월 유지되어 오고 사티와 같은 과부들의 가혹한 삶이 가능했던 이유가 그들의 이러한 신념 때문이다.

인도 사회의 가장 기본은 가족이지만 그 의미는 다른 국가들과 많은 차이를 보인다. 가장을 중심으로 대가족을 이룬다는 점은 다른 국가들과 비슷하지만, 같은 계급의 카스트와만 결혼해야 한다거나 카스트에 의해 정해진 가족의 직업이 계승되는 자티(jati)는 다른 지역에서 찾아보기 어렵다. 월퍼트(Stanley Wolpert)에 따르면 인도에서 가족은 카스트 제도의 핵심이다(220). 인도인들은 가족을 통해 카스트의 가치를 학습하고 생활한다. 인도에서 카스트는 가족 단위의 자티에 출생하면서 귀속되고 자티의 서열을 통해 개인의 바르나(varna)의 일정한 계급적 위치가 부여된다(이광수 22). 인도의 가족은 부계의 혈족이 함께 모여 사는 합동 가족의 형태를 취한다.

뿐만 아니라 인도의 음악과 의복 그리고 문학과 건축양식 등은 역사적 결과로 외부의 다양한 양식들이 가미되어 그 빛을 더욱 화려하게 하였다. 인도의 음악은 이슬람 지역이나 그리스의 음악과 유사한 부분이 있으며, 의복은 힌두나 이슬람 그리고 시크교에 따라 특색이 달리하거나 유사하다. 예를 들어 '빠르다(parda)'는 이슬람교 집안의 여인들이 가족을 제외한 외간 남자들에게 얼굴을 보이지 않기 위해 머리에 착용하던 일종의 베일이었지만 얼마 후 힌두 여성들 역시 이를 착용하였다. 인도의 문학은 구전문학적 요소에 아리안 족의 베다문학 그리고 이슬람의 아라비안나이트 풍의 요소와 근대 영국의 소설 장르와 같은 요소가 혼종 되어 나타난다. 건축물 역시 역사와 함께 다양한 요소들이 혼합되어 나타난다. 예를 들어 간다라 지역에서 발견된 불상의 얼굴은 그리스인의 코를 닮아 있다. 이것은 당시 간다라 지역에 인도인과 페르시아인 뿐만 아니라 그리스인들이 함께 생활하면서 그리스-불교(Greco-Buddhism)라는 혼종문화를 갖고 있었기 때문이다.

▲ 타지마할 : 이슬람과 힌두문화의 혼종

인도에서 이슬람 문화가 남긴 가장 장엄한 기념물은 샤 자한의 아내 뭄타즈마할을 위한 묘, 타지마할(Taj Mahal)이다. 이 건축물은 아내를 지극히 사랑한 샤 자한이 죽어서도 아내와 함께 하기 위해 지었지만, 아들(아우랑제브)의 배신으로 먼발치에서 바라볼 수밖에 없었다는 이야기로 잘 알려져 있다. 샤 자한은 뭄타즈마할이 출산 중 사망하자 그녀를 위한 아름다운 무덤을 건축하였다. 그는 이슬람의 여러 나라들뿐만 아니라 인도와 아시아 그리고 유럽으로부터 2만 여명의 기술자를 초대하여 22년에 걸쳐 타지마할을 건축하였다. 따라서 이 건축물은 이슬람문화와 힌두문화뿐만 아니라 유럽과 다른 아시아 지역의 문화가 함께 섞여 있다. 대리석에 새겨진 섬세하고 우아한 조각은 이슬람의 기하학적인 아라베스크 문형을 보여주며, 준보석을 이용하여 대리석에 상감한 아라베스크와 갈매기 문형은 이탈리아에서 들여와 힌두교 기술자들에 의해 완성된 기법이다. 타지마할은 원래 아내 뭄타지마할을 위한 묘였고 샤 자한의 묘는 야무나 강변에 검은 대리석으로 비슷한 모양으로 지어 은으로 만든 다리로 두 건축물을 연결시킬 계획이었지만 완성되지 못한 미완의 작품이다. 그럼에도 불구하고 타지마할이 세계인의 감탄을 자아내는 빼어난 건축물임에는 틀림없다. 이밖에도 델리에 있는 후마윤의 무덤이나 악바르의 무덤 그리고 이티마드 우드 다울라의 무덤 역시 규모나 세밀함에 있어 빼어난 아름다움을 선보이고 있다.

인도 영화산업은 세계적으로 유명하다. 인도의 대표적 영화산업의 중심지인 뭄바이(봄베이)와 마드라스에는 70개가 넘은 영화제작사가 있으며 매년 1000편에 가까운 영화가 출시된다. 이 수치는 미국의 할리우드(Hollywood)를 능가하는 것으로 이에 빗대어 인도의 영화산업을 발리우드(Bollywood)라 칭한다. 발리우드 영화는 춤과 음악이 풍부한 마살라(masala) 풍의 오락 영화가 주를 이루지만 종교와 철학 등 진지한 내용의 영화도 제작된다. 마살라 풍의 영화는 마살라라는 말이 여러 가지 향신료를 섞어 만든 혼성 양념을 가리킨다는 점에서 알 수 있듯이 극중에 노래와 춤이 가미된 연인 간의 사랑 이야기가 많다. 종교적인 이유 때문에 남녀 간의 직접적인 애정표현을 할 수 없어 남자 주인공과 여자 주인공은 자신의 감정을 나타내기 위해 애절하거나 경쾌한 노래로 마음을 표현하며, 율동은 육체적 관계를 상징하기도 한다.

인도 사회를 구분하는 기준의 하나는 언어이다. 구자라트와 같은 지역에서는 언어로 인해 분쟁이 일어나기도 하고, 각각 공동체의 정체성을 확인해 주는 것 중 하나도 언어이다. 인도에는 약 400가지의 주요 언어와 방언이 있으며 22개의 공용어가 사용되고 있다. 인도 언어는 크게 4개 어족, 인도-아리아 어족(Indo-Aryan), 드라비다 어족(Dravidian), 오스트로-아시아 어족(Austro-Asiatic), 그리고 시노-티베트 어족(Sino-

Tibetan family)으로 구분할 수 있다. 인도-아리아어는 영어나 유럽의 여러 언어와 기원을 같이 하고 있으며, 이 언어를 사용했던 민족은 주로 동유럽지역에 거주했던 것으로 추정된다. 그 중 일부가 기원전 1500년경 인도로 이주하여 인도 아리아 족이 되었다. 드라비다어를 사용했던 민족은 인더스 문명과 관계가 있는 것으로 알려져 있으며 다른 언어와 확연한 차이를 보이는 이 지역에서만 볼 수 있는 언어이다. 오스트로-아시아어는 인도와 동남아시아 지역에서 소수만이 사용하는 언어이지만 아리아어나 드라비다어에 영향을 주었다. 시노-티베트어는 티베트어, 버마어, 타이어, 중국어와 형태상 유사점을 갖고 있으며, 오스트로-아시아 어족과 아리아 어족에 영향을 주었다. 이렇듯 인도의 언어는 시대를 달리하면서 상호 간에 영향을 미친 것으로 짐작된다(이은구 9-12).

인도 결혼식에서는 결혼지참금 즉 다우리(dowry)가 널리 행해지고 있다. 아프리카 특히 이보족에서처럼 신랑 측과 신부 측에서 신부값으로 얼마를 지불할 것인지 결정한다. 하지만 인도의 경우, 다우리는 결혼 전과 결혼식장 그리고 결혼 후 세 차례 이상 주어진다. 뿐만 아니라 신부의 집안은 이후에도 계속해서 신랑의 집안에 경제적인 도움을 주게 되어 있는데, 이는 여성이 남성보다 낮은 지위에 있다는 문화적 신념에서 생겨났다. 애초 결혼지참금제는 부모가 결혼하는 딸에게 죽기 전에 미리 재산을 상속하려는 의도였지만 시간이 흐르면서 변한 것이다. 결혼 적령기 역시 여성은 초경이 시작하기 전이 좋으며 남성은 자신의 나이보다 절반정도 어린 신부가 좋은 것으로 믿어졌다. 여성의 이혼이나 재혼은 새로운 인도 헌법이 채택되기 전까지 받아들여지지 않았다.

카스트제(Caste)

카스트란 말의 사용은 유럽 식민주의자들의 인도 문화에 대한 오해에서 시작됐다. 카스트란 용어는 포르투갈 상인들이 처음으로 사용했다. 그들은 출생(자티)을 중심으로 한 가족 중심의 인도 사회를 보고 이를 가문 또는 종족이라는 의미의 포르투갈어 '까스따(casta)'로 명명했다. 하지만 자티는 그 규모가 가족보다 크지만 부족이나 사회적 계층보다 작은 친족 관계를 일컫는 말이기 때문에 인도의 사회 구조를 정확히 표현한 것은 아니다. 오히려 카스트제는 인도의 계급제도인 '바르나(varna)'를 의미한다. 『리그베다』의 창조신화에 따르면 모든 인간은 푸르샤(Purusha)의 후손이다. 브라만(Brahmana)은 푸르샤의 머리에서, 크샤트리야(Kshatriya)는 팔에서, 바이샤(Vaishya)는 다리에서, 그리고 슈드라(Shudra)는 그의 발에서 태어났다. 그리고 이 네 바르나 계급에 못 미치는 다섯 번째 계급으로 판차마스(panchamas)가 있다. 브라만 계급은 시인과 성직자, 크샤트리야 계급은 왕과 무사, 바이샤 계급은 상인이나 농부, 그리고 슈드라 계급은 주로 노예나 날품팔이였으며 판차마스는 불가촉천민(Untouchable)의 신분이었다.

카스트제의 유래를 살펴보면 거기에는 역사적 · 정치적 배경이 감추어져 있다. 베다 시대 인도에 들어온 아리안족이 데칸 고원을 거쳐 갠지스 강에 이르는 동안 사회구조는 점점 복잡해졌고, 그 결과 왕이 종교, 군사, 정치, 그리고 식량 생산의 모든 기능을 다 수행할 수 없었다. 때문에 아리안족은 가장 중요한 종교의식을 주관하는 브라만 계급으로 지위를 확고히 했고, 부족 간의 전투와 행정을 책임질 왕과 무사는 크샤트리아 계급이 되었으며, 종교의식과 전투에 필요한 식량을 조달하기 위한 바이샤 계급이 형성되었다. 아리안족은 이주하는 과정에서 북부지역의 원주민(dasa)을 노예로 만들었는데 이들이 슈드라 계급이 되었을 것으로 예측한다. 더 나아가 아리안족은 점차 남하 하는 과정에서 다사인들보다 더 원시적 사람들(panchamas)을 불가촉천민으로 만들었을 것으로 본다. 이렇듯 카스트제는 아리안족들이 자신들의 특권을 유지하고 혈통의 순수성을 보장하려는 정치적 의도가 깔려있다.

카스트제는 정치적 의도뿐만 아니라 종교적 신념을 토대로 수천 년 유지될 수 있었다. 카스트제가 오랜 세월 유지될 수 있었던 까닭은 정과 부정 그리고 업과 윤회 사상이 인도인들의 마음에 깊게 박혀있었기 때문이다. 특히나 업과 윤회 사상은 인도인들로 하여금 자신의 카스트에 그대로 순응하도록 만들었다. 인도인들은 전생의 업으로 인해 현재 자신의 카스트가 결정되었으며, 모범적인 생활을 하면 다음 생에 보다 높은 카스트로 태어날 수 있다고 믿었다. 뿐만 아니라 전생에서 행한 행위에 대해 이승에서 공정한 대가를 치른다는 '업의 법칙'을 의심하는 것은 가장 나쁜 이단으로 간주되었다. 이런 숙명론적인 신념체제는 인도인들에게 현실을 개선하려는 의욕마저 앗아가 버림으로써 인도 사회를 고착화 · 무기력화 · 비능률화시켰을 뿐만 아니라 기술과 경제발전을 지연시킨 점이 인정된다(이은구 176-83).

21세기 인도가 세계의 주역이 되기 위해서는 카스트제를 정략적으로 이용하려는 힌두주의는 사라져야 할 것이다. 과거 부당한 카스트제에 반발하여 불교나 자이나교가 탄생하여 민중의 호응을 받았지만 힌두교에 의해 흡수되었으며, 인도가 독립한 후에도 종교 간의 갈등이 있을 때마다 힌두 근본주의는 힌두이즘을 부르짖고 나섬으로써 또다시 서발턴(subaltern)의 목소리를 잠재워버렸다. 카스트제의 가장 큰 단점은 타자를 만들어내고, 그들을 풍요의 세계에서 궁핍의 세계로 내몰았다는 점이다. 따라서 인도의 화합을 가로막는 이러한 관습이 남아 있는 한 그 미래는 밝지 않다.

사티(Sati)

사티는 인도 여성의 사회적 · 의례적 열등한 지위를 가장 잘 보여주고 있는 관습이다. 『마누법전』(*Manusmriti*)에 의하면 인도 여성은 각각 딸로서는 아버지에게, 아내로서는 남편에게, 그리고 과부가 되어서는 아들에게 의존해야만 하는 종속적인 존재로 정형화되어 있다. 이런 관습의 이념적 근거는 남녀의 본성을 규정하는 몇 가지 전제와 믿음으로부터 생겨났다. 힌두교의 종교의례에서 가장 중요하게 작용하는 정과 부정의 신념에서 볼 때, 남성은 순수하고 신체적으로 강하며 정서적으로 성숙한 반면 여성은 오염되기 쉽고 신체적으로 약하며 성적으로 위험하고 의지력이 결여되어 있다(김주희 외 12-13). 이러한 여성성에 근거하여 『다르마샤스뜨라』(*Dharmashastra*) 같은 힌두 율법서에서 여성은 출신계급과 무관하게 카스트의 최하

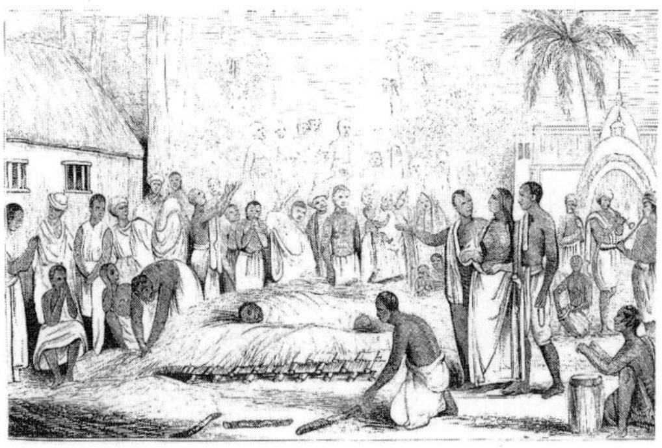
CEREMONY OF BURNING A HINDU WIDOW WITH THE BODY OF HER LATE HUSBAND.

▲ 사티 : 인도 여성의 열등한 지위를 대변

위계급인 슈드라와 동일하게 규정되었다.

사티란 사망한 남편에 대한 충성의 표시로써 미망인이 스스로 목숨을 끊는 풍습을 말한다. 인도 사회는 여성으로 하여금 남편에게 미덕과 순수 그리고 정절을 지킬 것을 강요해왔다. 따라서 남편이 사망하였을 경우 아내는 남편의 화장용 장덕더미 위에서 자신을 희생시키거나 장례 후 자신만의 화장을 치르게 된다. 사티라는 말은 원래 인도-아리안어 사트(sat)에서 왔으며 의미는 '진실(truth)'이다. 영어로 수티(suttee)로도 일컬어지는 사티는 믿음이 올바른 여성에게 붙였던 칭호였지만 사망한 남편을 위한 자기희생의 의미로 사용되고 있다. 사티의 기원은 힌두교의 주신인 쉬바(Shiva)신의 아내 사티가 보여준 정절과 관련이 있다. 인도 여성들은 어려서부터 남편에게 헌신적인 삶을 사는 것이 여성의 바람직한 모습으로 교육받고 자라며 자기희생이야 말로 유일한 구원의 길이라고 확신하게 된다. 인도 사회에서 여성은 남편에 속해 있을 때에만 존경받을 수 있다. 남편이 사망한 이후 아내 역시 사회적으로 사망하게 되며 오염된 존재로 간주된다.

사티 의식은 처음에 크샤트리야 계급에 의해 행해졌으나 여성의 헌신 정도에 있어 브라만 계급이 크샤트리야에 뒤질 수 없다는 이유에서 1000년경부터 브라만 계급도 이를 수용하였다. 그리고 10세기부터 남부에도 퍼지기 시작했다. 모든 지역 중에서도 라자스탄에 가장 많았는데 대부분 왕족이나 크샤트리야 출신의 여성들이 희생되었다. 13세기 이후 다른 낮은 카스트 여성들도 행하게 되었으며 벵골지역에서는 브라만 여성들의 수가 많았다. 사티가 종교적으로 숭앙되기 시작한 것은 1500년경부터인데 이때부터 이 의식의 자세한 과정이 묘사되기 시작하며, 어떤 자세를 취해야 하고 어떤 의상을 입어야 하며 장신구는 누구에게 주어야 하는지 등이 규정되었다.

인도 여성들에게 자신의 목숨을 희생시키는 사티보다 더 고통스러운 것이 있으니 그것은 과부로서의 삶이다. 인도 사회는 과부에게 억제할 수 없는 강력한 성적 욕구가 있으며 이것이 사회를 위험에 빠뜨릴 수 있다고 간주한다. 이러한 이유 때문에 재혼이 금지되어 있는 미망인(과부)이 사티를 거부할 경우, 과부는 사회에 대한 위험으로 간주되어 즉각 사회로부터 격리된다. 하지만 사티는 정치적 · 경제적 이유 때문에 발생하는 것으로 해석된다. 사티는 남편이 사망한 후 아내가 재산을 상속받는다는 다야바그(Dayabhaga) 법과 무관하지 않다. 시집식구들은 과부가 된 며느리가 재산을 가지고 친정으로 돌아갈 것을 두려워해 과부에게 사티를 강요했다는 증거가 있다(Desai 15 재인용). 과부는 주로 하얀 광목의 누더기 옷만을 입어야 하며 장식으로 꾸며서도 안 된다. 기름진 음식을 먹어서도 안 되며, 하루에 한 끼는 금식을 해야 하며, 자신의 관심사를 행해서도 안 된다. 유아과부는 성년이 될 때까지는 보통 옷을 입지만 그 이후에는 삭발을 해야 하고 거친 면 옷만 입을 수 있었다. 과부를 보면 재수 없다는 미신 때문에 함부로 밖에 나다닐 수도 없었고, 결혼식이나 축제에 결코 참가해서도 안 되었다. 가족들도 그녀를 순수하지 못한 오염된 존재로 간주한다. 육체적으로 정서적으로 겪게 되는 쓸쓸하고 황폐한 과부의 삶은 오히려 사티의 고통보다 더 한 것이다.

오늘날에도 계속되는 사티 의식의 배후에는 정치적 의도가 숨어있다. 1829년 영국 정부는 사티를 범법행위로 간주하고 금지시켰을 뿐만 아니라, 이후 독립 인도의 헌법에서도 금하고 있지만 놀랍게도 최근 일부 지역에서 사티 의식이 행해졌다. 이런 일은 특히 종교적 · 정치적 사건으로 인해 힌두 근본주의가 정략적인 목적으로 묵인 또는 조장하고 있기 때문이다. 만약 인도가 새로운 세기에 세계의 주역이 되기를 바란다면 비인도적이고 가혹한 카스트제나 사티 의식을 하루 빨리 폐지해야만 할 것이다.

··· 3. 문화적 혼종과 탈식민 문학

인도는 고대시대부터 인류 문명 발달에 많은 기여를 하였다. 오늘날 우리가 사용하고 있는 영(zero)을 포함한 십진법, 체스와 주사위 놀이 등은 모두 인도인들을 통해 생겨난 것들이다. 인도의 수학과 의학 그리고 천문학 등은 다양한 과학 · 기술을 발전시켰다.

인도는 알렉산더 대왕, 칭기스칸, 티무르, 그리고 영국과 같은 수많은 침입을 받았지만 굴하지 않고 오히려 찬란한 문화를 꽃피웠다. 인도의 문화 속에는 그리스, 이슬람, 그리고 유럽 특히 영국의 문화들이 섞여 있다.

영화로 보는 인도 문화 : 영화 〈아쉬람〉과 〈꿈꾸는 카메라〉

기원전 3000년 전부터 기록(벽화)이 남아 있는 인도의 문화를 두 편의 영화로 살펴보는 것은 어쩌면 불가능한 일일 것이다. 문화란 일반적으로 어떤 한 지역에서 축적된 삶의 여러 양식이며 이런 맥락에서 지리적 환경은 그 지역 문화에 중요한 영향을 끼친다. 인도 문화 역시 지리적 영향을 받았지만 무엇보다 다양한 민족과 종교에 영향을 받아왔다. 익히 알고 있는 것처럼 인도는 기원전에 아리얀 족이 남하하면서 태양을 숭배하는 종교양식을 가져왔으며, 중세 이후에는 이슬람 세력이 인도를 통치하면서 이슬람교와 그 문명을 가져왔고, 근세에는 영국이 기독교 문화를 가져왔다. 또한 인도 남부지역을 중심으로 토착종교양식이 자리하고 있었다.

기원전 약 15세기 무렵 부계중심의 아리얀 족이 인도에 들어와 지배계급으로 정착하여 남성중심의 브라만 전통(Brahmanical Tradition)을 확립하였다. 그 후 인도사회는 전반적으로 남성우월의 사회가 유지되었다. 브라만 전통이 반영된 율법서들은 여성에게 낮은 의례적 · 사회적 지위를 부여하였다. 이런 율법서의 믿음을 토대로 한 남성중심의 지배체계 하에서 여성은 남성에 종속되어 있는 존재이며, 따라서 남성들이 지속적으로 통제할 필요가 있는 것으로 간주되었다. 혼인이나 가정생활과 관련된 여러 사회제도와 관습들은 이러한 통제의 수단으로 작용하며 여성의 종속적인 지위를 고착시켜왔다.

잊혀진 존재, 과부 : 영화 〈아쉬람〉

영화 〈아쉬람〉(Water 2006)은 작가이자 감독인 디파 메타(Deepa Mehta)의 삼부작(〈Fire 2000〉, 〈Earth 2003〉, 〈Water〉)중 세 번째 작품이다. 〈아쉬람〉은 전통적 힌두 문

화에서 남편이 사망한 후 과부의 열악한 삶을 그리고 있다. 1938년 8세의 쭈이야(Chuyia, Sarala 분)는 결혼한 지 하루 만에 과부가 되어 과부들이 머무르는 아쉬람(ashram)으로 가게 된다. 그곳에는 온갖 연령층의 과부들이 함께 생활하고 있다.

▲ 디파 메타 감독의 영화 〈아쉬람 Water〉

영화는 쭈이야를 통해 그녀가 만나는 젊고 예쁜 깔리야니(Kalyani, Lisa Ray 분), 자상하고 때로 엄한 어머니 같은 샤쿤틀라(Shakuntula, Seema Biswas 분), 그리고 그곳의 여가장인 탐욕스럽고 냉정한 마두마띠(Madhumati, Manorama 분) 등을 아쉬람이라는 한 공간에 재현시킴으로써 여러 군상의 과부의 일생을 보여준다. 아쉬람의 과부들은 하루에 한 끼는 금식해야 하고 하얀색 면 옷만을 입는다. 사원에 나가 구걸을 하여 자신들이 사망한 후 치를 화장비용을 마련한다. 갠지스 강으로 짐작되는 강가에서 브라만의 율법을 듣기도 하며 강에서 성수로 자신의 죄를 씻어 다음 생에 더 좋은 신분으로 태어나기를 기원한다.

이 영화의 스토리라인을 좀 더 자세히 살펴보면 다음과 같다. 어린 나이(8세)에 과부가 되어 아쉬람에 오게 된 쭈이야는 그곳에서 깔리야니라는 젊고 예쁜 과부와 친하게 지내게 된다. 두 사람은 아쉬람에서는 흉물로 간주되는 강아지 한 마리를 돌보고 있다. 강에서 강아지를 목욕시키던 중 달아난 강아지를 쫓아가던 쭈이야 일행은 젊고 매력적인 나라얀(Narayan, John Abraham 분)을 만나게 되고 나라얀은 깔리야니에게 끌리게 된다. 두 사람은 사랑에 빠지고 결혼을 약속하지만 힌두 전통에서 과부는 재혼할 수 없다. 뿐만 아니라 깔리야니가 지역 유지나 브라만과 잠자리를 같이 해준 대가로 아쉬람의 생계가 유지되고 있는 상황에서 깔리야니의 결혼은 아쉬람의 생계에 위협으로 다가온다. 때문에 마두마띠는 깔리야니의 결혼을 막기 위해 그녀의 머리를 삭발해 버린다. 깔리야니의 삭발은 몸을 팔기위해 남아 있던 최소한의 여성성의 상실이며 과부라는 처지를 재각인시키는 일이다. 그러던 어느 날 샤쿤툴라는 자신이 섬기던 브라만에게 율법서에 과부는 재혼할 수 없다고 쓰여 있냐고 묻는다. 질문을 받은 브라만은 율법서에는 재혼을 금하지만 새로 바뀐 법률에서는 재혼을 허락한다고 대답한다. 이에 샤쿤툴라는 깔리야니를 아쉬람으로부터 떠날 수 있게 해준다. 샤쿤툴라의 도움으로 깔리야니는 나라얀과 함께 그의 부모님을 만나러 가던 중 나라얀의 아버지의 이름을 듣고 되돌아와 강물 속에 몸을 맡긴다. 깔리야니의 죽음은 자신의 정절(이 경우 나라얀에 대한 진실된 사랑)을 증명하는 또 다른 형태의 사티이며, 성수로 자신의 업을 없애는 속죄의 의식이다. 이런 맥락에서 깔리야니의 죽음은 혹독한 남성중심 사회에 의한 희생을 의미한다. 샤쿤툴라가 깔리야니의 장례를 마무리 짓고 있는 동안 마두마띠는 깔리야니 대신 쭈이야에게 매춘을 시키려한다. 뒤늦게 이 사실을 알게된 샤쿤툴라가 쫓아가 보지만 너무 늦은 일이다. 쭈이야를 끌어안고 아쉬람으로 돌아오던 샤쿤툴라는 간디가 역에 잠시 머문다는 소식을 듣고 그곳으로 발길을 돌린다. 간디의 짧은 연설을 듣고 샤쿤툴라는 떠나는 간디에게 쭈이야를 맡기기 위해 기차를 향해 달린다. 때마침 그 기차에 타고 있던 나라얀의 손에 쭈이야를 맡기고 돌아서는 샤쿤툴라 뒤편으로 기차가 희미하게 사라져 가고 샤쿤툴라의 얼굴에 온갖 감정이 교차한다. 샤쿤툴라에 의한 쭈이야의 '탈출'은 남성중심의 사회에 대한 저항의 의미로 간주되지만, 나라얀의 손에 넘겨졌다는 것은 인도 여성의 불확실한 미래를 의미한다.

영화 〈아쉬람〉은 인도 여성들 특히 과부들의 삶의 모습을 잘 보여주고 있다. 그들이 사회로부터 격리되어 어떤 열악한 환경 속에서 살아가는지, 정신적으로 얼마나 쓸쓸하고 황폐한 삶을 살다 죽음을 맞이하는지를 잔잔히 재현하고 있다. 인도 여성들이 어린 나이에 자신의 의지와는 무관하게 결혼함으로써, 최소한의 교육을 받을 권리나 스스로 결정할 권리가 박탈당하는 처지를 확인할 수 있는 영화이다. 그녀들이 먹는 음식, 입는 의복, 머리 모양 등은 하루하루 육체적으로 고달픈 삶의 단면이며, 일반인들이 던지는 차별의 시선은 그녀들을 정신적으로 외롭고 쓸쓸하게 만든다. 인도에서 여성 특히 과부는 불가촉천민보다도 못한 삶을 살고 있는 것이다. 이 영화는 처음 2000년에 인도에서 촬영되었지만, 힌두이념에 반한다고 믿는 힌두 근본주의자들의 폭력적인 항의 때문에 중단된다. 4년 후 배역이 다시 캐스팅 되고 촬영지를 스리랑카로 옮겨 처음부터 다시 촬영되었다. 영화 속에서 볼 수 있는 사원과 건물들은 딜리프 메타(Dilip Mehta)가 만든 세트이며, 쭈이야 역을 맡은 사랄라(Sarala)는 스리랑카 출신이고, 깔리야니는 인도계 캐나다인으로 인도의 슈퍼모델로도 활동 중이다. 그녀의 상대역을 맡은 아브라함(John Abraham) 역시 인도의 슈퍼모델이면서 배우인 톱스타이다.

길을 묻는 아이들 : 〈꿈꾸는 카메라〉

〈꿈꾸는 카메라〉(Born into Brothels: Calcutta's Red Light Kids)는 2005년 다큐멘터리부문에서 아카데미 최우수상을 수상하였다. 자나 브리스키(Zana Briski)와 로스 카우프만(Rose Kauffman) 감독이 인도 캘커타의 홍등가를 배경으로 그곳에서 태어난 10살에서 13살이 된 8명의 아이들의 2년간의 모습을 카메라에 담은 작품이다. 자나 브리스키 감독은 영국 태생으로 케임브리지 대학에서 신학과 종교학을 전공하고 뉴욕 국제 사진센터에서 다큐멘터리 사진을 공부한 인물이다. 1995년 처음 인도를 방문했던 그녀는 2년 후부터 캘커타의 성매매 종사자들의 사진을 찍기 시작했으며, 2000년부터 본격적으로 아이들을 위한 사진 수업을 진행했다.

▲ 자나 브리스키와 로스 카우프만 감독의 영화 〈꿈꾸는 카메라 Born into Brothels〉

영화 〈꿈꾸는 카메라〉는 그 장르가 다큐멘터리인만큼 인위적으로 짜여진 플롯은 존재하지 않는다. 브리스키로부터 사진술을 배운 아이들은 각자 카메라를 가지고 자신들의 주변을 직접 촬영한다. 자신들이 찍은 사진을 함께 보면서 잘된 점과 잘못된 점을 토의하는 과정에서 잠깐 잠깐 언급되는 아이들의 신변잡기가 사진의 캡션처럼 전달된다. 아이들의 짧은 이야기를 통해 홍등가에서 성매매에 종사하는 여성들의 실태와 방치되고 위협받는 아이들의 단면이 제시된다. 아이들에게 무엇보다 필요한 일은 아이들을 이러한 환경으로부터 격리하여 교육시키는 일이라는 현실을 직시하고 브리스키는 아이들을 기숙학교로 보낸다. 하지만 이 과정에서 불필요한 온갖 서류 작성과정 그리고 보호자들의 반대로 인해 겨우 8명의 아이들만이 교육의 기회를 갖는다. 수줍음 많은 수치트라(Suchitra)는 어머니가 돌아가신 후 고모에게 맡겨졌다 사창가에 팔려 갈 뻔하였다. 가장 탁월한 재능을 보여주었던 아비짓(Avijit)은 2002년 암스테르담에서 열린 세계 보도 사진협회의 어린이 대표로 초청을 받지만 갑자기 어머니가 화재로 사망하여 실의에 빠진다(아비짓은 2005년 장학금을 받아 미국의 유명한 4년제 고등학교에 입학하였다). 하지만 8명의 아이들 중 대부분의 아이들은 자의든 타의든 교육을 중도에 포기하고 만다. 샨티(Shanti)는 학교에 입학하지만 스스로 중도에 포기하고 만다.

영화 〈꿈꾸는 카메라〉는 인도의 뒷골목 그것도 홍등가의 뒷골목 아이들이 어떠한 환경에 처해있는지 보여주고 있다. 부모 없이 방치되거나 성매매를 하는 어머니를 대신해서 집안 살림을 하고, 그 어머니를 이어 다시 매춘부가 되거나 마약 중독자나 범죄자로 전락하는 아이들의 모습은 보는 이의 마음을 시리게 한다. 아이들의 사진은 실제로 뉴욕 소더비 경매(2001)에 소개되고 엠네스티 달력에 실렸다. 감독은 현재 '카메라를 든 아이들'이라는 비영리 단체를 만들어 주변부 삶을 살아가고 있는 전 세계 아이들이 사진을 통해 힘을 얻을 수 있도록 도와주고 있다.

탈식민 인도 문학

20세기 이후 가장 잘 알려지고 영향력 있는 인도 영어권 작가로는 아난드(Mulk Raj Anand), 라오(Raja Rao), 나라얀(Rasipuram Krishnaswami Narayan), 로이(Suzanna Arundhati Roy), 그리고 루시디(Salman Rushdie) 등이 있다. 아난드는 주로 가난한 소작농이나 하위 카스트 계급의 삶을 바탕으로 불의와 차별에 대해 글을 썼다. 그는 동요와 민담으로부터 다양한 문체를 빌어 독창적인 글쓰기를 하였다. 그의 대표작으로는 *Untouchable*(1935), *Coolie*(1936), *Two Leaves and a Bud*(1937), *The Village*(1939), *Across the*

Black Waters(1940), *The Sword and the Sickle*(1942), 그리고 *The Big Heart*(1945) 등이 있다. 라오는 영어로 쓰여진 탈식민 인도 소설이라는 새로운 지평을 열었을 뿐만 아니라 소설 장르를 인도화한 작가로 평가받고 있다. 그는 영어를 전용하여 지역색 있는 소설을 저술한 것으로 평가 받는다. 그는 영어로 소설을 쓰면서도 영국인의 영어처럼 글을 쓸 수도 없고 쓸 필요도 없음을 강조했다. 라오의 대표작으로는 *Kanthapura*(1938), *The Serpent and the Rope*(1960), *The Cat and Shakespeare*(1965), 그리고 *The Chessmaster and His Moves*(1988) 등이 있다. 나라얀의 작품들은 주로 1930년대 민족주의가 한창일 때와 독립 이후 부패상을 말구디(Malgudi)라는 허구의 마을에서 여성들의 자유와 가부장적 악습을 통해 재현하고 있다. 그의 대표작으로는 *Swami and Friends*(1935), *The Bachelor of Arts*(1937), *The Dark Room*(1938), 그리고 *The English Teacher*(1945) 등이 있다. 1961년 11월 24일 기독교계 어머니와 힌두교계 아버지 사이에서 태어난 로이는 케랄라주의 아이마남(Aymanam)이라는 벽촌에서 혹독한 유년기를 보낸다. 당시 어머니 메리 로이(Mary Roy)는 비인가 학교를 운영하고 있었는데 그곳에서 그녀는 공교육에서 규정하는 강압적인 교칙으로부터 자유로이 문학적 · 지적 능력을 길러갔다. 그리고 그녀의 이러한 유년 경험은 *The God of Small Things*(1997)에 잘 그려져 있다(Bonnici). 아메드 살만 루시디(Ahmed Salman Rushdie, 1947–)는 식민과 탈식민 상황에서 인종과 불평등 문제에 대해 끊임없이 이의를 제기함으로써 논쟁을 불러일으킨 인도계 영어권 이산 작가이다. 그는 인도가 대영제국으로부터 독립하기 2개월 전인 1947년에 봄베이(Bombay)의 한 이슬람 가정에서 태어났다. 루시디는 대표작 『자정의 아이들』(*Midnight's Children*, 1981), 『수치』(*Shame*, 1983), 『악마의 시』(*The Satanic Verses*, 1988), 그리고 『무어의 마지막 한숨』(*The Moor's Last Sigh*, 1995) 이외에 『재규어의 미소』(*The Jaguar Smile*, 1987), 『하룬과 이야기 바다』(*Haroun and the Sea of Stories*, 1990), 『상상의 조국 : 에세이와 비평』(*Imaginary Homelands: Essays and Criticism*, 1991), 『오즈의 마법사』(*The Wizard of Oz*, 1992), 『동과 서』(*East, West*, 1994), 『인도의 문학 50년사 1947–1997』(*Mirrorwork: 50 Years of Indian Writing 1947-1997*, 1997), 『그녀의 발 아래 대지』(*The Ground Beneath Her Feet*, 1999),

『분노』(*Fury*, 2001), 『어릿광대 샬리마』(*Shalimar the Clown*, 2005) 그리고 2009년 『플로렌스의 여자마법사』(*Enchantress of Florence*)를 발표하였다.

문화적 혼종성을 추구하는 살만 루시디의 소설

▲ 살만 루시디
(출처 위키피디어 백과사전, by David Shankbone)

『자정의 아이들』은 살림이라는 주인공의 가정을 통해 식민 직후 인도의 식민주의와 반식민 민족주의의 혼란스런 상황을 보여주고 있다. 식민주의자들은 단일화된 문화, 하나로 통제된 이방의 문화를 피식민들에게 강요하였으며, 반식민 민족주의는 순수한 토착 문화만을 고수하거나 재확립하려 하였다. 제국주의와의 조우에 의해 생겨난 문화 간의 충돌에서 루시디는 문화의 혼종성에 가치를 부여한다. 문화 구성 요소들 내에서 실질적인 내용은 없는 피상적 문화의 혼종화는 공허한 것인 반면 공존하는 다문화의 다양성이야말로 인도를 가장 잘 보여주는 문화적 정체성임을 주장한다. 단일문화를 거부하고 문화적 충돌에서 오는 문화적 혼종화 또는 다문화주의를 추구하는 『자정의 아이들』은 반식민 민족주의나 근본주의 대신 식민지배의 역사를 인정하면서 자신의 문화를 계승해 나갈 수 있는 대안적인 비전으로서 문화적 혼종성을 제시하고 있다.

마술적 사실주의와 풍자, 그리고 그로테스크한 요소들이 혼합된 정치 소설 『수치』는 파키스탄의 이슬람 정권이 권력을 유지하기 위해 이슬람 교리를 정치적 도구로 활용하여 여성을 억압하고 권력으로부터 배제시키는 과정을 보여주고 있다. 뿐만 아니라 이 소설은 가부장 중심의 권력이 여성의 신체에 행사될 때 발생하는 여성의 수난을 폭로하고 있다. 이러한 파키스탄의 실정에서 여성의 목소리는 남성 사회에 의해 굴절되고 있음을 밝히고, 여성의 복화술의 목소리를 화합하는 미래의 비전으로 제시하고 있다.

『악마의 시』는 식민주의 또는 제국주의 역사에 따른 뿌리 뽑히고 단절되고 변형된 이민자들의 시각을 통해, 남아시아와 아프리카 이민자들이 겪게 되는 영국의 인종차별정책을 고발하고 있다. 이 소설은 이민자들의 정체성을 과거와 완전히 단절하고 새로운 정착지에 맞게 동화하려는 살라딘이나, 새로운 정착지의 변화를 거부하고 이전의 정체성에 집착하는 지브릴의 실패를 통해 키메라 접목법과 같은 혼종 자아를 제시하고 있다.

『무어의 마지막 한숨』은 다가마 조호비 집안에서 일어나는 사건을 중심으로 대영제국과 힌두 근본주의 그리고 아요디아 사건이 인도 문화에 어떤 영향을 미쳤는지 제시하고, 무어령 스페인의 문화적 현상을 그 모델로 인도의 탈식민 비전을 주장하고 있다. 특히 이 소설에서 루시디는 1992년 아요디아의 바브리 사원 파괴 사건을 인도 다문화에 대한 힌두 근본주의의 위협으로 규정하고 있다. 그리고 이에 대한 대안으로써 무어령 스페인의 찬란했던 다문화를 주장한다.

이렇듯 루시디는 자신의 대표작을 통해 과거 식민지와 독립 이후 인도의 분열된 현실을 비판하고 분열된 인도 사회에 대한 대안, 즉 민족주의나 근본주의에 대한 탈식민 비전으로써 문화적 혼종성을 강조하고 있다.

오늘날 글로벌시대를 맞아 인도는 다시 한 번 세계 속에 도약하고 있다. 언어와 수학에 뛰어난 인재들이 컴퓨터를 비롯한 많은 과학기술 분야에서 세계를 리드해가고 있으며, 인도의 축제와 문화를 보기 위해 많은 사람들이 인도를 방문하고 있다. 최근 우리나라와도 경제활동의 동반자 관계를 맺고 있다. 따라서 인도의 역사와 문화에 대한 올바른 이해는 과거 식민주의 폐단을 심문하고 희망적인 미래 건설을 위한 중요한 토대가 될 것이다.

생각해 볼 문제

① 동인도회사란 무엇이며, 동인도회사는 영국 식민주의에 어떤 역할을 하였는가?

② 플라시전투와 영국 식민지배 사이에 어떤 관계가 있는가?

③ 간디의 불복종 저항운동은 인도 독립에 어떤 영향을 주었는가?

④ 인도 분리와 힌두근본주의와 이슬람근본주의는 어떤 관계가 있는가?

⑤ 카스트와 사티 제도란 무엇이며, 오늘날 인도사회가 극복해야 할 점은 무엇인가?

⑥ 인도의 대표적 문화(건축, 음악, 음식 등)에는 어떤 것이 있으며 그 특징은 무엇인가?

⑦ 무굴제국의 멸망 원인과 유럽 식민주의의 침입과의 관계에 대해 논의해 보자.

⑧ 국민회의와 이슬람 연맹의 결성 배경과 인도 분리 독립의 관계에 대해 말해 보자.

⑨ 카슈미르나 펀자브 지역에서의 분쟁의 원인에 대해 말해 보자.

⑩ 인도의 유아 결혼 풍습이나 과부 재혼 금지법과 여성의 권리에 대해 토론해 보자.

추천 도서

스탠리 월퍼트. 『인디아, 그 역사와 문화』. 신현승, 이창식 역. 가람기획, 1999.
아사다 미노루. 『동인도회사』. 강인수 역. 파피에, 2004.
이은구. 『인도 문화의 이해』. 세창출판사, 1996.
하마우즈 데쓰오. 『대영제국은 인도를 어떻게 통치하였는가: 영국 동인도회사 1600~1858』. 김성동 역. 심산문화, 2004.

Aijaz Ahmad. *In Theory: Classes, Nations, Literatures*. Verso, 1992.

Peter Childs, ed. *Post-Colonial Theory and English Literature: A Reader*. Edinburgh UP, 1999.

추천 영화

대니 보일 감독. 〈슬럼독 밀리어네어〉. 2008.
디파 메타 감독. 〈아쉬람〉. 2006.
______________. 〈파이어〉. 1996.
K. S. 라비크마르 감독. 〈춤추는 무뚜〉. 1995.
리차드 아데버루우 감독. 〈간디〉. 1989.

아슈토시 고와리케르 감독. 〈조다 악바르〉. 2008.
자나 브리스키와 로스 카우프만 감독. 〈꿈꾸는 카메라〉. 2005.
페로즈 칸 악샤예 칸나 감독. 〈간디, 나의 아버지〉. 2007.

추천 사이트

주한인도대사관 http://www.indembassy.or.kr/
한국학술진흥재단 아카이브 http://maincc.hufs.ac.kr/~indo/main.html
인도 토탈 웹메거진 http://www.indiary.net/
이광수 교수의 인도사와의 만남 http://home.pufs.ac.kr/~indosa/
PBS 방송사 자료 www.pbs.org/thestoryofindia/gallery/photos/8.html

참고 문헌

김주희 외. 『인도여성—신화와 현실』. 한국외국어대학교 출판부. 2005.
노버트 쉬러. 『살만 루시디와 자정의 아이들』 이성진 역. 동인. 2009.
스탠리 월퍼트. 『인디아, 그 역사와 문화』 신현승 · 이창식 역. 가람기획. 1999.
아사다 미노루. 『동인도회사』 강인수 역. 파피에. 2004.
이광수. 『인도 문화』. 부산외국어대학교 출판부. 1999.
이성진. 『살만 루시디의 소설에 나타난 탈식민 비전』. 전남대학교 박사학위논문. 2007.
하마우즈 데쓰오. 『대영제국은 인도를 어떻게 통치하였는가-영국 동인도회사 1600~1858』. 김성동 역. 심산문화. 2004.
Bonnici, Thomas. "The Contemporary Post-colonial Novel in English." *Maringá* 26.1 (2004): 1–22.
Bose, Sugata & Ayesha Jalal. *Modern South Asia: History, Culture, Political Economy.* London & New York: Routledge, 1998.
Bowen, H.V., Margarette Lincoln & Nigel Rigby. *The Worlds of The East India Company.* Suffolk & New York: Boydell P., 2002.
Dalmia, Vasudha & Heinrich von Stietencron eds. *Representing Hinduism: The Construction of Religious Traditions and National Identity.* New Delhi, Thousand Oaks, London: Sage. 1995.
Harlan, Lindsey & Paul B. Courtright eds. *From the Margins of Hindu Marriage: Essays on Gender, Religion, and Culture.* New York, Oxford UP, 1995.

Lawson, Philip. *The East India Company: A History.* London & New York: Longman, 1987.

Viswanathan, Gauri. *Masks of Conquest: Literary Study and British Rule in India.* New York: Columbia UP. 1989.

http://www.pbs.org/thestoryofindia/

http://en.wikipedia.org/

Key words

동인도회사, 무굴제국, 특허장, 바스코 다 가마, 향신료, 상업혁명, 산업혁명, 로버트 클라이브, 플라시 전투, 북사르 전투, 마이소르 전쟁, 영국령 인도, 군사보호조약, 징세권, 분할 통치, 실권 원칙, 자민다르제, 세포이 항쟁, 모한다스 카람찬드 간디, 사티아그라하, 네루, 국민회의, 진나, 이슬람연맹, 로우레트 법안, 마운트배튼 총독, 인도 독립법, 양국체제 원리, 카스트, 사티, 살만 루시디

현대 영어권 문화의 이해

오세아니아

미지의 자연 속 풍부한 문화

오세아니아
미지의 자연 속 풍부한 문화

차 희 정

••• 1. 태고의 기억을 간직한 오세아니아

오세아니아는 Ocean에 라틴어 접미사 ia가 합해져서 여성형 명사 Oceania가 되었다. 이 명칭은 1831년 프랑스 군인이자 탐험가인 뒤몽 뒤르빌(Dumont d'urville)이 태평양 전역에 흩어져 있는 약 이만에서 삼만여 개의 섬들을 총칭하여 처음 사용하였다. 육대주(六大洲)의 하나인 오세아니아는 오스트랄라시아(Australasia), 멜라네시아(Melanesia), 미크로네시아(Micronesia), 폴리네시아(Polynesia) 구역으로 나뉜다. 라틴어로 '아시아의 남쪽'(south of Asia)을 가리키는 오스트랄라시아는 오스트레일리아, 뉴질랜드, 파푸아뉴기니를 포함하고 '검은 섬들'(black islands)이라는 뜻을 가진 멜라네시아 구역에는 피지와 솔로몬 제도 등이 있다. 미크로네시아는 '작은 섬들'(small islands)을 의미하며 괌과 마샬 군도가 이에 속한다. 하와이와 사모아는 '많은 섬들'(many islands)을 뜻하는 폴리네시아로 구분된다. 오세아니아의 섬들은 대부분 남회귀선과 북회귀선 사이에 분포되어 있어 열대성 기후에 속한다.

약 20,000년 전만하더라도 오스트랄라시아를 제외한 오세아니아 지역에는 사람이 살지 않았던 것으로 추정된다. 오세아니아의 최초 토착민들로는 오스트레일리아 원주민, 파푸아인, 멜라네시아인, 미크로네시아인, 폴리네시아인 등 여러 종족이 있었다. 오세아니아는 오랫동안 외부에 알려지지 않은 미지의 세계였다가 16세기경 스페인들이 필리핀 동쪽에 위치한 마리아나 제도(Mariana Islands)를 탐험하기 시작하면서 다른 유럽 제국들도 오세아니아 지역에 관심을 보이기 시작하였다. 식민지 확장, 무역 확대, 기독교 전파 등을 이유로 영국인, 프랑스인, 미국인 등의 이주가 늘어났고, 남태평양의 여러 섬들에는 중국인과 인도인의 진출이 많았다. 특히 하와이 제도에는 1868년 이후 일본인의 이주가 크게 늘어나 현재 하와이 인구의 약 30% 정도를 차지한다.

근세 이후 오세아니아는 유럽 제국들의 식민지가 되었고 많은 원주민들은 조상 대대로 이어져 온 삶의 터전에서 쫓겨나거나 말살되었다. 즉 유럽인들의 이주 역사는 원주민들이 조상의 땅을 빼앗긴 채 주변으로 밀려난 식민역사이다. 1788년에 오스트레일리아, 1840년에 뉴질랜드, 1872년에 피지에 이어 오세아니아의 많은 섬들이 대영제국의 식민지가 되었다. 독일은 1884년에 뉴기니아 그리고 1900년에 사모아를 점령하였다. 1898년에 하와이는 미국의 영토로 합병되었다. 유럽인들이 들여온 소, 말, 양, 토끼 등 새로운 동물들은 오세아니아 지역의 생태계에 커다란 변화를 가져왔을 뿐만 아니라 유럽의 술, 금속 무기, 총포 그리고 유럽인들이 자신도 모르게 몸에 묻혀온 천연두, 홍역, 매독, 독감, 결핵, 장티푸스 같은 병균들은 면역체계를 갖추지 못한 오세아니아 원주민들에게는 치명적이었다. 유럽인과의 접촉으로 인해 순식간에 수십만 명의 부족들이 지구상에서 사라졌다. 1600년에서 1900년 사이 오세아니아 토착민의 인구는 약 40%정도 감소하였다. 특히 오스트레일리아 원주민인 애버리지니 인구는 1788년부터 1937년까지 약 87%가 줄었으며, 뉴질랜드 원주민인 마오리 인구는 1820년에서 1900년 사이에 약 50%가 줄었다. 원주민들과 함께 그들의 언어도 소멸되거나 점점 잊혀져갔다. 하지만 역설적이게도 오늘날 백인 중심의 사회가 되어버린 오세아니아의 많은 지역에서 주변으로 밀려난 원주민들의 보호구역은 천연의 관광지로, 그들의 천시되었던 전통문화는 관광객의 유흥을 위한 이국적 상품으로 전락하여 오세아니아 경제에 중요하게 기여하고 있다.

오세아니아 지역에는 오스트레일리아(Australia), 피지(Fiji), 키리바시(Kiribati), 미크로네시아(Micronesia), 마셜제도(Marshall Islands), 나우루(Nauru), 뉴질랜드(New Zealand), 팔라우(Palau), 파푸아뉴기니(Papua New Guinea), 솔로몬제도(Solomon Islands), 통가(Tonga), 서사모아(Western Samoa), 투발루(Tuvaiu), 바누아투(Vanuatu) 등 14개의 독립국이 있다. 또한 미국, 오스트레일리아, 프랑스, 뉴질랜드의 직 · 간접적 지배를 받고 있는 괌(Guam), 하와이(Hawaii), 프랑스령 폴리네시아(French Polynesia), 쿡제도(Cook Islands), 노퍽 섬(Norfolk Island) 등 20여 개의 속국들이 있다. 이러한 다양한 문화와 역사를 지닌 국가들이 존재함에도 불구하고 지면상 여기에서는 오세아니아 지역의 대표적 영어권 국가인 오스트레일리아와 뉴질랜드만을 다루고자 한다.

··· 2. 남녘의 미지의 땅 오스트레일리아

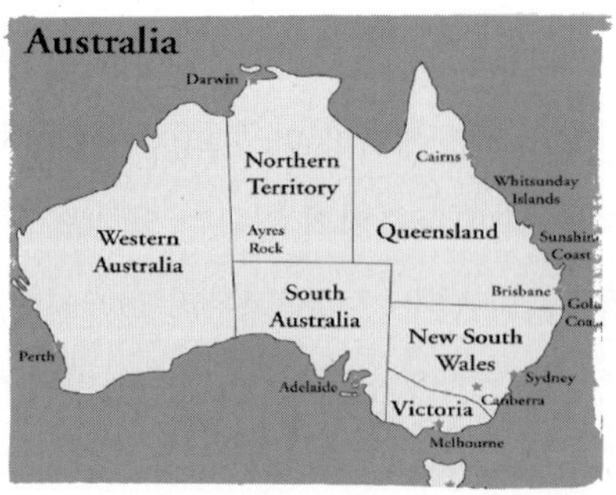

오스트레일리아의 한국식 국명 호주(濠洲)는 일본식 표현 '호태리아주'(濠太利亞洲)의 줄인 말로 의미와는 관계없이 한자 발음만 빌어서 표기한 것이다. 공식 명칭은 오스트레일리아 연방(Commonwealth of Australia)으로 남반구의 환태평양 사이에 위치한 세계에서 가장 큰 섬이자 가장 작은 대륙이다. 오스트레일리아는 라틴어로 남쪽이라는 뜻의 '오스트랄리스'(Australis)에서 유래되었으며 프톨레마이오스(Ptolemaeos, AD 100~170)의 세계지도에 인도양의 남쪽에 있는 '미지의 대륙'으로 기록되어 있다. 이후 18세기까지 유럽의 지도제작자들은 오스트레일리아를 라틴어로 '남녘의 미지의 땅'(Terra Australis Ignota/Terra Australis incognita), '마잘란의 땅'(Magallanica), 또는 '성령이 깃든 남녘의 땅'(La Australia del Espiritu Santo)이라는 명칭으로 표시하였다. 1803년에 영국 해군중령이자 지도제작자인 매튜 프린던스(Matthew Flinders)는 인류 역사상 처음으로 이 지역을 일주하면서 오스트레일리아가 한 개의 대륙이라는 사실을 확인하고 지도상에 '오스트레일리아'로 표기하였다. 그 후 1824년에 영국정부가 이 명칭을 공식적으로 채택하여 사용하기 시작하였다.

오스트레일리아는 농업과 목축업이 발달하였고 온화한 대륙성 기후와 아름다운 자연경관으로 '지상의 낙원'이라고도 불린다. 하지만 그 역사는 온화하고 아름답지만은 않다. 오스트레일리아는 영국식 의원내각제를 기본으로 영국여왕이 국가원수인 입헌군주제 형태를 갖추고 있으며 대부분 영국, 유럽, 아시아 등 여러 국가에서 온 이민자들로 이루어진 '이민국가' 또는 '다문화국가'이다. 오스트레일리아 통계청에 따르면 2006년 현재 오스트레일리아의 인구의 약 25%가 유럽이나 미국 등 타국에서 태어났다. 또한 선조(先祖)(what is the person's ancestry?)에 관한 질문조사결과 영국계(31.6%), 아일랜드계(9%), 스코틀랜드계(7.5%), 이탈리아계(4.2%), 독일계(4%), 중국계(3.2%) 순으로 나타났으며, 37%는 단순히 '오스트레일리아인'이라고 답하였다. 오스트레일리아는 다양한 기후와 지형을 가진 넓은 섬으로 국토면적은 미국 본토와 거의 같고 한반도 면적의 약 35배 그리고 남한의 78배에 달한다. 인구밀집 지역은 모두 항구 도시로 시드니, 멜버른, 브리스번, 퍼스 등이고, 시드니와 멜버른 중간지점에 위치한 계획도시 캔버라는 오스트레일리아의 정치수도이다. 영어를 공식어로 사용하고 이탈리어, 그리스어, 아랍어, 중국어 등도 널리 사용되고 있다. 오스트레일리아 국민들은 스스로를 '오지'(Aussie)라 부른다.

살아남은 자들의 역사 속 슬픔을 간직한 애버리지니

오늘날 애버리지니(Aborigine은 라틴어 origine에서 파생된 단어로 '최초의,' '태생의'를 뜻함)라 불리는 오스트레일리아 대륙의 최초 정착민들은 약 30,000년 이전에 동남아시아에서 이주해온 것으로 여겨진다. 영국의 유형식민지로 개발되기 이전에는 약 300,000명의 원주민들이 약 250가지의 언어를 사용하였고, 채집 · 사냥 · 고기잡이에 의존하면서 해안지대와 일부 내륙 하천연변에서 살았던 것으로 추정된다. 오스트레일리아 원주민은 대륙 전체에 광범위하게 흩어져 살았고 그들의 문명은 세계에서 가장 오래 된 것으로 여겨진다. 지구의 남쪽에 황금의 섬이 많다는 소문을 따라 탐험을 하던 유럽인들이 실제로 이 대륙에 들어온 것은 17세기부터이다. 1606년 네덜란드의 빌렘 얀스존(Willem Janszoon)이 이끄는 탐험선 두이프켄(Duyfken)호가 대륙 북부의 카펀테리아만(Gulf of Carpentaria)에 내항한 것을 시초로 하여 가끔 네덜란드의 배가 오스트레일리아 대륙을 방문하게 되었다. 1642년 네덜란드 탐험가 아벨 태즈만(Abel Tasman)이 오스트레일리아가 동서남북의 네 해안으로 이루어졌다는 것을 증명하였다. 17세기를 통하여 네덜란드인은 이 대륙의 북안 · 서안 및 태즈메이니아 섬(Tasmania Island)등의 지역을 묶어 새로운 네덜란드라는 뜻의 '뉴 홀랜드'(Nieu Holland)라 불렀다. 영국인으로서는 윌리엄 댐피어(William Dampier)가 1688년에 북서안의 킹 사운드 부근에 상륙한 것이 최초이다. 하지만 유럽인들은 이 새로운 지역을 그저 지도상에 '남녘의 미지의 땅'으로 표기된 불모의 황무지

정도로 여겼을 뿐 관심을 보이지 않았다.

1770년에는 영국인 제임스 쿡(James Cook) 선장이 보타니만(현 시드니의 일부)에 상륙하였고 다시 동해안을 따라 북상하여 요크 곶 부근(Cape York Peninsula)에 위치한 포세션섬(Possession Island)에 도착하였다. 8월에 쿡 선장이 이곳에 영국 국기를 게양하고 오스트레일리아 대륙 동부의 영유를 선언하면서 이 지역을 뉴 사우스 웨일스(New South Wales)라고 명명하였다. 1776년에 미국독립혁명이 발발하여 그때까지 미국으로 보내고 있던 죄수를 처리하지 못하게 된 영국은 오스트레일리아 대륙을 새로운 유형식민지(the Australian penal colony)로 이용하기 시작하였다. 1787년에 아서 필립(Arthur Phillip) 대령이 이끄는 두 척의 군함의 감시 하에 9척의 배(the First Flee)에 750여명의 죄수(여자 153명, 어린이 11명, 상당수의 아일랜드 정치범도 포함)를 나누어 싣고 8개월의 긴 항해 끝에 1월 26일에 포트 잭슨(오늘날의 시드니로 발전)에 입항하였다. 이를 기념하여 1월 26일은 오스트레일리아 건국기념일(Australian Day)로 지정되었으며, 선단을 이끈 필립 대령은 뉴 사우스 웨일스 식민지의 초대 총독으로 임명되었다. 1866년에 유형이 중지될 때까지 약 16만 명의 죄수들이 오스트레일리아로 보내졌고 그들 중 약 25%가 아일랜드인이며 여자 죄수는 2만 5천 명뿐이었다. 이러한 남녀성비의 불균형의 가장 큰 피해자는 여자죄수와 원주민 여성들이었다. 여자유형죄수들은 성적유희의 대상으로 취급되었고 흔히 창녀로 여겨졌다. 무엇보다 죄수와 관리들은 기분 내키는 대로 원주민 여성들을 납치하여 강간하는 일들이 빈번하게 일어났다. 1793년에는 최초의 자유이민자 11명이 도착하였다. 이로써 백인에 의한 오스트레일리아의 역사, 즉 수탈과 착취로 얼룩진 식민역사의 장이 열리게 되었다.

1801년부터 1899년까지를 대탐험의 시기(the Great Age of Exploration)라 일컫는다. 1813년에 시드니 서쪽 블루산맥너머에 광활하고 기름진 들판이 발견됨으로써 식민지는 서쪽을 포함한 북쪽과 남쪽으로 확대되어 갔다. 산업발전이 미비했던 오스트레일리아에서도 1796년 존 맥커더(John Macarther)가 스페인산 메리노종 양 번식에 성공하면서 양모 생산을 중심으로 하는 목축업이 활성화 되었다. 이를 기점으로 오스트레일리아 발전의 제1기가 태동하게 된다. 1827년에 대륙 전체가 영국령이 되었고 1830년대에는 호바트, 브리즈번, 멜버른 등에 새 식민지가 건설되었다. 인구도 급증해서 1820년에 3만4천 명이었는데 1850년에는 40만 명을 넘어섰다. 또한 자유이민자들이 늘어나면서 식민지 곳곳에서 유형반대운동이 펼쳐졌으며, 그 결과 1840년에 뉴 사우스 웨일스의 유형수송이 공식적으로 금지되었고 최종적으로 1866년에 유형수송이 전면 중지되었다. 1820년부터 1840년대를 유형식민지에서 자유식민지로 전환되는 시기라고 한다면, 1850년부터 1890년대는 식민지경제의 자립과 발전의 기반을 조성하는 대륙개발의 제2기라 할 수 있다. 이는 1851년에 금광발견으로 촉진되었으며, 1861년까지 이어진 골드러시(Gold Rush)는 인구의 급증, 교통의 발달, 도시화의 진전, 영국자본의 유입 등 경제적 · 사회적으로 커다란 영향을 미쳤다. 예를 들면 금광 채굴자들에게 식량을 공급하기 위한 밀의 재배 및 기타 농업이 발전하기 시작하였다. 하지만 그 후 오스트레일리아 농업은 영국의 중요한 식량공급원이 되었다. 또한 영국자본이 유입되면서 공공투자와 냉동선 취항 등의 기술발전이 이루어졌고 결과적으로 양모 산업 외에도 밀재배 · 낙농 · 육우사육 산업의 활성화를 가져왔다. 하지만 1890년대에 들어서면서 영국투자자본과 양모수출에 의존하는 식민지경제의 약점은 대불황과 가뭄을 통해 드러나면서 국가차원의 독립정부의 필요성이 대두되었다. 금광발견과 산업발전으로 인해 세계 각지에서 이민이 쇄도하여 오스트레일리아 인구(원주민 제외)는 1851년에는 44만 명, 1861년에는 117만 명, 1891년에는 324만 명으로 증가하였다.

오스트레일리아 식민지경제 발전은 백인개척민들의 정치의식과 가치관에 변화를 가져왔다. 1850년 동부 5개 식민지와 1890년 웨스턴 오스트레일리아가 선거에 의한 의회와 내각책임제를 도입하면서 자치식민지가 되었다. 1888년에는 6개의 식민지 주(州)들은 유색인종의 이민을 배척하고자 의견을 통일하여 중국인 이민을 제한하였고 1896년에는 모든 유색인종의 이민을 금지하였다. 이는 정치적 · 경제적 · 사회적 · 문화적으로 백인사회의 동질성을 유지해야 한다는 유색인종 차별정책인 '백호주의'(White Australia Policy)의 시발점이 되었다. 1850년대 골드러시와 함께 중국인을 중심으로 한 유색인들의 이민이 시작되었고 그들은 저임금 노동자로서 유형식민지 백인사회에 동화되지 않은 채 비백인계, 비유럽계 민족공동체를 형성하였다(1861년 아시아계 인구가 오스트레일리아 전체인구의 3.5%를 차지함). 경제적으로 위협을 느낀 백인노동자들의 반발이 생겨났고 인종적 편견과 식민지 민족주의에 의한 배척 기운이 높아졌다. 1880년대부터 식민지 주들은 아시아인들의 입국을 효과적으로 억제하는 백호주의정책을 구축하기 시작하였고 1901년 연방 발족 후, 각 주가 실시해 온 이민제한법을 통일 · 정비하여 유색인종제한법을 채택하였다. 앵글로색슨의 권익보호를 목적으로 한 이 법률은 사실상 유색인종의 이민을 금지하였으며 1966년에서야 폐지되었다. 1893년 이후 각 주 총리회의가 개최되면서 각 주를 통일하는 연방을 설립하려는 기운이 성숙해짐으로써 1900년에 연방헌법이 제정되었다. 1901년 1월 1일에는 뉴 사우스 웨일스, 빅토리아, 태즈메이니아, 퀸랜드, 웨스턴 오스트레일리아, 사우스 오스트레일리아로 구성된 오스트레일리아연방이 발족되었다. 연방헌법에 따라 연방의 수도가 잠정적으로 멜버른으로 정해졌으나, 1911년에 수도지역이 결정되었고 1913년에 그 중심에 해당하는 지역을 캔버라로 명명하였다. 그리고 1922년에 최초의 연방의회가 열렸다.

이처럼 영국의 유형식민지에서 오스트레일리아연방으로의 독립은 유혈투쟁 없이 이루어졌다고 역사는 기록하고 있다. 하지만 유럽인들이 넓은 대지와 풍부한 자원을 가진 미개척지 오스트레일리아에 정착하기 시작한 1800년대 이후로 고난과 역경으로 점철된 원주민들의 역사는 오랫동안 무시되거나 왜곡되었다. 초기 150년 동안 원주민들과 유럽 백인과의 관계는 일방적인 수탈과 물리적 학대, 원주민 사회의 분열과 인구감소 정책, 경제적 착취와 인종차별, 그리고 원주민들의 전통문화 유린 등 탈문명사회의 전형이었다. 백인들의 식민침탈 이후 애버리지니 인구는 1911년에 3만 1천 명으로 줄어들었고, 현재 유네스코 세계자연유산으로 지정된 태즈메이니아 섬의 원주민인 네그리토(Negrito)는 완전히 사멸되었다. 오스트레일리아 정부는 원주민보호법을 제정하여 마치 원주민들을 보호하고 복지수준을 향상시키려 노력하는 것처럼 비추어졌지만, 실제로는 원주민들을 억압하고 이들의 독자적인 발전이나 행보를 철저하게 차단하고자 하였다. 20세기 중반 원주민 보호정책은 원주민들의 주거지역을 제한하고, 음주 행위에서부터 임금 수준과 결혼에 관한 사항까지 철저하게 통제하였다. 1962년에 원주민들에게 시민권이 주어졌으나 1971년에야 비로소 그들의 땅에 대한 제한된 권리가 인정되었다. 2006년도 현재 오스트레일리아 원주민들과 토레스 해협 섬주민들(Torres Strait Islanders)은 오스트레일리아 전체 인구에 2.5%를 차지한다(1967년까지 원주민들은 인구조사에 포함되지 않음).

사라진 사람들 그리고 남겨진 문화유산

1688년 영국인으로서 최초로 오스트레일리아에 발을 디딘 윌리엄 댐피어 대령은 그의 세계일주 항해(1679~1691)를 기록하면서 오스트레일리아와 원주민들을 다음과 같이 묘사하였다:

> 뉴 홀랜드는 아주 드넓다. 이곳이 섬인지 대륙인지 확실치 않지만 아시아도, 아프리카도, 아메리카도 아님은 확실하다. . . . 이 지역의 거주민들은 세계에서 가장 비천한 사람들이다. 모노마타파의 호드매토드(남아프리카제국의 원주민들)도 메스꺼웠지만 물질적인 풍요 면에서 이들에 비하면 신사이다. 이들은 집도 없이 벌거벗고 돌아다녔고, 그저 양, 새, 과일, 타조의 알 등 주변에 있는 것들을 먹었다. 이들은 인간의 형상을 가졌을 뿐 짐승과 다를 바가 없다. (A Collection of Voyages 463-64)

오스트레일리아 대륙에는 다양한 먹을거리가 풍부하였기에 원주민들은 수렵과 채집을 하면서 유목민 생활을 하였다. 찰스 다윈의 『종의 기원』(1859)에 기록되었듯이, 오스트레일리아의 광활한 대륙에는 유럽인들의 상상력을 자극할 만한 놀라운 동식물들이 서식하고 있었다. 알을 낳는 포유류인 오리너구리, 에뮤라는 이름의 날지 못하는 큰 새, 캥거루, 왈라비, 코알라 등 다양한 유대류와 450종이 넘는 도마뱀이 있었고 큰고랭이 뿌리, 풀나무 싹, 방가지똥 등 다양한 식물들이 자생하고 있었다. 이러한 동식물들이 지천에 널려있기 때문에 원주민들은 땅을 파는 꼬챙이, 창이나 부메랑 같은 단순한 도구를 사용하여 간단하게 먹을거리를 마련하였으며 가벼운 차림으로 철마다 이동하는 생활을 하였다. 남자들은 동물사냥에 필요한 창 같은 간단한 무기만을 지니고 다녔고 여자들은 물을 긷거나 식물씨앗이나 뿌리를 채집하고 아기를 운반하는 등 다용도로 편리하게 쓰이는 쿨라몬(coolamon)이라는 나무바구니를 들고 다녔다. 그러므로 원주민들에게는 마을이나 집이 필요가 없었고 땅을 일구어 작물을 재배하거나 가축을 기르지 않아도 되었다.

애버리지니 창조신화 '꿈의 시대'(Dreamtime)에 의하면, 신성한 시대인 꿈의 시대에 대지가 생명을 얻으면서 모든 것이 창조되었다고 한다. 꿈의 시대란 '시간 전의 시간'(time before time) 또는 '시간 밖의 시간'(time outside of time), 즉 '모든 사물 창조의 시간'(time of the creation of all things)을 의미한다. 원주민들은 대지를 생명의 원천으로 신봉하였으며 다양한 동물들과 마찬가지로 그들 또한 대지에 속한다고 여겼다. 그들 스스로를 도마뱀 인간, 에뮤, 악어 물수리, 캥거루의 자손이며 창조는 새로운 자손의 탄생을 통해 끊임없이 되풀이 된다고 믿었다. 고립된 지리적 위치로 인해 원주민들은 다른 지역과 문화적, 생물학적 교류가 없었으며 거룩한 영혼이 깃들 땅을 돌아다니는 자연친화적인 공동체 삶의 방식으로 사막에서도 비교적 풍족하게 살았다. 원주민들은 지니고 다닐 수 있는 만큼만 소유하였기에 그들에게 사유재산이나 축적 또는 물물교환이라는 개념은 존재하지 않았다. 따라서 원주민들에게 오늘날과 같은 매매나 개발의 대상으로의 대지는 상상조차 할 수 없는 일이었다.

게다가 애버리지니들의 예술적 재능이나 미적 감각은 나무 속껍질에 물감으로 사람과 동물 모양을 자연 그대로 묘사하거나 신화적 존재들을 묘사한 바크 페인팅(bark painting)에서 엿볼 수 있다. 애버리지니들은 또한 물감, 진흙, 깃털 등으로 신체를 장식하거나 심지어 할례 같은 의식을 통하여 신체를 조각하기도 하였다. 더 나아가 꿈의 시대 조상의 명령에 따라 각 부족마다 신체변형을 위하여 다양한 방법을 고안해 내었다고 한다. 앞니 하나를 뽑아 버리거나 또는 콧구멍 속으로 창끝을 찔러 넣기도 했다. 서구 유럽인의 눈으로 보면 이러한 원주민들의 모습은 파란 개구리, 검은 백조, 붉은 모래, 오리너구리 같은 괴상한 동물만큼이나 원시적이며 무질서하고 문명과는 동떨어져 보였을 것이다.

18세기 영국의 제임스 쿡 선장은 오스트레일리아 대륙을 '아무에게도 속하지 않은 땅' 또는 '사람이 살지 않는 땅'을 뜻하는 테라 눌리우스(terra nullius)라 선언했다. 즉 법률적으로 아무도 그곳에 살지 않았으므로 그 누구도 땅의 소유권을 주장할 수 없다는 것

"... the revenge of the Whites, as they are hunted down and shot like dogs"

Lithographs by Alfred Scott Broad (1854-1929)

Reproduced by permission of the National Library of Australia

이다. 수만 년을 조상 대대로 오스트레일리아 대륙을 삶의 터전으로 지켜왔던 오백여개 부족의 주민들은 서구백인들이 규정한 법으로는 존재하지 않는 존재가 되어 고향을 빼앗기고 그들의 독자적인 언어, 문화, 전통, 삶은 지워졌다. 1788년에 최초로 식민유형지가 건설되면서 유럽인들의 이주가 시작되었고 그들과 함께 건너온 천연두, 홍역, 독감, 성병 등 온갖 질병들은 면역력이 약한 원주민들에게는 치명적이었다. 유럽인들과 접촉한 지 12년 만에 원주민들의 절반이 천연두로 목숨을 잃었다. 더불어 원주민들이 사용하였던 250-300여개의 언어와 600여개의 방언 중 약 15개 언어를 제외하고는 모두 소멸했거나 사라질 위기에 놓였다.

식민역사 속 아프리카나 카리브지역 원주민들처럼, 오스트레일리아 원주민들도 안안구(Anangu), 쿠리(Koori), 무리(Murri), 눈가(Nunga), 왕가이(Wangkai)라는 부족의 고유한 이름 대신 흑인 또는 깜둥이(nigger)로 불렸다. 그들의 이름과 함께 그들의 역사 또한 의도적으로 무시되고 지워졌다. 오늘날 애버리지니라 불리는 원주민들은 토착어가 섞인 오스트레일리아 애버니지니 영어(Australian Aboriginal English)를 사용한다. 그러한 식민언어로 애버리지니 작가들은 소멸의 위기에 놓인 문화와 조상들의 사라진 역사를 찾고자 노력하면서 부족의 결속력을 구체화시키는 목소리를 내고 있다. 대중적으로 성공한 혼혈원주민 작가 샐리 모건(Sally Morgan)의 자서전적 소설 『나의 자리』(My Place, 1987)가 그 대표적인 예이다. 이 소설에서 모건은 할머니와 어머니 세대에 걸친 가족의 숨겨진 과거를 파헤치면서 식민역사에서 지워진 애버리지니들과 그들에게 행해졌던 문화적 말살과 폭력에 관한 대항적 기억(counter-memory)을 서술하고 있다.

19세기 후반부터 1970년대까지 백호주의정책의 일환으로 원주민 동화정책을 폈던 오스트레일리아 정부는 원주민을 백인사회에 동화시킨다는 미명하에 정부 차원의 '원주민가족 와해 정책'을 시행하였다. 그 일환으로 좋은 조건에서 양육한다는 명목으로 11만 명의 자녀들을 가난한 원주민 부모들에게서 강탈하여 수용소에 방치하였다. 이 어린이들이 이른바 '도둑맞은 세대'(Stolen Generation)라고 불린다. 이 정책은 인종차별을 정당화시키는 사회적 다윈주의, 즉 열등한 종족은 도태되어야한다는 이론에 기반을 두고 있다. 당시 많은 백인관료들은 그들이 원주민 아이들을 위해 올바른 일을 하고 있으며 원주민 말살이 국가통합의 차원에서 궁극적으로 도움이 된다고 확고히 믿었다. 따라서 순수 혈통의 원주민들을 혼혈아와 분리시켜 원주민의 출산을 억제하며 원주민을 교화 또는 원주민 문화를 말살하려는 정책을 펼쳤다. 부모로부터 강제로 분리된 도둑맞은 아이들은 백인가정으로 입양되거나 기숙사로 보내져 최소한의 교육만을 받은 후 농장이나 공장 등에 일꾼으로 보내졌다. 그들의 생활환경은 열악했고 음식은 부족했으며 성적학대까지 받았다.

> **호주 정부, 원주민에 '100년만의 사과' : 1900~70년대 '동화정책' 관련 "부모 · 어린이 생이별 고통 사죄"**
>
> ... 케빈 러드 총리는 이날 의회에서 발표한 사과문에서 "우리는 동료 오스트레일리아인(애버리지니)에게 깊은 슬픔과 고통, 손실을 안긴 역대 의회와 정부의 법률과 정책에 대해 사과한다"고 말했다고 <비비시>(BBC) 방송 등 외신들이 전했다. 사과문은 1900년대부터 1970년대까지 '동화 정책'이라는 미명 아래 부모와 생이별해 강제로 백인 가정에서 양육된 원주민 어린이들인 '도둑맞은 세대'에 초점을 맞췄다. 60여 년간 원주민 어린이의 10%가 강제로 고아원 등에 수용됐는데도, 대다수 국민들은 이를 모르거나 모른 척했다. 90년대 후반 정부 조사에서 전모가 밝혀졌지만, 보수당 소속인 존 하워드 전 총리는 공식 사과를 완강히 거부했다.
>
> ... 오스트레일리아 국민들 다수가 '과거 정부가 저지른 잘못에 우리가 사과할 필요가 없다'고 믿기 때문이다. 여론 조사에서 이번 총리의 사과를 지지하는 국민의 비율은 30%에 지나지 않았다. 오스트레일리아 인구의 2%를 차지하는 애버리지니들은 사회의 최하층을 구성하고 있다. 평균 수명은 백인보다 17살 짧고, 실업률은 3배, 투옥률은 13배나 높다.
>
> (2008년 2월 13일자 한겨레신문 발췌)

도리스 필킹톤 가리마라(Doris Pilkington Garimara)의 『토끼 울타리』(*Rabbit-Proof*

Fence, 1996)는 도둑맞은 세대로서 작가 어머니가 겪은 실화를 기록하고 있다. 1931년 오스트레일리아의 서부 지가롱(Jigalong)에서 원주민가족과 생활하던 혼혈아인 몰리, 데이지, 그레이스는 백인정부의 정책에 의해 소위 백인들의 문명화 교육을 강요당하는 수용소로 잡혀간다. 하지만 어린 소녀들은 그곳을 탈출하여 토끼울타리를 따라 2400킬로미터를 9주 동안 걸어서 사막의 고향으로 되돌아온다. 토끼울타리는 유럽산 토끼의 대량번식으로 인한 농작물 피해를 막기 위해 1901년에서 1907년 사이에 오스트레일리아 대륙을 남북으로 가로지르며 설치되었다. 1788년에 유럽인들이 들여온 유럽산 토끼는 토종식물과 작은 동물을 멸종시키는 등 오스트레일리아 생태계에 커다란 피해를 주었다. 2002년에 뉴 사우스 웨일스 태생 필립 노이스(Phillip Noyce) 감독이 『토끼 울타리』를 영화화하여 오스트레일리아 정부의 자기기만적, 인종차별적 신념을 비판하고 민족과 역사 그리고 인간의 존엄성의 문제를 제기하였다. 2008년 2월 13일 오스트레일리아 총리 케빈 러드(Kevin M. Rudd)는 최초로 과거 정부의 원주민 탄압역사, 특히 과거 도둑맞은 세대에게 슬픔과 아픔 그리고 재산상의 손실을 끼친 과거 정부의 법과 제도, 정책에 대해서 공식 사과하였다. 하지만 도둑맞은 세대는 여전히 격렬한 정치적 논쟁을 불러일으키는 뜨거운 감자이다. 무엇보다 애버리지니들에게는 결코 지워지지 않는 아픔으로 역사의 한 장을 장식하고 있다.

유형죄수들과 그들의 후예들이 만들어 가는 사회

오랫동안 오스트레일리아 국민들은 국가의 정통성을 영국의 전통 그리고 품위에서 찾고자 노력했다. 따라서 빈민하층 계급인 유형죄수의 유산이나 과거는 국가적 오점으로 치부되었고 정규교육에서조차 그들의 역사는 무시되었다. 심지어 역사학자들까지도 유형죄수들의 경험과 삶에 대해 침묵하였다. 1960년대에 들어서야 오스트레일리아의 건국과 국가주체성 확립에 있어 유형죄수들의 역할에 대한 논의가 이루어졌다. 역사적으로 지배층 백인들의 폭력은 오스트레일리아 원주민들에게만 행해진 것은 아니었다. 원주민들이 쫓겨난 자리를 채운 영국의 유형죄수들 또한 지배계급의 핍박에 시달려야 했다. 고국에서 버림받은 유형죄수들에게 이 신대륙은 새로운 삶의 터전이 되었고 그들의 후손들에게 오스트레일리아는 단지 원주민들에게 빼앗은 땅이 아닌 본인들이 태어나고 살아가야 할 고향이었다. 이런 점에서 유배죄수의 후손들이 스스로를 '토박이 오스트레일리아인'(Native Australians)이라 칭함은 주목할 만하다

오스트레일리아로 유배된 죄수들 상당수가 런던의 하층노동자나 빈민들이었다. 영국의 산업혁명은 전통적 농촌을 붕괴했고 근대적 도시화를 촉진하면서 경제적, 사회적 변화를 가져왔다. 상류 지주계급이었던 귀족과 중산계급인 부르주아지가 이해관계를 형성해가면서 서민들은 노동자나 빈민으로 전락하였다. 지주와 자본가들의 착취와 횡포로 가난에서 벗어나지 못했던 이들은 생계형 절도범이나 좀도둑 또는 매춘부가 되었고 오스트레일리아로 추방당한 사례가 많았다. 예를 들면, 아일랜드 출신의 런던 면직물공장의 가난한 노동자 헨리 존슨(Henry Johnson)은 구두 한 벌을 훔친 죄로 7년형을 선고받고 오스트레일리아로 유형 되었다. 그 후에 그는 해리 파워즈(Harry Powers)로 개명하였고 유형지 감옥을 탈출하여 오지(outback)의 산적(bushranger)으로 활약하였다. 또한 유형죄수들 중에는 살인이나 강도 등의 중범죄자들 뿐만 아니라 스코틀랜드 성직자, 아일랜드 독립운동가, 노동운동가, 인권운동가 등 상당수의 정치범과 지식인들도 포함되어 있었다.

영국 본토에서 추방당한 죄수들은 더 이상 고향으로 돌아갈 수 없다는 사실을 현실로 받아들이면서 유형지에서 가정을 꾸리며 삶의 터전을 가꾸어 나갔다. 뉴 사우스 웨일스의 초대 총독 아서 필립은 죄수들을 범죄에 상관없이 기술능력에 따라 벽돌공, 목수, 간호사, 하인, 목동, 농부 등의 일을 배정하는 노동체제를 구축하였다. 죄수들은 정부관료나 자유이주자 또는 상인에게 배정되어 무보수노동을 제공하면서 의식주를 보장받았다. 남자 죄수들은 다리, 도로, 정부 주요시설물 건설이나 농장에 투입되었고 여자 죄수들은 대부분 하녀나 가정부로 배정되었다. 유형죄수들의 규율은 엄격하였으며 아홉 꼬리 고양이(cat o' nine tails)라는 아홉 가닥의 가지가 뻗어있는 채찍으로 매질당하거나 성적으로 유린당하는 일이 흔하였다. 식민유형지의 죄수들은 일종의 백인노예(white slaves)였으며 이렇게 착취된 노동력이 오스트레일리아의 건국과 경제발전의 초

석이 되었음은 의심할 여지가 없다. 1810년부터 1821년까지 뉴 사우스 웨일스 총독을 역임했던 라클런 매쿼리(Lachlan Macquarie)는 '건국의 아버지'라고 칭송 받을 만큼 오스트레일리아가 식민유형지에서 자유이주지로 전환하는데 사회, 경제, 건축 분야에서 지대한 영향을 끼쳤다. 매쿼리는 뉴 사우스 웨일스에서는 모든 이들이 새 출발을 할 수 있으며, 과거의 실수는 너그럽게 용서해주어야 하고 보상과 벌은 현재의 모습에 근거를 두어야 한다는 신념을 가졌다. 따라서 매쿼리는 유형죄수나 형기 전에 석방된 죄수들(emancipists)이 사회의 구성원으로서 자유이주자들과 동등하게 경제활동을 하면서 새로운 삶을 개척할 수 있는 정책을 펼쳤다.

이러한 역사적 사실들은 19세기 영국 문학작품에서

유형지의 성차별(sexism)

영국사회의 관습화된 남녀차별주의는 유형지로 건너와 더욱 심화되었다. 유형지에서 여자 죄수와 남자 죄수의 동거는 흔하게 이루어졌으며 도덕적 비난을 받지 않았다. 하지만 남자 죄수들은 회개와 품행에 따라 갱생의 길이 주어진 반면 흔히 결혼의 유무에 상관없이, 여자 죄수들은 어떤 권리도 주어지지 않았고 심지어 창녀나 매춘부를 지칭하는 속어나 비어(bat, crack, buntel, mort, burick)로 불리며 경멸되었다. 1800년 초에 유형지 장교로 부임한 조세프 포보(Joseph Foveaux)는 남자 죄수와 여자 죄수를 노예처럼 다루었고 특히 여자 죄수들은 성적노리개로 삼았다. 포보와 그의 부하들은 그들이 원하는 모든 여성들(결혼한 여성 포함)을 농락하였고 포보는 여자 죄수가 아닌 그의 부하의 아내까지 탐했다. 유형지 관료들이나 자유이민자들은 여성은 남성의 편의를 위해서 태어났다고 믿었다. 다시 말해 유형지에서 여성들은 철저하게 개인의 소유물로 여겨졌다.

앤 썸머스(Anne Summers)와 미리엄 딕슨(Miriam Disxon)같은 여성주의 역사학자들에 의하면, 여자 유형죄수들의 약 80%이상이 단순 절도범이었고 그 당시 매춘행위로 인해 유형을 선고받은 경우는 극히 드물었다. 하지만 단순히 낙태의 죄목으로 유형지로 보내진 여성들은 있었다. 흔히 유형지의 여성들은 침묵을 강요당한 채 사생아를 키우는 천박한 이브나 술주정꾼 어머니 같은 부정적인 이미지로 묘사되었다. 이는 유형지에서 가부장적 사회질서를 효과적으로 유지하고 나아가 영국 본토의 기독교적 도덕심을 경각시켜 여성의 순결과 순종을 강조하려는 의도가 숨어있었다. 하지만 1918년에 영국 여성의 참정권이 허용된 것 보다 먼저 1902년에 오스트레일리아 여성들에게 참정권과 연방 의회 참여권이 부여되었다는 점은 흥미롭다.

찾아볼 수 있다. 찰스 디킨슨(Charles Dickens)의 소설 『위대한 유산』(*Great Expectations*, 1861)은 어린소년의 성장과정을 그리면서 산업혁명과 식민제국주의 등장으로 급변하는 빅토리아 시대의 영국사회에 나타난 신사와 노동자, 도시와 시골의 반목과 대립을 사실적으로 묘사하고 있다. 이 소설에서 유형죄수 아벨 맥위치(Abel Magwitch)라는 인물은 19세기 본토 영국과 유형지 오스트레일리아의 관계를 이해하는데 있어 중요한 단서를 제공한다. 어린 시절 주인공 핍(Pip)은 탈옥수 맥위치에게 음식과 쇠고랑을 끊을 줄칼을 가져다주는 친절함을 베풀지만 맥위치는 결국 붙잡혀 오스트레일리아로 추방된다. 매콰리 총독 지배하의 다른 유형죄수처럼, 그 후 맥위치는 그곳에서 목양업자로 성공하여 가난한 시골 출신 핍이 런던신사가 될 수 있도록 도와주는 익명의 후견인이 된다.

디킨슨은 오스트레일리아에서 맥위치가 자유인이 되어 자신의 노력과 노동으로 경제적 성공을 얻었다고 언급하였을 뿐 그 과정이나 그의 유형지 삶에 대해서는 자세하게 설명하지 않았다. 이는 빅토리아시대 독자들에게 영국으로부터 지구 정반대 쪽에 있는 오스트레일리아는 그 당시 점점 늘어나는 영국사회의 골칫덩어리인 범죄자들을 해결할 수 있는 장소이며 인도적 차원에서 범죄자들에게 주어진 갱생을 위한 기회의 땅으로만 여겼음을 반영한다. 당시 영국인들은 유형지나 유형죄수들의 처우에 대해 별다른 관심을 보이지 않았으며 사회질서를 위협하는 범죄자들은 머나먼 타지로 추방되어야 마땅하고 다시는 본국으로 돌아와서는 안 된다는 여론이 지배적이었다. 따라서 사회적 、도덕적 이단자로 낙인이 찍힌 맥위치가 런던으로 돌아오는 것은 죽음을 의미한다. 한편으로 맥위치가 핍을 런던의 상류사회 신사(gentleman)로 교육시키려는 노력은 신분계급을 넘어 상류사회로 진입하고자하는 그의 잠재된 욕망의 표현이라고 할 수 있다. 하지만 자신의 후견인이 성공한 유형죄수라는 사실에 경악과 실망을 금할 수 없었던 핍의 모습에서 암시하듯이, 오스트레일리아에서의 성공과 명성에도 불구하고 맥위치는 여전히 추방된 타자로서 런던사회로의 재진입을 거부당한다. 결국 그는 과거의 굴레에서 벗어나지 못한 채 살인을 저지르게 되고 차가운 감방에서 비참하게 생을 마감한다. 런던에서의 맥위치의 현실은 빅토리아시대 본국 영국인들이 가지고 있었던 유형지 영국인들에 대한 문화적, 계급적 우월성을 내포하고 있다.

이렇듯 19세기 본국 영국과 유형지 오스트레일리아와는 정치적, 경제적 필요에 의해 상호밀접하게 관련 되었지만 사회적, 문화적으로는 확고하게 계층적 관계를 유지하였다. 하지만 흥미롭게도 1813년에 매콰리 총독이 식민지의 자체통화제도를 도입하면서 오스트레일리아의 독창적인 문화가 싹트기 시작하였다. 당시 유형지에서 유통되었던 동전이나 지폐를 영국의 페니 은화(sterling)와 구별하기 위해 흔히 '통화'(currency) 또는 '잡종통화'(mongrel currency)라 일컬었다. 유형지 군인이나 관료들은 가치가 훨씬 높은 스텔링으로 보수를 지급받았고 그 밖의 유형죄수들은 커런시를 사용하였다. 그 당시 스텔링과 커런시는 유형지에 거주하는 사람들의 유형을 구분하는 용어로도 쓰였다. 일반적으로 스텔링은 본국 태생 영국인을 일컫고 커런시는 유형지 태생 영국인을 지칭하였다. 전자들이 그들의 정체성을 영국에 두는 반면 후자들은 그들이 태어난 땅 오스트레일리아에 더욱 큰 비중을 두었다. 본국 태생 거주민들이 영국인으로서의 우월성을 내세우듯이, 유형지 태생 거주민들은 개척민으로서의 자긍심을 드러냈다.

오스트레일리아에서 최초로 자유의 몸으로 태어난 유형죄수의 후손들을 '커런시 소년들과 소녀들'(the currency lads and lasses)이라 하였으며 이들은 영국을 전혀 경험하지 못했던 세대로서 스스로를 오스트레일리아 대륙의 토박이라 여겼다. 이 세대는 오스트레일리아 대지는 당연히 자신들의 것으로 믿었고 오스트레일리아 특유의 문화형성에 주춧돌 역할을 하였다. 토박이 백인들은 영국에서 새로 이주해온 부유한 자유정착민들을 경멸하면서 "자발적으로 수입된 악마"(self-imported devils)로 여겼다. 자유정착민들은 영국식 생활방식을 유지하려는 경향이 있는 반면, 토박이들은 오스트레일리아 환경에 맞은 생활양식을 추구했다. 토박이들은 자유정착민들이 쓰고 다니는 영국식 신사모자(the black top-hat)에 빗대어 그들을 놉(Nob)이라 불렀고 자신들은 오스트레일리아 기후에 맞게 만들어진 테두리가 넓고 화려한 모자를 쓰면서 차별화를 시도하였다. 또한 토박이들은 유형지를 제2의 영국으로 만들려는 놉들과 정치적, 사회적 이념을 달리했다. 토박이들은 오스트레일리아의 독창적인 문화와 주체성을 확립해 나가면서 새로운 국가에 대한 비전을 형성하여 나갔다.

19세기 토지분쟁에 휩싸이면서 가난한 농노하층계급으로 분류된 토박이들과 경제적으로 부유하며 계급적 특권을 확대하려는 놈들 사이의 대립은 극에 달하게 된다. 역사적으로 볼 때 이러한 혼란한 상황에서 사회적 약자들을 대변하는 영웅이 등장하기 마련이다. 1854년 아일랜드계 유형죄수의 장남으로 태어난 네드 켈리(Edward "Ned" Kelly)는 오스트레일리아의 의적 로빈 후드로 알려진 인물이다. 가난한 노동자 출신의 네드는 영국 경찰들과 마찰을 자주 일으켰으며 뜻하지 않게 경찰 세 명을 살해하게 되고 도피자금을 마련하기 위하여 은행까지 털게 된다. 삼림지대의 무법자로 낙인찍힌 네드는 그의 형제들과 켈리갱단을 조직하여 은행에 빚진 가난한 농부들의 담보채권을 태워 버리는 등 가난한 민중의 편에 서서 부유한 지배계층과 공권력에 맞서 저항했다. 켈리갱단은 특히 쟁기의 날로 만든 육중한 철갑을 착용한데 기인하여 '철의 무법자'로 불렸다. 공권력에 맞선 그들의 용기와 투쟁은 일반 대중의 지지를 받게 되었고 급기야 네드는 영웅으로 떠받들어졌다. 네드와 켈리갱단의 대중적 인기에 경각심을 느낀 영국 정부는 그들에게 거액의 현상금을 걸고 영국 본토로부터 총경을 파견하는 등 소탕전을 펼쳤다. 1880년에 네드는 체포되어 빅토리아 주민 3만 명의 청원에도 불구하고 멜본 감옥에서 교수형에 처해졌다. 현재 네드가 투옥되었던 감옥은 켈리갱단이 사용한 무기와 유품들을 전시하는 네드 켈리 박물관으로 바뀌었다.

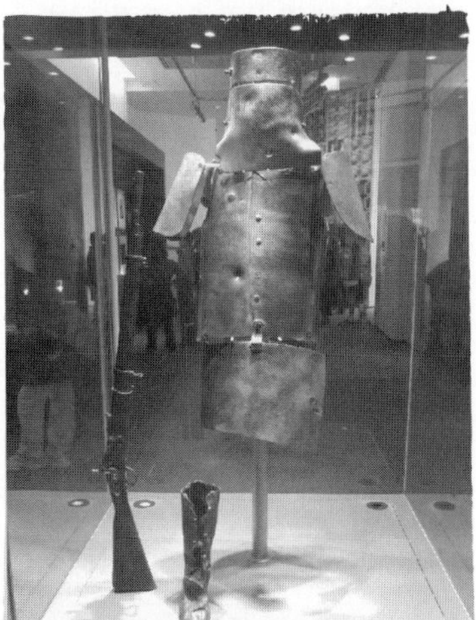

▲ 네드 켈리의 철갑

네드 켈리는 '네드 켈리처럼 용맹한'(as game as Ned Kelly)이라는 표현이 생길 정도로 영국의 지배계급에 대항한 영웅의 모습으로 기억되고 있으며, 오스트레일리아의 문화적, 정치적 상징으로서 그의 활약상을 다룬 많은 책들이 출판되었고 영화로도 만들어졌다. 네드 켈리 전기를 다룬 로버트 드류(Robert Drewe)의 소설 『우리의 희망』(*Our Sunshine*)이 1991년에 출판되었으며, 이 작품을 영화화한 히스 레저와 올랜도 블룸 주연의 〈네드 켈리〉가 2003년에 개봉되었다. 1995년에 오스트레일리아 추리작가협회는 네드 켈리의 이름을 딴 '네드 켈리 상'(The Ned Kelly Awards)을 제정하였다. 그리고 켈리갱단의 철갑은 2000년 시드니 올림픽 당시 개막식 행사를 통해 오스트레일리아의 자랑스러운 문화유산으로 전 세계에 소개되기도 하였으며 켈리갱단이 경찰에 맞서 최후의 항전을 벌였던 장소인 빅토리아주 북부의 작은 마을 글렌로완(Glenrowan)은 2005년에 국가문화유산으로 공식 지정되었다. 네드 켈리에 대한 역사적 논쟁에도 불구하고, 오스트레일리아의 전설과 민담에 나타나듯이, 노동자와 농민 등 사회적 약자에 대한 지배계층의 억압과 폭력이 난무하였던 시기에 네드 켈리의 저항정신과 무용담은 가난하고 소외된 민중들의 의식을 일깨우고 희망의 씨앗이 되었음을 짐작할 수 있다.

네드 켈리처럼 미개척 지역이나 오지에 자리 잡고 개척지 변경에 사는 정착민들을 괴롭히는 산적이나 작은 마을은행과 역마차를 터는 노상강도들을 부시레인저(bushranger)라고 일컬었다. 1789년에 '블랙 시저'라는 별명을 가진 존 시저(John "Black" Caesar)가 최초의 부시레인저로 알려졌으며 초기 부시레인저는 대부분이 탈주한 유형죄수들이었다. 1850년대부터 자취를 감출 때까지 부시레인저는 주로 법망을 피해 도망친 범법자들이었는데 그들은 빼앗은 물건을 비슷한 처지의 가난한 사람들에게 나누어 주거나 피해자들을 인간적으로 대우하기도 했다. 최후의 부시레인저로 알려진 인물은 1901년에 교수형을 당한 두 명의 원주민 거버너 형제들(Governor Brothers)이다. 민중들 사이에서 부시레인저는 식민지배의 억압에 대항하고 무법적 낭만주의를 표상하는 인물로 미화되거나 예찬 되어왔다.

부시레인저의 오지의 삶과 경험을 노래하는 음악을 부시음악 또는 부시발라드(bush ballad)라 하고 이는 오스트레일리아 민속시가의 형태로 발전하였다. 전형적으로 부시발라드는 채광, 목축, 양털 깎기, 네드 켈리 같은 범법자, 지주와 노동자 간의 계급 갈등 등 다양한 주제를 노래하였다. 부시발라드는 초창기 오스트레일리아에서 나타난 순환적이고 반항적인 정신과 거대한 자연과 맞서기 위한 생존수단으로서의 협동심 같은 개척민 특유의 가치관을 내포하고 있다. 부시연주가들을 부시음유시인이라 불렀으며

1880년대와 1890년대 대중문화의 기수로서 작가 앤드류 바튼 패터슨(Andrew Barton "Banjo" Paterson)과 헨리 로슨(Henry Lawson)이 부시음악을 유행시키는데 크게 기여하였다. 초창기 부시발라드로는 '용감한 잭 도나호'(Bold Jack Donahoe), '사나운 식민지 소년'(Wild Colonial Boy)등이 있다. 그리고 가장 유명한 부시발라드는 패터슨의 '춤추는 마틸다'(Waltzing Matilda, 1895)이다. '춤추는 마틸다'는 오스트레일리아인들이 열망하는 자유와 이상을 표현하고 있으며 오랫동안 비공식적 국가로 연주될 만큼 국민들에게 사랑을 받아왔다. 또한 부시음악이 표상하는 것이 백인중심의 단일문화이며 성차별적 상황을 낭만적으로 표현한다는 비판의 목소리도 생겨났다. 20세기 중반부터 부시음악이 다시 활성화되기 시작하였고 부시발라드 여성가수에 대한 관심도 증가하였다.

▲ 오스트레일리아 10 달러 지폐

부시발라드의 대중적 사랑과 관심을 반영하듯이 오스트레일리아에서 가장 많이 사용되는 10달러 지폐 전면에는 패터슨의 대표작 "눈 덮인 강에서 온 사나이"(The Man from Snowy River)와 함께 그의 얼굴이 그려져 있고 후면에는 여류작가 메리 길모어(Mary Gilmore)와 그녀의 시 "어떤 적도 우리의 수확을 가질 순 없다"(No Foe Shall Gather Our Harvest)가 인쇄되어 있다. 급진적 작가인 길모어는 당시 젊은 오스트레일리아의 모습을 박력 있고 진취적으로 묘사하는 불리틴 학파(Bulletin School)의 일원이었다. 1880년에 '백인을 위한 오스트레일리아'(Australia for the White Man)라는 정치적 구호 아래 창간 된 주간지 『불리틴』(*The Bulletin*)은 1890년부터 제1차 세계대전까지 오스트레일리아의 문화와 정치에 커다란 영향력을 행사하였다. 19세기 급진주의(radicalism)와 외국인 혐오증(xenophobia)이 혼합된 사회적 분위기 속에서 불리틴은 '개척자의 성경'으로 알려졌고 반제국주의적 국가주의와 노동조합 결성을 강력하게 주장하였다. 이 잡지를 통하여 밴조 패터슨과 헨리 로슨 그리고 스틸 러드(Steele Rudd) 같은 유토피아적 이상주의와 감상주의적 사실주의 작가들이 배출되었다. 불리틴을 통해 알려진 작가들 중 아일랜드계 이주민의 아들로 태어난 조세프 퍼피(Joseph Furphy)는 오스트레일리아 소설의 아버지라 칭송된다. 그는 탐 콜린스(Tom Collins)라는 필명을 사용하였으며 오스트레일리아의 시골생활과 향토색에 대한 예리한 감각과 독학한 노동자 특유의 절충주의 철학과 문학사상을 보여준다. 그의 고전소설『인생은 그런 것』(*Such is Life*, 1903)은 농장 생활의 세부적 묘사, 소몰이꾼들의 대화, 국가주의에 대한 감정 등을 주제로 1880년대 오스트레일리아 시골의 정경을 보여주고 있다. 소설의 제목은 네드 켈리가 교수형 직전에 마지막으로 했던 말이라고 한다. 오스트레일리아의 초창기 문학은 개척자들의 고난과 부당한 정부의 억압을 그렸으며 19세기에는 민족주의가 원동력이 되었다. 하지만 1940년대부터 불리틴이 지향하는 인종차별주의적, 반유대적, 반여성주의적, 반원주민 사조는 구시대적 유물로 비판받아오다 2008년 1월에 폐간되었다.

영국의 식민유형지에서 아시아의 이웃나라로, 백인중심의 사회에서 다문화 사회로의 전환

지금까지 언급하였듯이, 오스트레일리아의 근대적 국가형성은 역사, 사회, 경제, 문화 등 전반적으로 영국과 밀접하게 관련되었다. 동시에 오스트레일리아는 끊임없이 유럽의 중고국가(second-hand nation)라는 이미지를 벗고자 노력하였다. 1854년에 캐나다에 이어 오스트레일리아도 영연방의 자치정부로 승인받았다. 이어 1860년부터 영국군이 철수하기 시작하여 1870년에는 오스트레일리아에서 해군을 제외한 영국군이 완전히 철수하였다. 오스트레일리아는 영국정부의 제1차 세계대전 참전 결정을 지지하면서 전쟁에 동참하게 되고 그 계기로 영국으로부터의 완전 독립을 의미하는 외교권을 획득하게 되었다. 또한 터키의 갈리폴리(Gallipoli) 전투는 오스트레일리아 군인들의 용맹과 불굴의 투지를 세계적으로 알렸으며 국내적으로는 오스트레일리아 국민으로서의 자부심과 애국심을 고취시키는 계기가 되었다. 하지만 본국으로 여기고 있는 영국을 돕는다는 명분으로 전쟁에 참여한 오스트레일리아는 약 6만 명의 젊은이들을 잃었다. 전쟁이 장기화되면서 전쟁참여에 대한 국내여론이 악화되었고 강제징병제 실시로 인해 인종간, 지역간, 사회계층간의 분열이 심화되었다. 〈죽은 시인의 사회〉(1989), 〈트루먼 쇼〉(1998) 등으로 유명한 시드니 태생 피터 위어(Peter Weir) 감독의 1981년 작 〈갈리폴리〉는 국가, 애국심, 용맹이라는 미사여구로 치장된 채 전장에서 처참하게 쓰러져간 오세아니아의 젊은 청년들의 모습을 담고 있다. 이 영화에서 주연을 맡았던 배우 멜 깁슨(Mel Gibson)은 연기력을 인정받아 할리우드로 진출하였다. 1918년에 제1차 세계대전이 끝난 후 무고한 젊은이들의 값진 희생으로 오스트레일리아는 국제사회에서 하나의 독립된 국가로 인정받게 된다. 무엇보다 대전 당시 영국, 미국, 캐나다 등 여러 국가들이 징병제를 실시한 반면, 오스트레일리아는 1916년과 1917년에 두 차례 징병제에 대한 국민투표를 최초로 실시하였다. 그 결과 징병제법안은 부결되었고 이는 직접 민주주의의 성공 사례로 높이 평가되고 있다.

오스트레일리아는 제1차 세계대전 참전에 이어 1939년에 제2차 세계대전에도 개입하였다. 이로 인해 다양한 국가와의 교류가 확대되면서 영국사회와는 다른 사회를 강하게 인식하게 되었고 대외정책 또한 영국의존에서 미국의존으로 전환되는 경향을 보였다. 고립된 지형학적 위치로 인해 19세기형 영국령 식민지적 사회가 유지될 수 있었으나, 두 차례의 참전은 오스트레일리아의 사회뿐만 아니라 국민들의 사고에 커다란 변화를 가져오는 계기가 되었다. 특히 제2차 세계대전 당시 남태평양을 침략한 일본군의 활동은 오스트레일리아 국민들에게 "황인종에 대한 공포심"(Yellow Peril)을 불러일으켰다. 결과적으로 냉전체제하에서 오스트레일리아는 위치적 고립을 종식시키고 자유수호국임을 자처하면서 이웃에 위치한 아시아지역 국가들과 안보동맹을 맺어왔다.

세계대전 동안 오스트레일리아 농업과 제조업의 생산력은 비약적인 발전을 경험하게 되지만 남성들의 참전과 많은 사상자 속출로 인한 노동인력의 부족 현상이 생겼다. 따라서 세계대전의 참전은 여성들의 사회참여의 확대와 여성인권 신장이라는 긍정적 결과를 가져왔다. 뿐만 아니라, 해외노동인력이 국내노동시장으로 유입하게 되는 발판이 되었다. 1960년에 오스트레일리아 정부는 중동에서 이민을 받아들였으며 백호주의정책을 폐지하였고 1971년부터는 아시아인들의 이민을 허용하였다. 해외이민자들이 늘어남에 따라 오스트레일리아 정부는 다양성을 존중하는 다문화정책을 펼치기 시작하여 1994년에 '창조적 국가'라는 기치를 내걸고 문화 · 예술진흥을 위한 국가적 문화정책을 시행하였다. 유형식민지 시대 백인 거주민들은 오스트레일리아에 새로운 영국을 건설하여 영국문화를 그대로 보존、답습하려는 문화적 사대주의에 빠져있었다. 최근까지 유럽 문화의 영향과 위력에 위축되었던 오스트레일리아 국민들은 영국산(또는 유럽산) 제품이라면 항상 우수하다고 여기는 문화적 열등감에 사로잡혀 있다고 비판 받았다. 오늘날 오스트레일리아는 원주민의 문화유산과 영국유형죄수의 경험과 역사에 세계 각지에서 유입된 이민자들의 문화가 합쳐져 풍부하고 독특한 문화양식을 만들어 가고 있다.

영국의 식민유형지였던 오스트레일리아는 영어를 모국어로 사용하지만 세대가 지나면서 오스트레일리아 영어는 영국 영어와는 다른 지역적 특색이 가미되어 발전하였다. 일반적으로 오스트레일리아 영어는 오스트레일리아 사투리(Broad Australian), 오스트레일리아 표준영어(General Australian), 세련된 오스트레일리아 영어(Cultured Australian)로 구분된다. 더불어 1850년대 이후 오스트레일리아 문학은 점차 식민지적 불확실성에 의한 변명조의 어조에서 벗어나 오스트레일리아 나름의 독특한 언어와 유머를 구사하게 되었고 기법과 주제에서 그 정체성을 확립해 나갔다. 클레멘트 셈러(Clement Semmler)는 국가적 자의식에 눈을 뜨기 시작하고 '동료의식'(mateship)이 정착된 1890년대를 오스트레일리아의 '문예탄생기'(Naissance)로 정의하였다. 20세기 중반에는 식민지 과거를 재평가하는 작품들이 출시되었다. 저명한 작가 데이빗 말로프(David Malouf)는 소설 『상상의 삶』(*An Imaginary Life*, 1978)에서 오스트레일리아에서 망명생활을 하는 로마시인 오비디우스(Publius Ovidius Naso)와 그가 언어를 가르쳐 문명화시키고자 하는 야생 소년(the Child)의 상호보완적 변화과정을 서술하면서 오스트레일리아의 역사, 문화, 자연을 재해석하여 재현하고 있다. 20세기 가장 뛰어난 오스트레일리아 작가로 극찬을 받는 페트릭 화이트(Patrick White)는 1973년에 소설 『폭풍의 눈』(*The Eye of the Storm*, 1973)으로 노벨문학상을 수상하였고 대표작으로는 『행복한 골짜기』(*Happy*

Valley, 1939), 『죽은 자와 산 자』(*The Living and the Dead*, 1941), 『보스』(*Voss*, 1957) 등이 있다. 그리고 페미니스트 작가 마일즈 프랭크린(Miles Franklin)의 자서전적 소설 『나의 찬란한 경력』(*My Brilliant Career*, 1901)과 사회사실주의 여성작가 크리스티나 스테드(Christina Stead)의 『아이들을 사랑한 남자』(*The Man Who Loved Children*, 1940)는 오스트레일리아 특유의 문학양식을 발전시키는데 기여하였다는 호평을 받았다. 오늘날 머드루루(Mudrooroo), 알렉시스 라이트(Alexis Wright), 마가렛 와일드(Margaret Wild), 콜린 매컬럽(Colleen McCullough), 토마스 커닐리(Thomas Keneally) 등 현대작가들의 활발한 작품 활동으로 인해 오스트레일리아 문학에 대한 세계문학비평계의 관심은 더욱 높아지고 있다.

문학과 더불어 오스트레일리아 영화 또한 다양한 국제영화제에 진출하여 두각을 나타내면서 세계영화계의 주목을 받고 있다. 예술적 · 상업적으로 성공한 대표적 영화로는 제임스 마샬(James Vance Marshall)의 문명에서 떨어진 사막에서 원주민소년과 백인소녀의 만남과 성장과정을 그리는 〈도보여행〉(Walkabout, 1971), 브루스 베레스포드(Bruce Beresford)의 보어전쟁을 배경으로 한 전기물 〈파괴자 모란트〉(Breaker Morant, 1980), 크리스 누난(Chris Noonan)의 만화영화 〈꼬마돼지 베이브〉(Babe, 1995), P. J. 호건(Hogan)의 컬트무비 〈뮤리엘의 웨딩〉(Muriel's Wedding, 1994) 등이 있다. 무엇보다 사이먼 윈서(Simon Wincer)감독과 폴 호건(Paul Hogan) 주연의 〈크로커다일 던디〉(Crocodile Dundee, 1986)는 오스트레일리아 영화역사상 가장 성공한 영화로 기록되고 있으며 오지(outback)의 아름다움과 독창적 문화를 세계에 알리고 관광산업의 부흥에 이바지하였다는 극찬을 받았다. 하지만 동시에 이 영화는 오스트레일리아 남성을 서투르고 편협하고 속물적이며 야성적인 상투적 이미지로 그리면서 세계에 널리 퍼져있는 선입관을 더욱 확실하게 심어주었다는 비판을 받기도 했다. 반면에 스티븐 엘리어트(Stephan Elliott)의 성정체성에 관한 로드무비 〈사막의 여왕 프리실라〉(Priscilla, Queen of the Desert, 1997)는 크로커다일 던디가 보여주고 있는 순수한 이성애자인 오지의 남성(harmless heterosexual outback male)으로서의 정형화된 이미지에 대항적 이미지를 제시하고 있다. 또한 미국시장에서 상업적으로 성공한 텔레비전 프로그램 〈악어 사냥꾼〉을 통하여 영화 속 크로커다일 던디라는 오지(Aussie)의 마초적 남성상을 현실에서 재현한 스티브 어윈(Steve Irwin)은 다양한 악어의 모습을 세계인들에게 소개하면서 오스트레일리아의 환경과 국가적 이미지를 고취시켰다는 평을 받는다. 이밖에도 니콜 키드만(Nicole Kidman), 케이트 블랑체(Cate Blanchett), 히드 레저(Heath Ledger), 휴 잭맨(Hugh Jackman) 등 오스트레일리아 출신 여러 배우들이 할리우드로 진출하여 세계적인 명성을 얻고 있다. 이렇듯 오스트레일리아의 영상매체산업은 새롭게 발전하는 오스트레일리아의 이미지를 세계에 심는데 기여하고 있으며 오스트레일리아 정부는 이러한 잠재력을 인식하고 영상매체산업육성에 전폭적으로 지원하고 있다.

··· 3. 새로운 바다의 땅 뉴질랜드

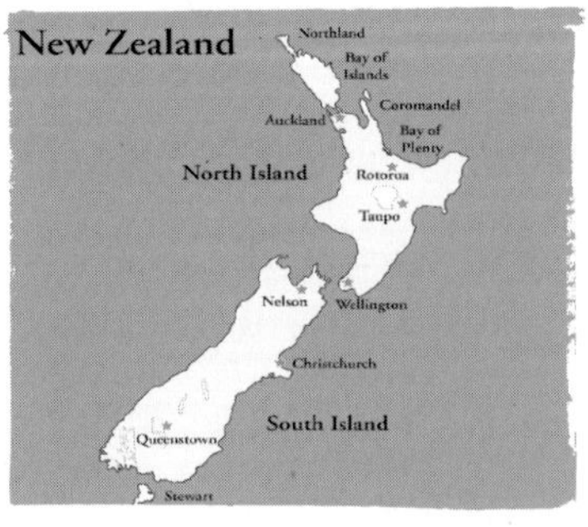

오스트레일리아의 동남쪽에 위치한 뉴질랜드는 폴리네시아인들이 이주하여 정착한 이후에도 수세기 동안 유럽에는 미지의 땅으로 여겨졌다. '새로운 바다의 땅'을 의미하는 뉴질랜드는 한반도보다는 크고 일본보다는 약간 작은 남섬과 북섬으로 나뉘어 있다. 오늘날 뉴질랜드는 마오리의 전통을 기반으로 유럽식민지 과정을 거쳐 여러 나라에서 건너온 이민자들로 구성된 이민국가로 변천하였다. 정치수도는 웰링턴(Wellington)이고 가장 큰 도시는 북섬에 있는 오클랜드(Auckland)와 남섬의 크라이스트처치(Christchurch)이다. 뉴질랜드의 도시는 공해가 적고 범죄율이 낮으며 도시의 화려함보다는 친환경적 소박함을 간직하고 있다. 뉴질랜드는 1947년에 영연방에서 독립하였다. 하지만 아직까지 영국의 엘리자베스 여왕이 군주로 되어있으며 정치적 이해관계가 없는 총독을 대리로 임명ㆍ파견하고 있다. 그러나 여왕의 권위는 상징적일뿐 여왕의 정치적 개입은 금지되어 있다. 뉴질랜드의 정치는 의회민주주의에 기반을 두고 있으며 선거로 선출된 국무총리가 정부의 수장이 되어 실질적인 권력을 행사한다. 2002년 현재 뉴질랜드 인구는 유럽계 72%, 마오리 14%, 폴리네시아인 7% 그리고 아시아계 7%로 구성되어 있다. 뉴질랜드 사람들은 스스로를 '키위'(Kiwi)라 칭하며 강력한 노동조합의 전통을 지니고 있다. 이는 인구가 적어 생존을 위해서는 협동이 필수조건이었으며 부분적으로 뉴질랜드 원주민 마오리 사회의 협동적 '와나우'(Whanau, 대가족) 구조와 지배계급의 억압으로부터 벗어나기 위해 이주해온 초기 '파케하'(Pakeha, 백인) 사회의 분위기에 기인한 것이다.

아오테아로아 신화와 뉴질랜드 역사

뉴질랜드의 첫 정착민이자 뛰어난 전사로 알려진 마오리족은 그들의 선조들이 하와이키(Hawaiki 또는 Hawaiiki)라는 곳을 떠나 카누를 타고 북섬의 북쪽 해안에 도착했다고 믿는다. 약 AD 600~1200년 전 폴리네시아(Polynesia)에서 2개의 선체로 이뤄진 작은 카누를 타고 이 섬에 최초로 도착한 사람은 쿠페(Kupe)였고 그의 아내(Hine-Te-Aparangi)가 긴 항해 뒤 이 섬을 보고 반가워하며 "He ao! He ao!"(구름! 구름이야!)라고 외쳤다고 전해진다. 이후에 쿠페가 이 섬을 "길고 하얀 구름의 땅"이라는 뜻의 '아오테아로아'(Aotearoa)라고 명명했으며 현재 마오리 공식국명으로 사용되고 있다. 하지만 쿠페는 이 섬에 정착하지 않고 다시 대양을 가로질러 고향인 하와이키로 돌아갔다고 전해진다. 카누전통을 비롯하여 여러 문화적 유사점으로 인해 하와이키는 타히티

(Tahiti) 또는 폴리네시아로 추정된다.

14세기경 쿠페의 후손들이 전설로 전해져온 아오테아로아를 찾아 남쪽으로 항해하여 남 · 북섬의 해변에 도착하게 되었다. 그들은 부족사회를 형성하기 시작하였고 북섬을 '마우이의 물고기'(the Fish of Maui)라는 뜻의 '테 이카 아 마우이'(Te Ika a Maui)로 불렀고 남섬은 '테 와이 포우나무'(Te Wai Pounamu)라 칭하였는데 이는 '녹암의 바다'(the Waters of Greenstone)를 의미한다. 그 후 수백 년에 걸쳐 마오리들은 지속적으로 뉴질랜드를 찾아 이주하였고 공동체생활을 하였다. 그들은 부족 내의 모든 땅은 개인의 소유보다는 부족의 소유로 여겼고 그 산물들 또한 부족 전체의 재산으로 공유했다. 유럽인들이 정착하기 시작하면서 원주민들은 '평범한 사람들'(Ordinary People)이라는 뜻의 탄가토 마오리(Tangato Maori)라는 이름을 사용하기 시작하였고 유럽인들을 '크고 하얀 사람들'(The Big-White-Tall)을 뜻하는 파케하(Pakeha)라고 불렀다. 1800년에 약 10만 명의 마오리들이 살았던 것으로 여겨진다.

17 · 18세기에 거쳐 스페인 영토 확장에 뒤지지 않으려는 영국과 네덜란드는 새로운 땅을 발견하는데 주력하였고 태평양의 섬들을 탐험하고 점령하였다. 1642년 후반에 새로운 무역 거점을 찾아다니던 네덜란드 탐험가 아벨 태즈만이 유럽인으로서는 최초로 뉴질랜드 남섬의 북단 근처에 있는 보호수역에 닻을 내렸으나 마오리 원주민들과의 충돌로 4명의 선원들이 피살되면서 내륙으로의 탐험은 더 이상 이루어지지 않았다. 이 지역은 아름다운 경치와 자연환경이 네덜란드의 해양지방 젤란트 주를 연상시킨다하여 그 이름을 따서 '새로운 젤란트' (Nieuw Zeeland)로 불렸다. 1645년에 지도제작자 요한 브라위(Johan Blaeu)가 처음으로 이 지역을 Nieuw Zeeland로 표시하였고 후에 영어식 표기인 뉴질랜드로 바뀌었다.

1769년에 제임스 쿡 선장이 북섬의 동해안에 도착하였다. 그는 여러 지역을 탐사하면서 지도를 만들었고 뉴질랜드에 관한 내용을 상세히 기술한 책을 출판하였다. 그의 책은 유럽인들의 관심을 불러일으켰고 1814년에 기독교 선교사들이 포교를 목적으로 뉴질랜드로 들어오기 시작하였다. 1839년에 약 2천 명의 파케하가 뉴질랜드로 이주하였고 이들은 대부분 무역상, 고래사냥꾼, 물개사냥꾼 그리고 선교사들이었다. 파케하의 상품, 철기 연장, 무기와 마오리의 재목, 식료품, 공예품 등의 활발한 교환이 이루어졌다. 정착민들이 점차 늘어나면서 불법이 난무했고 토지매매 질서가 문란해지자 1833년에 영국정부는 자국의 무역이익을 보호·증진하고 범죄를 막는다는 명목으로 제임스 버스비(James Busby)를 총리대리로 임명하였다. 또한 프랑스의 뉴질랜드 진출을 우려한 영국은 1835년에 34인의 마오리 족장들과 함께 뉴질랜드가 영국의 통치 하에 독립하였다는 것을 선포하였고 '뉴질랜드에서는 마오리족의 동의 없이는 어떠한 요구도 할 수 없다'고 명시하였다. 이를 근거로 영국은 윌리엄 홉슨(William Hobson)을 부총독으로 임명하여 '와이탕이 조약'(Treaty of Waitangi)을 체결하게 하였다.

▲ 매년 2월 6일 와이탕이 날(Waitangi Day) 축제

와이탕이 조약은 1840년 2월 6일에 뉴질랜드 북쪽 베이섬(Bay of Island)의 와이탕이에서 마오리와 영국이 맺은 역사적 조약으로 뉴질랜드 건국문서로 여겨진다. 와이탕이 조약은 영국과 마오리의 관계를 법률적으로 규정하고 있는데 영어와 마오리어로 작성되었으며 세 개 조항으로 되어있다. 조약은 마오리의 땅, 자원, 재화에 대한 소유권은 마오리족이 갖지만 통치권은 영국에게 양도하며 그 대가로 영국은 마오리족을 보호하겠다는 내용이 주이다. 즉 마오리 또한 영국시민으로서의 특권과 권리를 갖는다는 것이다. 하지만 마오리어와 영어 양계약서에 조인된 내용의 해석을 두고 재산(특히 토지)에 관한 분쟁이 발생하였고 마오리족은 많은 권리를 침해당했다. 이 조약은 마오리족의 권리를 보호하기 위한 것이라는 취지를 내세웠으나 실상은 영국의 뉴질랜드 식민통치의 초석을 제공하는 셈이 되었다. 1840년 5월에 영국은 와이탕이 조약을 근거로 북섬을, 발견의 권리에 의해 남섬을 차지함으로써 뉴질랜드 전체를 합병하였다. 와이탕이 조약 체결 후 영국의 식민화가 급속하게 진행됨에 따라 마오리와 파케하 사이에 분

쟁 또한 자주 발생했다. 파케하들의 토지약탈과 기독교 포교에 반발하여 마오리족은 1860년에 자치정부를 세워 1865년까지 백인들과 전면전을 치른다. 이를 마오리 전쟁이라 하며, 수적으로 우세였던 유럽인의 승리로 끝났고 와이탕이 조약은 무시된 채 마오리의 토지는 몰수되었다. 1870년부터는 본격적으로 마오리족의 영국화가 시작되었고 1890년에 마오리들은 투표권을 부여 받았다. 와이탕이 조약은 오늘날 뉴질랜드의 인종문제 해결의 구심점이 되고 있다.

1853년에 영국은 뉴질랜드에 자치권을 부여하였다. 1860년대에 남섬에서 금이 발견되면서 영국, 스코틀랜드, 아일랜드, 중국 등 세계 각국으로부터 이민자들이 몰려들었고, 19세기 말에는 노동인력 부족으로 영국과 유럽에서 더 많은 이주민들이 들어왔으며 이들의 대부분은 뉴질랜드 정부로부터 보조를 받아 들어왔다. 1900년에 뉴질랜드에는 50만 명의 파케하들이 있었고 질병과 전쟁으로 마오리는 약 4만 명으로 급속히 감소하였지만 권리를 되찾고자하는 투쟁은 계속되었다. 1907년에 뉴질랜드는 영연방 내의 자치령이 되었다가 1931년에 영연방 회원국이 되었고 마침내 1947년에 독립하였다. 2006년 현재 마오리의 인구는 약 50만 명에 이르며 정부의 공용문서는 반드시 영어와 마오리어로 명시하도록 되어있다.

마오리 전사와 전통을 지켜가는 후예들

여러 탈식민주의 이론가와 비평가들이 논의 하였듯이, 서구제국주의의 식민지 개척역사에서 원주민들의 존재와 조상의 땅에 대한 그들의 권리는 흔히 무시되어 왔다. 게다가 19세기 사회진화론에 의거해 원주민들은 야만인들로 취급되었으며 결국 월등한 문명과의 경쟁 속에서 쇠퇴하여 멸종할 것이라는 생각이 널리 퍼졌었다. 따라서 조상대대로 수천 년을 살던 땅에서 강력하고 무자비한 힘에 의해 주변부 소수집단으로 전락한 마오리 역사는 끊임없는 자본축적을 위해 자연, 원주민, 다른 문화를 착취하고 식민화하는 대영제국의 제국주의 논리 앞에서는 새로울 것이 없다. 특히 유럽의 탐험가들은 낯선 오지에서 획득한 인체의 일부를 문화재라는 명분으로 고국으로 보냈다.

현재 유럽의 대형박물관들은 오세아니아와 아프리카 원주민 유해들을 포함한 식민지 유산들로 장식되어 있다. 그 중 하나인 '토이 모코'(Toi Moko)는 마오리 전사의 문신한 머리미라이다. 마오리족은 전사들이 죽으면 그들을 기리는 의미에서 머리에 문신을 새겨 미라로 보존하는 풍습이 있었다. 토이 모코는 마오리에게는 위대한 조상의 유해로 숭배의 대상이 되었지만 유럽인들에게는 그저 신기하고 희소가치가 있는 물품으로 비싼 가격으로 거래 되었다. 19세기 후반부터 20세기 초반까지 유럽에서는 토이 모코를 수집하는 일이 유행처럼 번졌다. 따라서 수요가 늘자 문신한 머리뿐만 아니라 문신하지 않은 머리도 거래가 되었는데 머리를 얻기 위해 살인을 하거나 원주민의 머리에 문신을 하여 상처가 아물면 목을 베기도 하였다. 토이 모코는 프랑스 박물관을 비롯한 세계 곳곳에 흩어져 보관되어 있다. 1992년부터 뉴질랜드 테 파파 통가레와 국립박물관(Museum of New Zealand Te Papa Tongarewa)은 유럽 박물관에 마오리 유해 반환을 요청하여 왔다. 2009년에 영국 웨일스 갤러리가 반환한 마오리 유골 12구와 스웨덴 박물관이 반환한 5개의 머리유골을 포함해 현재 33개의 유해가 반환되었다.

▲ 19세기 영국장군 호라시오 고든 로블리 (Horatio Gordon Robley)와 마오리 머리들

▲ 프랑스 루앙시 박문관의 마오리 머리 미라

파케하들이 들어오기 전 마오리들은 '이위'(iwi)라는 부족을 형성하며 생활했는데 이는 '하푸'(hapu)라는 작은 부족과 '와나우'(whanau)라는 가족으로 이루어졌다. 이위에서 사회적 지위가 가장 높은 추장은 랑가티라(rangatira)이며 마오리들은 랑가티라는 영적능력 그리고 권위를 뜻하

는 '마나'(mana)를 지녔다고 믿었다. 추장으로서 랑가티라는 부족민들의 사회적, 종교적 행동을 제약할 수 있는 권한이 있었다. 이것이 이른바 금기를 뜻하는 영어 터부(taboo)의 유래가 되는 '타부'(tabu/tapu)로 추장의 보이지 않는 마력(魔力), 즉 마나의 발현이다. 또한 마오리들은 문신으로 그들의 지위와 권위를 상징하였다. 문신(tattoo)의 어원은 타히티어 타타우(tatau)에서 유래하며 제임스 쿡 선장이 1769년 타히티 섬 탐험 일지에 처음으로 기록·소개한 이후 문신은 영국과 유럽지역으로 전파되었다. 폴리네시아인들은 마나가 육체적, 정신적으로 큰 힘을 준다고 믿었고 그것을 문신으로 새겨 표현하기 시작했다. 폴리네시아 문화에 영향을 받는 마오리족의 문신유형인 '타 모코'(ta moko)는 조그만 뼈로 만든 바늘로 피부를 찔러 여러 가지 복잡한 곡선형의 도안을 그리고 색소를 홈에 넣어 얼굴에 문신을 하는 방법이다. 모코는 마오리의 정제된 예술적 재능을 잘 보여준다.

마오리 문신과 뜨개질(raranga)은 마타오라(Mataora)와 니와레카(Niwareka)의 전설에서 유래한다. 용맹스러운 족장 마타오라는 지하세계의 왕 우에통가(Uetonga)의 딸 니와레카와 사랑에 빠져 하루 만에 결혼하였다. 어느 날 격한 기질의 마타오라가 아내 니와레카를 때리자 니와레카는 지하세계로 돌아가 버렸다. 마타오라는 자신이 저지른 실수를 통탄하며 아내를 찾아 험난한 시련을 견디면서 지하세계에 도착하였다. 그곳에서 마타오라는 문신의 명인인 우에통가가 한 청년에게 영구적인 얼굴문신을 해 주는 것에 매료되어 우에통가에게 문신을 해 줄 것을 간청하였다. 우에통가가 아주 가늘고 섬세한 조각칼로 얼굴문신을 시작하자 마타오라는 고통 속에서 아내의 이름을 소리쳐 불렀고, 이를 듣고 찾아온 아내와 상봉하게 되었다. 마타오라는 지하세계에서 경험한 문신 기술과 예술을, 니와레카는 치마나 예식용 망토를 짤 때 사용되는 아름다운 색깔과 문양을 지상에 전수하였다고 전해진다. 이 기술들이 자손 대대로 이어져 내려와 마오리 문화의 큰 특징을 이루게 되었다고 한다. 마오리들은 문신의 문양으로 부족과 인물을 구별하였다. 오직 족장만이 신성한 얼굴문신을 할 수 있었으며 문신예술가는 신성한 이로 여겨졌다. 영구문신은 결혼 적령기에 엄격한 의식에 따라 행해졌으며 멋진 문신을 한 전사들은 여자들에게 인기가 많았다. 하지만 영국의 식민지화가 가속화 되면서 사회통합과 문명화라는 명분으로 마오리 문신관습은 야만적 행위로 규정되어 경시되었다.

전통적으로 마오리족 생활은 마라이(marae)라고 일컫는 공회당을 중심으로 협동과 상호신용, 자부심과 존중을 바탕으로 이루어졌다. 마라이는 선조들의 전설과 생활을 묘사한 나무조각품으로 꾸며졌다. 마오리들은 문신뿐만 아니라 나무조각공예 분야에서도 예술적으로 뛰어났다. 그들은 조각품, 직조 새털옷, 설화 및 노래(waiata) 등 인간이 만든 모든 것은 깊은 영적인 의미를 지녔다고 믿었으며 예술품을 소중한 보물(taonga)로 여겼다. 마오리 공예품은 정교하면서도 역동적이고 조상과 초자연 세계의 신성함을 예술적으로 표현한다. 하지만 19세기 중엽 유럽에서 유입된 다양한 금속재료와 도구들로 인해 고유한 마오리 공예기술은 급격하게 쇠퇴하였으며, 유럽인들의 대규모 토지수탈은 전통적인 공동체 삶과 부족사회의 붕괴를 불러왔다. 20세기 후반 마오리 인구의 80%가 도시지역에 거주하고 있으며 기후가 온화한 북섬 지역에 밀집해 있다. 뉴질랜드의 산업화와 도시화가 진행됨에 따라 마오리족은 도시문화에 완전히 노

마오리 전통 인사법

홍이(Hongi)란 이마를 맞대고 코를 부비는 마오리족의 전통 인사법을 일컫는다. 숨을 쉬는 기관인 코를 비빈다는 것은 '생명의 숨을 나눔'(sharing the breath of life)을 의미한다. 마오리 전설에 의하면, 신들이 흙으로 여자를 만들고, 남자 신 타네(Tane)가 그 형상을 껴안으면서 코 속으로 숨결을 불어넣자 그 형상이 재채기를 하면서 소생하였다고 전해진다. 그녀는 흙으로 만든 여자라는 뜻의 히네마후오네(Hineahuone)라 불렸다.

마오리어 인사

Kia ora - Hello
Tena koe - Greetings to you
Haere mai - Welcome
Kei te pehea koe? - How is it going?
Kei te pai - Good
Haere ra - Farewell
Ka kite ano - Until I see you again (Bye)

출되었고 유럽계 백인들과 접촉하는 기회가 많아지면서 다른 인종간의 결혼도 급격히 늘어났다. 하지만 경제적으로 마오리들은 높은 실업률과 상대적 빈곤에 시달리거나 대부분 낮은 지위와 저임금 직종에 종사하고 있다.

알란 더프(Alan Duff)의 베스트셀러 소설을 영화화한 리 타마호리(Lee Tamahori) 감독의 〈전사의 후예들〉 (Once Were Warriors, 1994)은 폭력적이며 불안전한 도시 하층민의 고단한 삶을 이어가는 마오리 가족의 붕괴와 고통을 잘 보여주고 있다. 주변으로 밀려난 마오리들의 치열한 현실인식을 바탕으로 한 이 영화는 몬트리올 영화제, 베니스 영화제 등에서 관객들의 극찬을 받으며 가정폭력이라는 사회적 문제와 더불어 마오리 문화와 현실에 대한 이해와 관심을 증진시켰다. 〈전사의 후예들〉에서 보여주듯이, 20세기 중반부터 마오리 전사의 용맹한 모습과 정신을 되살려 고유문화를 유지하고, 마오리 정체성을 지키려는 노력이 꾸준히 전개되면서 마오리 춤과 노래 등 공연예술이 활성화 되었고 목공예와 전통가옥 같은 마오리 전통양식이 부활하기 시작하였다.

무엇보다 마오리의 독특한 사고방식과 행동양식을 받아들이고 집단구성원으로서 일체감을 고취시키기 위해 마오리 언어를 가르치고자 하는 민족주의적 시도는 상당한 성과를 이루었다. 1982년에 "마오리 언어는 그들에게 긍지를 심어주는 삶의 본질이다"(Ko te reo te mauri o te mana Maori)라는 기치를 내걸고 마오리족 원로들에 의해 마오리 교육재단인 코항가 레오(Kohanga Reo)센터가 설립되었다. 코항가 레오는 "마오리 언어 둥지"를 뜻한다. 코항가 레오 센터는 마오리 세계관에 입각해 교육과정과 지도방침을 자체적으로 개발 사용하여 남녀노소 불문하고 가족 모두가 함께 참여할 수 있는 배움의 장소를 제공하면서 마오리어와 마오리 문화 부흥에 중추적 역할을 하고 있다. 해마다 새로운 마오리 단어가 뉴질랜드 영어 어휘에 포함되고 있다는 점은 주목할 만하다. 그리고 전통문화 보존의 일환으로 2001년에 수도 웰링턴에 마오리 타 모코를 포함한 뉴질랜드의 풍부한 문신 역사를 기록 · 전시하기 위한 남태평양 지역 최초로 국립문신 박물관인 '모코박물관'(Moko Museum)이 설립되었다.

마오리 문학 또한 마오리 전통과 문화를 부흥하고 세계에 알리는데 크게 기여하고 있다. 화려한 서구제국의 팽창과 식민역사는 인간중심주의와 개발위주의 발전에 그 근간을 두어 자연과 원주민들의 조화로운 관계를 파괴하였다. 이에 시골과 도시, 여자와 남자, 신세대와 구세대, 마오리와 파케하의 끊임없는 대립관계 속에서 비판적 탈식민 역사의식을 가진 마오리 작가들은 사라져가는 친환경적 전통문화뿐만 아니라 전 지구적 환경 문제에 대한 우려와 관심을 표명하고 있다. 오늘날 마오리 작가들은 자연을 인간 행위의 배경으로만 묘사하지 않고 사건 전개의 핵심 요소로 등장시켜 원주민 문화와 자연의 조화로운 관계 회복을 신화적, 생태적, 환경 윤리적 관점에서 표현하는 경향이 있다. 또한 마오리 작가들은 서구의 시선에 의해 기록된 자신들의 뒤틀려진 역사 · 신화 다시 쓰기와 관광 상품화 또는 화석화 되어가는 마오리 삶에 대한 비판적 대안을 제시해야하는 시대적 과제를 안고 있다.

이러한 점에서 마오리 작가 위티 이히마에라(Witi Ihimaera)의 마오리 조상신 파이키아 신화를 바탕으로 가부장적 전통과 관습에 맞서는 신비한 힘과 용기를 지닌 어린 소녀의 이야기인 『고래 타는 사람』(*The Whale Rider*)은 주목할 만하다. 소설 『고래 타는 사람』은 잊혀져가는 마오리 건국신화에 나타난 인간과 자연의 상호공존 관계의 재현을 통하여 물질적 · 경제적 성장논리를 우선시하는 오늘날 생태적, 문화적 위기에 처한 고래와 마오리의 현실을 극복하고자 하는 저항적, 비판적 목소리를 들려주고 있다. 이 소설을 영화화한 웰링턴 출신 여성감독 니키 카로(Niki Caro)의 〈고래 타는 사람〉 또한 마오리로서의 정체성, 세대 간의 충돌, 가부장적 권위, 젠더에 갇힌 여성의 삶, 편견과 차별, 관광 상품화 되어가는 전통문화 등 다소 무거운 주제를 뛰어난 영상미를 통해 서정적으로 다루고 있다. 이 영화는 2003년에 '선댄스 영화제 관객상', '토론토 영화제 관객상' 등 50여개의 국제 영화제에서 수상하거나 수상 후보에 올라 호평을 받으면서 현대 문명의 변화 속에서 살아가는 마오리족이 직면한 사회적, 정치적 문제 그리고 마오리 전통문화를 세계에 알리는데 앞장섰다. 반면에 비판적 역사의식의 부재와 상업적 타협을 내재한 몽환적인 영상은 본질적인 문제제기 보다는 그저 뉴질랜드산 관광엽서 같은 느낌으로 다가올 우려가 있다.

1) 졸고 "위티 이히마에라의 『고래 타는 사람』에 그려지는 신화적 경계 허물기와 귀향." 『영어영문학』 56.2 (2010): 277-99 참조.

풍부한 신화를 기반으로 한 21세기형 자연친화적 문화

▲ 뉴질랜드의 국조 키위

오늘날 뉴질랜드는 유럽계 이민자들이 국민의 주류를 구성하고 있으므로 서구적 문화, 예술, 전통과 가치관이 지배적이다. 하지만 근본적으로 뉴질랜드 문화는 기존의 독창적인 마오리의 철학과 문화에 영국 전통과 문화가 합류되어 절묘한 조화를 이룬 것이라 말할 수 있다. 통상적으로 오늘날 뉴질랜드 국민을 '키위'(Kiwi)라 일컫는데 이는 제1차 세계대전 당시 뉴질랜드 군인들을 키위라 부른데서 유래되었다. 키위(kiwi)는 날개가 퇴화되어 날지 못하는 야행성 새로 뉴질랜드에서만 발견된다. 키위라는 명칭은 마오리어에서 유래되었으며 마오리들은 이 새를 매우 신성시 여겼다. 오늘날 멸종위기에 놓인 키위는 뉴질랜드를 상징하는 국조(國鳥)이며, 키위라는 단어는 흔히 뉴질랜드와 연관되어 사용된다. 뉴질랜드 화폐를 키위달러(Kiwi dollar)라 부르고, 뉴질랜드 영어를 키위영어(Kiwi English)라 하며, 뉴질랜드 문화를 키위문화(Kiwi culture)라고 한다.

다른 지역과 격리된 지리적 특성상 키위들은 초창기 개척정신을 이어받아 독립심, 모험심이 강하다. 이러한 외향적인 뉴질랜드인의 선천적 기질은 스포츠, 야외활동, 해외여행을 즐기는 문화를 형성하게 되었다. 대부분의 영연방국가들과 마찬가지로, 뉴질랜드에서 인기 있는 스포츠는 영국의 식민역사의 영향으로 럭비, 축구, 크리켓(cricket), 네트볼(netball) 등이다. 그 중에서도 특히 키위들은 국가 스포츠로 지정할 만큼 럭비에 열광한다. 1860년 후반에 뉴질랜드에 소개된 럭비는 국가적 통합을 이끌어내고 국민들의 대화합을 유도하는 매개체가 되어왔다. 세계 최강을 자랑하는 국가대표팀 '올블랙스'(All Blacks) 선수들이 경기 전에 선보이는 '하카'(haka)는 마오리 전사들의 도전의지를 표현하는 춤과 노래이다. 구성원간의 결속력을 강화시키기 위해 행해지는 하카는 전사들의 강인함을 나타내고 상대방을 위협하기 위해 혀를 쑥 빼는 등 험악한 표정을 지으면서 일치된 동작과 호흡을 선보인다. 검은 유니폼을 입은 건장한 럭비선수들의 절도 있는 하카는 마오리 공동체를 넘어 뉴질랜드의 국가적 상징으로 자리매김하였다.

키위들의 활발한 기질은 여러 분야에서 두각을 나타낸다. 1953년에 에베레스트 정상에 세계 최초로 깃발을 꽂은 에드먼드 힐러리 경(Sir Edmund Hillary)은 키위의 모험과 도전정신을 표상하는 인물로 뉴질랜드 5달러 지폐에 얼굴이 그려져 있다. 또한 뉴질랜드 사업가 해킷(A. J. Hackett)은 남태평양 바누아투(Vanuatu)의 원주민 성인통과의식을 현대적으로 변형한 번지 점프(Bungee jumping)를 세계적으로 상업화하여 대중화시켰다. 다양한 스포츠산업과 더불어 관광산업은 뉴질랜드 경제에 중요한 부분을 차지하고 있다. 뉴질랜드는 푸른 산악지역과 숲으로 둘러싸인 천연의 자연경관을 지니고 있으며 자연과 관광을 알맞게 접목시킨 친환경적 이미지를 부각시키고 있다. 뉴질랜드는 색다르고 흥미로운 경험을 할 수 있는 관광지로도 유명하고 할리우드 흥행작 〈반지의 제왕〉(The Lord of the Rings, 2003)과 〈라스트 사무라이〉(The Last Samurai, 2003) 등 영화 촬영지로도 그 명성을 더하고 있다. 뉴질랜드 출신 피터 잭슨(Peter Jackson) 감독의 〈반지의 제왕〉시리즈는 제작 근거지 웰링턴의 관광산업을 부흥시켰고 국가적으로도 직 · 간접 시너지효과를 창출하였다. 더 나아가 정부의 다각적이고 적극적인 지원과 피터 잭슨이라는 거물급 흥행 감독의 투자와 노력은 1970년대에 들어서야 활기를 찾기 시작한 뉴질랜드 영상산업을 한층 발전시켰다.

이에 앞서 국제적 명성을 얻고 있는 뉴질랜드 출신 여성감독 제인 캠피언(Jane Campion)의 〈피아노〉(The Piano)는 1993년 깐느 영화제 '황금종려상'과 1994년 아카데미 영화제 '각본상', '여우주연상' 등 여러 국제영화제에서 수상하면서 뉴질랜드 문화와 아름다운 자연을 세계에 알리는데 크게 기여하였다. 영화 〈피아노〉는 19세기 영국 빅토리아 시대에 침묵을 강요당했던 여성이 미개척지 뉴질랜드에서 새로운 삶과 목소리를 찾아가는 과정을 그리고 있다. 캠피온은 이 영화에서 거칠고 다듬어지지 않은 자연을 배경으로 빅토리아풍의 엄격한 도덕성이 지배하는 외딴 섬 뉴질랜드에서 개척이민자(파케하)와 원주민(마오리)의 관계 그리고 폭력적이고 억압적인 남녀의 관계를 통해 뉴질랜드의 식민개척과정을 잔잔히 그려내고 있다. 캠피온의 1990년 작품 〈내 책상위의 천사〉(An Angel at My Table) 또한 아름다운 뉴질랜드의 풍경과 함께 특이한 외모와 심한 소심증을 가진 시골 출신 여주인공이 세계적 명성의 대작가로 성장하는 과정과 심리를 풍부하고도 섬세하게 재현하고 있다. 이 영화는 뉴질랜드 작가 자넷 프레임(Janet Frame)의 세 권의 자서전 소설을 각색한 것으로 베니스영화제 대상을 비롯해 7개 부문을 수상하였다.

오스트레일리아 문학이 19세기 영국 유형죄수들의 유산에서 그 출발점을 찾는다면, 뉴질랜드 문학은 이민개척자의 삶과 경험을 바탕으로 하여 유럽에서 벗어난 독자적 국가 정체성을 확립해 가는 과정에서 발전한 20세기 산물이라 할 수 있다. 뉴질랜드 문학은 이민개척역사와 고립된 지리적 특정상 '장소'에 관한 주제를 다루는 작품들이 많으며, 뉴질랜드 작가들은 여전히 영국의 문학적 전통과 독자를 강하게 의식하면서 창작활동을 하였다. 1947년에 문학비평지 『랜드폴』(*Landfall*)이 창간되면서 뉴질랜드 문학은 한층 활성화 되었다. 자넷 프레임과 함께 단편작가 캐서린 맨스필드(Katherine Mansfield)와 프랭크 사저슨(Frank Sargeson), 시인 R. A. K. 마슨(Mason), 소설가 모리스 지(Maurice Gee), 아동문학작가 마가렛 마히(Margaret Mahy) 등이 뉴질랜드 문학을 대표하는 작가들이다. 서구유럽 전통과 문화뿐만 아니라 마오리 문화 또한 뉴질랜드 문학에 커다란 영향을 미쳤다. 19세기 초 유럽인들과 접촉하기 전 마오리 노래, 이야기, 전설들은 대대로 문자가 아닌 구두로 전승되었다. 이러한 구비문학의 전통을 현대 마오리 작가들이 식민언어인 영어로 기록하고, 더 나아가 마오리 정체성이나 자연과 밀접하게 관련된 문화적 주제를 다루는 영어작품들을 활발하게 발표하여 세간의 주목을 받기 시작하였다. 잘 알려진 마오리출신 작가에는 알란 더프, 위티 이히마에라, 케리 흄(Keri Hulme) 등이 있다. 1985년에 흄은 소설 『더 본 피플』(*The Bone People*)로 명성 높은 부커(Booker)상을 수상하였다. 이 소설은 마오리 신화와 전설을 바탕으로 8살 벙어리 소년 사이먼과 술주정꾼 양아버지 조 그리고 세상과 담을 쌓고 지내는 예술가 케러윈의 얽히고설킨 관계 속에서 그들의 어두운 과거와 상처를 치유하는 화해와 용서의 과정을 보여주고 있다. 흄은 뉴질랜드의 식민역사를 넘어서 마오리와 유럽 문화의 유토피아적 화합이라는 탈식민적 비전을 제시하고 있다. 또한 로이드 존스(Lloyd

Jones)의 『미스터 핍』(*Mister Pip*, 2006)은 1990년대의 파푸아뉴기니의 부갱빌(Bougainville) 내전을 배경으로 찰스 디킨슨의 『위대한 유산』의 주인공 핍에 매료된 13살 원주민 소녀 마틸다 라이모(Matilda Laimo)의 성장과정을 서술하고 있다. 이 소설은 어린소녀의 목소리로 국제사회가 전혀 관심을 두지 않았던 내전동안 고립된 원주민들에게 가해졌던 폭력과 비인도적 행위들을 고발하고 있다.

2000년에 뉴질랜드 정부는 문화생활 향상과 문화적 다양성 촉진을 목적으로 '전통문화부'(the Ministry for Culture and Heritage)를 신설하였다. 그 산하기관으로 '창조적인 뉴질랜드'(Creative New Zealand 또는 Arts Council of New Zealand Toi Aotearoa)를 두어 영화, 축제, 문학, 음악, 연극 등 각종 국내외예술 활동을 혁신적으로 지원하고 있다. 그 뿐만 아니다. 인류 마지막 정착의 땅이라 여겨지는 뉴질랜드는 짧은 역사에도 불구하고 세계에서 가장 오래된 사회보장제도의 전통을 지닌 복지국가이며 1893년에 세계 최초로 여성들에게 참정권을 부여하였다. 오늘날 섬나라 뉴질랜드가 직면한 가장 큰 과제는 아름다운 자연을 그대로 보존하는 일이다. 자본주의 경제논리에 의한 개발위주의 산업화와 문명화는 전 지구적 생태위기

뉴질랜드에서 이틀 동안 고래 125마리 떼죽음

27일 뉴질랜드 코로만델 북쪽의 콜빌만에서 사람들이 얕은 물에서 오도 가도 못하고 있는 길잡이고래 주변으로 물을 모으고 있다. 주말 동안 이 해안에 떠밀려 있던 43마리의 길잡이고래가 사람들의 노력으로 바다로 돌려보내졌으나, 125마리는 결국 죽었다.

2009년 12월 27일 코로만델/AP 연합뉴스

를 불러왔으며 실제로 매년 뉴질랜드 해변에서는 고래들의 집단 자살로 여겨지는 현상이 발생하고 있다. 고래들의 이러한 기이한 행동의 원인에 대하여 여러 가설들이 있지만 과학적 원인규명은 알려져 있지 않다. 그 중 현대문명의 산물인 배나 잠수함 등에서 발생하는 초음파로 인한 고래들의 방향감각 상실 때문이라는 주장은 가장 설득력이 있다. 뉴질랜드의 문화와 삶은 자연과 깊은 연관이 있다. 따라서 많은 키위들은 그들의 미래가 자연과 함께 한다는 것을 강하게 인식하면서 친자연적 삶을 추구하고 있다.

··· 4. 동양과 서양 사이 21세기 오세아니아

21세기 오세아니아는 아름다운 자연환경과 더불어 독특한 원주민 문화와 서구유럽 문화가 혼합된 이국적인 관광지로 입지를 굳혀가고 있다. 하지만 제국적, 식민적 유물인 관광자적 시각에서 벗어나 글로벌 공동체의 일원으로서 오세아니아 지역의 이국적인 아름다움과 함께 역사적, 문화적, 정치적 내면을 들여다 볼 필요가 있다. 최근 들어 여러 비평가와 학자들이 주장하듯이, 오세아니아는 지리적으로는 아시아에 가깝지만 문화적으로는 유럽에 가깝다. 따라서 유럽제국의 식민지로 시작된 오세아니아 지역의 식민역사와 문화연구는 '서양'과 '동양'이라는 근대적 이분법 해체 담론에 중요하게 기여할 것이다. 오세아니아 영어권 지역연구에서 식민지 팽창을 통해 보편화된 제국적이고 남성 중심적인 서구화과정에 대한 이해가 필수적으로 선행되어야 한다. 다시 말하자면 피식민 오세아니아 지역 원주민 문학과 문화연구와 더불어 오세아니아 지역 국가들을 '아시아'이면서 동시에 '아시아가 아닌' 또는 '서구'적이면서 동시에 '서구가 아닌' 탈근대적이고 탈식민적 존재로의 역사적、문화적 전환과정에 관한 연구가 필요하다. 또한 미국이나 유럽 중심의 세계화의 대항적 세력으로서 오세아니아와 아시아지역 국가들 간의 경제적 · 외교적 · 군사적으로 확고한 협력과 동맹이 요구되어지며 활발한 문화교류를 통한 긴밀한 유대감 형성도 이루어져야 한다.

생각해 볼 문제

① 오세아니아 지역에 있는 파푸아뉴기니, 피지공화국, 마샬군도공화국, 솔로몬군도공화국 등 군도국가들에 대해서 조사해 보자.

② 19세기 후반 유럽제국주도형 식민팽창주의가 미국주도형 식민패러다임으로 정세가 바뀌었다. 특히 오세아니아 지역에서의 미국의 경제적, 외교적, 문화적 영향력은 점점 커져가고 있다. 지리적으로 아시아와 그리고 역사적으로 유럽과 밀접하게 연관되어 있는 오세아니아 지역에서의 미국의 역할에 대해서 알아 보자.

③ 오스트레일리아나 뉴질랜드로 영어유학을 떠나는 한국학생들의 수가 해마다 증가하고 있다. 영국의 식민지였던 오스트레일리아와 뉴질랜드는 영어를 공식어로 사용한다. 하지만 오늘날 오스트레일리아와 뉴질랜드에서 사용하는 영어는 영국이나 미국의 영어와는 많은 차이가 있다. 오스트레일리아와 뉴질랜드 영어를 알아보고 지역문화와 언어의 관계에 대해서 생각해 보자.

④ 다른 지역보다 오스트레일리아와 뉴질랜드는 여성들에게 참정권을 일찍 부여하였으며 여성의 정치 참여가 활성화 되었다. 어떤 학자들은 여성의 복지와 사회적 지위가 잘 보장되어 있는 오스트레일리아와 뉴질랜드를 여성위주의 사회라고 확대하여 정의하기도 한다. 두 나라 여성의 역할과 여권신장이 가능할 수 있었던 배경을 찾아 보자.

⑤ 한국은 1961년에 오스트레일리아와 1962년에 뉴질랜드와 정식 외교관계를 수립하였다. 최근 오세아니아 지역 국가들과 한국 간의 경제, 무역, 지역안보 등 공동 관심사에 기인한 교류의 증가 추세가 뚜렷다. 하지만 오세아니아 지역 국가들의 문화적, 인종적 특성은 한국인들에게는 매우 낯설다. 한국과 오세아니아 지역 국가와의 미래지향적인 관계 성립을 위해서 우리가 나아가야할 방향과 자세에 대해서 논의해 보자.

⑥ 오스트레일리아와 뉴질랜드 원주민 관련 영화나 소설 한 편씩 감상하고 토론해 보자.

추천 도서

Janet Frame. *An Angel at My Table*. Virago Press, 1984.

Keri Hulme. *The Bone People*. Penguin Books, 1990.

Lloyd Jones. *Mister Pip*. John Murray, 2006.

Sally Morgan. *My Place*. Fremantle Arts Centre Press, 1987.

Witi Ihimaera. *The Whale Rider*. Harcourt Books, 1987.

추천 영화

스티븐 엘리어트 감독. 〈사막의 여왕 프리실라 Priscilla, Queen of the Desert〉. 1997.

제인 캠피온 감독. 〈피아노 The Piano〉. 1993.

피터 잭슨 감독. 〈천상의 피조물들 Heavenly Creatures〉. 1994.

필립 노이스 감독. 〈토끼 울타리 Rabbit-Proof Fence〉. 2002.

P. J. 호건 감독. 〈뮤리엘의 웨딩 Muriel's Wedding〉. 1994.

참고 문헌

김형식. 『호주의 사회와 문화』. 지구문화사, 1997.

김희연. 「뉴질랜드 역사이야기」. 『인터넷 뉴스 굿데이뉴질랜드』.
〈http://www.goodday.co.nz/?mid=nz_history&document_srl=46618〉.

반조 클라크. 『대지를 지키는 사람들』. 류시화 역. 오래된 미래, 2004.

양승윤 외. 『호주 · 뉴질랜드』. 한국외국어대학교, 2006.

유시민. 『신대륙문화이야기 : 미국, 호주, 뉴질랜드』. 푸른나무, 1999.

윤혜준. 「호주 원주민 문학에 있어서의 역사의 문제」. 『외국문학연구』 16 (2004): 119-38.

______. 「헨리 로슨과 1890년대의 호주민족 만들기」. 『영어영문학』 48.1 (2002): 313-34.

잭 웨더포드. 『야만과 문명, 누가 살아남을 것인가?』. 권루시안 역. 이론과 실천, 1994.

정정호 편저. 『호주문화학 입문: 문화 읽기와 쓰기』. 지구문화사, 2000.

조기원. 「원주민 유골 '백여년만의 귀향'」. 『한겨레신문』. 2009년 11월 29일.

주한 오스트레일리아 대사관. 〈http://www.southkorea.embassy.gov.au〉.

주한 뉴질랜드 대사관. 〈http://www.nzembassy.com〉.

Dampier, William. *A Collection of Voyages. London: James and John Knapton*, 1729.

Dixson, Miriam. *The Real Matilda: Women and Identity in Australia 1788 to 1975*. Australia: Penguin, 1975.

Edelson, Phyllis Fahrie, ed. *Australian Literature: An Anthology of Writing From the Land Down Under.* New York: Ballantine Books, 1993.

King, Bruce. *The New English Literatures: Cultural Nationalism in a Changing World.* London and Basingstoke: Macmillan, 1980.

Macintyre, Stuart. *A Concise History of Australia.* London: Cambridge UP, 2009.

New Zealand Ministry for Culture and Heritage. "*The Encylopedia of New Zealand.*" 〈http://www.teara.govt.nz/en/hawaiki〉.

Reynolds, Henry. *The Other Side of The Frontier: Aboriginal Resistance to the European Invasion of Australia.* Sydney: UNSW P, 1981.

Smith, Philippa Mein. *A Concise History of New Zealand.* London: Cambridge UP, 2005.

Summers, Anne. *Damned Whores and God's Police: The Colonization of Women in Australia.* Australia: Penguin, 1975.

Yew, Leong. "*Literature in Australia and New Zealand.*" Contemporary Postcolonial and Postcolonial Literature in English. 〈http://www.postcolonialweb.org/misc/australov.html〉.

Key words

오세아니아, 오스트레일리아, 남녘의 미지의 땅, 애버리지니, 골드러시, 오지, 백호주의, 테라 눌리우스, 유형식민지, 도둑맞은 세대, 커런시 소년들과 소녀들, 토박이 오스트레일리아인, 백인노예, 부시레인저, 부시발라드, 오스트레일리아사투리, 뉴질랜드, 아오테아로아, 하와이이키, 탄가토 마오리, 파케하, 와이탕이 조약, 토이 모코, 마오리 문신, 코항가 레오, 키위, 하카, 윌리엄 댐피어, 제임스 쿡

현대 영어권 문화의 이해

캐나다

모자이크의 나라

캐나다

모자이크의 나라

이 현 주

••• 1. 백인정착자와 토착민의 시각에서 본 역사

우리는 실재인가, 아니면
누군가가 우리를 만들어냈는가,
헨리 허드슨인가, 에티엔느 브륄레[1]인가,
아니면 마을의 식인종 소녀였을까?

1) 에티엔느 브륄레(Etienne Brule, 1592–1633)는 17세기에 캐나다로 건너온 프랑스 출신의 탐험가이다. 조지언만(Georgian Bay)의 남부 해안가에서 1년동안 휴런(Huron)족과 더불어 살며 그들의 문화와 언어를 배웠고, 오늘날의 퀘벡, 온타리오 지역을 탐험했다.

혹은 한 떼의 수녀들,
또는 인디언들이었을까?
모피 교역자들이었을까, 개척자들이었을까?
아니면 아마추어 지도 작성자들이었을까?
혹은 우리 연방의 지도자들이었을까?

—— 미리엄 웨딩턴(Miriam Waddington)의 「캐나다 사람들」 중에서

캐나다는 북미대륙 북쪽에 위치하고 있으며, 세계에서 두 번째로 넓은 영토에 약 3200만 명의 인구를 지닌 대표적인 다인종, 다문화 국가이다. 캐나다라는 명칭은 유럽인들이 이 지역에 처음 정착했을 때부터 사용되었는데, 이는 퍼스트 네이션(First Nations)[2)]중 이로쿼이(Iroquois) 부족의 "정착", "마을" 또는 "땅"이라는 뜻을 가진 단어 "카나타"(kanata)에서 유래했다. 캐나다의 역사는 유럽식민지그룹으로 시작하여, 공식적으로 이중국어(영어와 프랑스어)를 사용하는 다문화연합체(multicultural federation)로 발전하였고, 마지막 식민본국이었던 영국으로부터 평화롭게 주권을 획득하였다. 캐나다의 역사는 그곳의 거주민들, 지리, 자연환경, 주변 국가들, 특히 미국과의 관계에 의해서 크게 영향을 받고 있다.

2) 퍼스트 네이션은 이누이트(Inuit)나 메티스(Metis)를 제외한 캐나다 원주민을 일컫는 용어이다. 현재 캐나다에 약 56만명의 퍼스트 네이션이 존재하며 이 중 절반 이상이 온타리오(Ontario)와 브리티시 컬럼비아(British Columbia) 지역에 살고 있다. 퍼스트 네이션이란 용어는 종종 혼란을 야기 시키는데, 원래 캐나다 원주민(Aboriginal peoples in Canada)은 퍼스트 네이션, 이누이트, 메티스를 포함하며, 이들을 퍼스트 피플(first people) 혹은 토착민(native)이라고 부르기 때문이다. 그러나 백인들이 캐나다에 첫 발을 내딛었을 당시 퍼스트 네이션이 현재 오늘날의 캐나다 땅을 점유하고 있던 유일한 민족이었기 때문에 이누이트와 메티스(캐나다 원주민과 프랑스계 백인의 혼혈인)는 퍼스트 네이션이란 용어에 포함되지 않는다. 퍼스트 네이션은 "인디언 밴드"(Indian Band)란 용어를 대신하기 위해서 1980년대에 상용화되었지만 공식적으로 사회적 지위를 보장받을 수 있는 법률적인 용어는 아니다. 한 개인으로서 퍼스트 네이션은 "등록된 인디언"(registered Indian) 혹은 "법률상의 신분을 부여받은 인디언"(status Indian)이란 용어로써 캐나다정부에 의해서 공식적으로 인정받는다.

백인정착자들의 유입

캐나다의 역사는 크게 세 시기로 구분되는데, 첫 번째는 초기 식민시대부터 1815년까지의 기간을 일컫는다. 콜럼버스가 아메리카 대륙을 점령하기 이전 캐나다의 토착인디언들과 다른 대륙에 사는 사람들간의 왕래가 있었다는 여러 기록이 남아있다. 대략 11세기쯤 뉴펀들랜드(Newfoundland) 지역에 바이킹족이 정착하여 툴리(Thule)[3] 문명을 전파하기 시작하였다. 1497년 영국왕 헨리7세의 지원 아래 이탈리아인 지오바니 카보토(Giovanni Caboto)가 뉴펀들랜드와 캐나다 동쪽 해안을 탐험하였고, 1610년 헨리 허드슨(Henry Hudson)이 허드슨만(The Hudson Bay) 유역과 제임스만(The James Bay)까지 항해하였으며, 1670년 허드슨베이사(Hudson's Bay Company)[4]가 설립되었다. 영국인의 진출은 1628년 노바스코샤(Nova Scotia) 식민지의 설립과 동시에 본격화되었으며, 그 뒤 150년간 뉴펀들랜드, 뉴브런스윅(New Brunswick), 프린스에드워드섬(Prince Edward Island), 허드슨만 지역에 다수의 식민지가 설립되었다. 이들 식민지는 아메리카의 13개 식민지와 마찬가지로 사실상 독립해있었다.

한편, 프랑스인의 진출은 1604년에 아카디아(Acadia)[5] 지역에 프랑스 식민 정착지가

3) 툴리(Thule)는 고대 그리스 · 로마어로 가장 먼 북쪽의 땅, 혹은 섬을 지칭한다. 고대 유럽에 대한 묘사나 지도를 보면 대개 툴 지역은 북쪽의 끝을 의미했고, 중세와 르네상스 시대에는 영국의 북쪽, 오크니(Orkney Islands), 셔틀랜드(Shetland Islands), 스칸디나비아(Scandinavia), 아이슬란드(Iceland)나 그린란드(Greenland)의 서부와 북부를 나타냈다.

4) 캐나다의 가장 오래된 무역 회사로서 1670년 영국에서 설립되었다. 이 회사는 '루퍼트의 땅'(오늘날 미네소타, 서스캐처원, 앨버타 서부, 퀘벡, 온타리오, 노스웨스트, 누나부트의 일부 지역을 포함)으로 잘 알려진 광활한 허드슨만 유역에서 모피 무역을 독점하였다. 허드슨베이사의 모피 독점은 캐나다 정부가 이 지역을 합병하던 1870년까지 지속되었다. 이 회사는 백화점으로서 오늘날까지 그 명맥을 유지하고 있다. 서부 캐나다의 가장 큰 도시인 벤쿠버에 1887년 캐나다 퍼시픽 철도가 건설되면서 호텔 밴쿠버와 허드슨 베이 백화점이 문을 연 것을 필두로 많은 호텔과 백화점들이 생겨났다.

5) 프랑스의 식민지로 1604년에 프랑스인들이 최초로 정착했으며, 1713년 영국에 양도된다. 현재 노바스코샤, 프린스에드워드섬, 뉴브런스윅, 그리고 퀘벡의 동쪽 지역에 해당된다. 1750년대 초반 식민지 소유권 문제로 프랑스와 갈등이 야기되었을 때, 찰스 로렌스(Charles Lawrence) 주지사는 아카디아인들에게 영국에 충성을 맹세할 서약을 요구했다.

세워진 것을 기점으로, 1608년부터 세인트로렌스강(St. Lawrence River) 연안에 퀘벡(Quebec), 몬트리올(Montreal) 등의 식민지 설립을 통해 본격적으로 전개되었다. 1713년 위트레흐트조약(Treaty of Utrecht)이 체결되면서 프랑스는 뉴펀들랜드와 아카디아의 대부분 지역을 영국에 빼앗겼다. 영국 식민지와 프랑스 식민지간의 투쟁은 유럽본국간 갈등의 결과로서 1756년부터 1763년 동안 북미관할권을 두고 영국과 프랑스 사이에 7년 전쟁이 지속되었다. 이로 인해 뉴프랑스의 나머지 지역을 영국에 양도하는 파리조약이 성립되었고, 그 결과 캐나다에서 영국군이 승리함으로써 퀘벡과 몬트리올을 차지하였다.

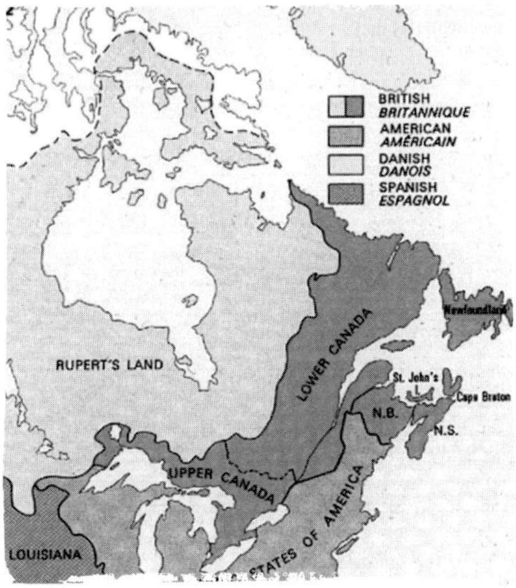

▲ 1791년 캐나다지도(어퍼캐나다와 로워캐나다)

이에 따라 캐나다는 완전히 영국의 식민지 지배를 받게 되었지만, 그 뒤 영국은 아메리카 식민지에서 일어난 독립혁명에서 캐나다를 떼어놓기 위하여 1774년 퀘벡법을 활용하였다. 이는 퀘벡주의 옛프랑스령 식민지에서 지주와 교회의 특권을 승인하는 대가로 프랑스계 주민이 미국독립혁명에 참가하는 것을 방지하는 데 목적이 있었다. 1763년부터 1764년 사이에 마지막 대규모의 퍼스트 네이션들의 저항이 일어났고, 1791년 법률에 의거해 퀘벡주가 어퍼캐나다(Upper Canada)와 로워캐나다(Lower Canada)로 분리되었다.

두 번째 시기는 이민과 정착의 시대로 1815년부터 1867년까지를 일컫는다. 나폴레옹

그러나 아카디아인들이 이를 거부하자 로렌스 주지사는 12,000명의 모든 아카디아인들을 강제로 추방했다. 1,000명 정도는 은신처로 숨었고, 나머지는 거주지를 떠났으나, 다른 식민지로 가는 도중 다수가 죽었고, 그 중 일군의 사람들이 루이지애나에 정착했다. 그리고 이들을 케이전(Cajuns)–미국 루이지애나 주민 중 아카디아 출신 프랑스계인의 자손–이라고 부른다.

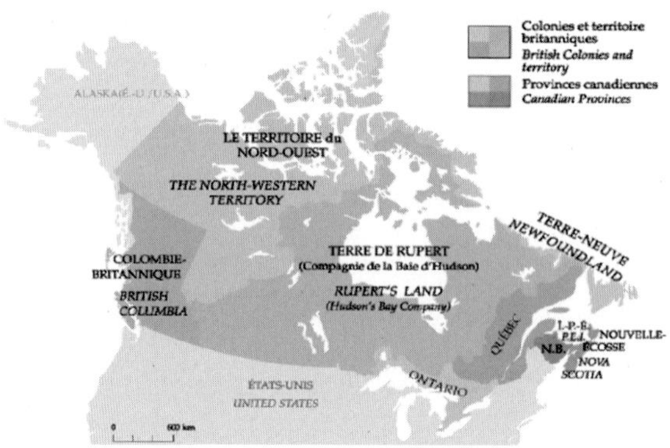

▲ 1867년 캐나다 지도[6]

전쟁이 막을 내린 1815년에 대규모의 유럽인들이 캐나다로 이주하기 시작하였다. 1837년부터 1838년 사이에 식민정부 지배방식에 대항하는 반란이 발생하였는데, 보다 합리적인 지배방식을 요구했던 어퍼캐나다와 로워캐나다 지역민들이 정부가 그들의 요구를 들어주지 않자 반란을 일으켰고, 윌리엄 라이언 맥켄지(William Lyon Mackenzie, 1795–1861)를 중심으로 일어난 투쟁 및 그 밖의 반란은 1838년 영국군에 의해 통제되었다. 1840년부터 1867년 동안은 연합운동과 캐나다 자치령이 핵심을 이루었다. 영국정부는 1848년에 브리티시 컬럼비아의 태평양 해안지역을, 1849년에 밴쿠버섬을 식민지로 만들었다. 1854년까지 대부분의 국경선 문제가 해결되었고, 1867년 영국하원에서 영국령 북아메리카 법률이 통과되자 영국령 북아메리카의 세 식민지(캐나다 주, 뉴브런즈윅, 노바스코샤)는 연합형태의 캐나다 자치령이 되었고, 그 결과 온타리오, 퀘벡, 뉴브런즈윅, 그리고 노바스코샤로 이루어진 4개의 주가 구성되었다.

세 번째 시기는 연합령과 20세기로 특징짓는데 1867년 이후부터 현재까지를 일컫는다. 1867년에 다른 영국령 북아메리카 식민지와 영토가 캐나다 동맹으로 합류하거나 편입되었다. 1880년에는 허드슨베이사에서 획득한 북극의 광대한 영역이 캐나다 영토에 포함되었고, 1949년에는 뉴펀들랜드와 래브라도(Labrador)까지 포함되었다. 캐나다 후기 동맹의 가장 중요한 업적 중 하나인 캐나다 서부지역의 정착과 개발은 백인정착

6) 괄호 안(http://images-mediawiki-sites.thefullwiki.org/01/2/5/1/80319652183757147.gif)의 주소창을 방문하면 1867년부터 2003년 현재까지 캐나다 지도가 시대별 주요 역사적 사건에 맞춰 어떻게 형성되었는지 자세히 알 수 있다.

자와 토착민과의 갈등을 야기시켰다. 레드리버 식민지에서 토착원주민 여성과 프랑스 남성사이에서 태어난 메티스의 지도자 루이 리엘(Louis David Riel, 1844-85)은 당시 캐나다 정부와 연방정부 수상인 존 맥도널드에 대항해 두 번의 저항운동을 이끌었다. 첫 번째 저항운동은 "레드리버 반란"(The Red River Rebellion)으로써 1869년 레드리버 식민지가 허드슨베이사에서 캐나다 정부에 넘어가자 메티스를 중심으로 한 주민들이 기득권 옹호를 위해 임시정부를 수립하였는데, 이때 리엘이 그들의 지도자로 뽑혀 캐나다 정부와 교섭하였다. 그들의 요구가 전면적으로 수용되어 1870년에 매니토바주가 성립되었다. 두 번째 저항운동은 1884년에 일어났던 "노스웨스트 반란"(The Northwest Rebellion)으로 리엘은 노스웨스트 지역에 있는 메티스들의 고향땅이 점차 캐나다의 영향력 아래 들어가게 되자, 메티스의 권리와 문화를 보존하기 위하여 투쟁하였다. 이듬해인 1885년에 리엘의 두 번째 반란이 진압되었고 그는 처형당했다. 오늘날 리엘은 많은 이들에 의해서 캐나다 민중의 영웅으로 간주되는데, 매니토바주에서는 매년 2월 세번째 월요일을 "루이 리엘의 날"(Louis Riel Day)로 지정하고 있다.

▲루이 리엘

1926년에 개최되었던 영국제국회의에서 캐나다 및 기타 자치령의 완전한 자치가 인정되었고, 1931년에는 웨스트민스터 조례에 의하여 주권국가로서 영연방을 구성하는 것이 법제화되었다. 1949년에 캐나다 헌법인 '영국령 북아메리카 조례'가 수정되어 캐나다의 완전독립이 법적으로 완성되었으며 1951년 12월 정식 국명을 캐나다자치령에서 캐나다로 변경하였다. 이로써 오늘날 캐나다는 퀘벡, 온타리오, 노바스코샤, 뉴브런즈윅, 매니토바, 브리티시컬럼비아, 프린스에드워드섬, 앨버타(Alberta), 서스캐처원(Saskachewan), 뉴펀들랜드로 이루어진 10개주와 광활한 북쪽 지역에 위치한 유콘 준주(Yukon Territory), 노스웨스트 준주(Northwest Territories), 누나부트(Nunavut)로 구성되어 있다.

캐나다 토착원주민의 현재

캐나다 토착원주민은 유럽에서 온 탐험가, 무역업자, 사냥꾼 등과의 거래를 통해 유럽인들에게 알려지기 시작했다. 새로운 정착지 캐나다에서 농사를 지으며 뿌리내리기를 원했던 유럽인들은 진보된 기술력과 무기를 앞세워 폭력과 협박, 협정 등의 온갖 수단을 동원해 캐나다 토착민을 그들의 땅에서 내쫓고 지배하기 시작했다. 백인정착자들의 캐나다 토착민에 대한 수탈과 지배는 끊임없이 지속되었고 토착민의 고유한 전통문화와 삶의 양식은 점차 파괴되어 갔다. 19세기 후반에 캐나다 정부에서는 인디언법을 제정하였고, 이로 인해 토착원주민은 연방정부의 관할대상으로 전락하면서 특별보호지역에 거주하게 되었다.

캐나다의 원주민은 크게 네 집단으로 구성되는데, 유자격 인디언(status Indian), 무자격 인디언(non-status Indian), 메티스, 이누이트로 구분된다. 유자격 인디언은 어머니의 출신 성분과는 상관없이 아버지가 인디언일 경우에만 인정된다. 무자격 인디언은 자신의 조상이 원주민이고 자신이 부분적으로라도 원주민 계통이라고 생각하는 이들을 일컫는데, 1996년 인구조사에 의하면 약 110만 명가량이 원주민계통이라고 대답했다. 메티스는 전통적으로 카톨릭 신자이며 프랑스어를 사용하고, 국가지원에 대한 높은 의존도와 높은 실업률을 보이며 주로 주변부의 농경지에 거주한다. 이누이트족은 캐나다 원주민 중 가장 소규모 집단을 구성하고 있으며, 현재 약 4만명 이상의 인구가 600-800명 규모의 작은 공동체를 중심으로 생활하고 있다(힐러 270-75).

▲ 메티스문화의 영원한 지속성을 잘 드러낸 메티스 네이션의 국기

원주민과 백인 사이의 갈등과 대립은 1969년 백서(White Paper)사건으로 쟁점화되었다. 백서는 인디언법 철폐, 인디언 업무 및 북구 개발부 폐지, 특별보호구역 제거 등의 내

▲ 누나부트 준주의 배핀섬에 위치한 이누이트 마을, 팡니크투크(Pangnirtung)

용을 담고 있었는데, 이러한 조치야말로 가장 끔찍한 동화정책이라는 비난이 거셌다. 원주민에게 그 어떤 특별한 지위도 부여하지 않은 이 백서는 반대에 부딪혀 철회되었고, 그 이후 연방 정책은 원주민에게 더 많은 자치권을 부여하는 방향으로 나아갔다. 1982년 캐나다 헌법에서 원주민의 법적 권리를 정식으로 인정하였고, 메티스를 최초로 특수 원주민으로 인정하였다. 1983년에 제출된 "페너위원회 보고서"(Penner Committee Report)에서는 원주민 정부가 캐나다 연방 체제에서 특수한 지위를 보장받고, 원주민의 자결주의 원칙을 기반으로 한 정치적 기구를 설립해 연방정부와 원주민 정부 간의 구체적인 권력분배와 협력이 이루어져야함을 강조하였다(힐러 276). 1991년 연방정부에 의해 발족된 원주민에 관한 왕립위원회(The Royal Commission on Aboriginal Peoples)는 1996년에 470개의 안건을 제시한 5권의 보고서를 제출하였다. 이 보고서는 원주민과 비원주민 간의 새로운 관계 정립을 제안하고 있다.

"지난 150여 년간 연방정부 정책의 특징이었던 파괴적이고 차별적인 간섭주의는 종식되어야 한다. 만약 원주민들이 자신의 운명을 스스로 조정할 수 없는 피보호인처럼 대우를 받는다면 그들은 번창할 수 없을 것이다. 우리는 캐나다 내 원주민 집단을 정치적 조직체로 인정해 이를 통해 원주민들이 캐나다 시민권의 범위 내에서 자신들의 독특한 정체성을 표현할 수 있도록 해줄 것을 요구한다. 우리가 제시한 제안들의 핵심은 원주민들도 똑같은 사람이며, 그들만의 독창적 집단성을 형성하여 정치 자치의 권리를 지닌다는 사실을 인정하는 것이다."

—— 원주민에 관한 왕립위원회의 보 고서(5권 1쪽)

가장 최근에 일어난 캐나다 원주민 관련 중요 사안은 2008년 6월 11일 스티븐 하퍼(Stephen Harper) 캐나다 수상이 "캐나다 원주민 동화정책"에 대한 캐나다 정부의 공식적인 사과 발표를 선언함으로써 이슈화되었다. 19세기에 캐나다 정부는 원주민을 교육시키고 보살펴야 할 책임이 있다고 선언하면서 이들에게 영어, 기독교, 캐나다의 관습을 교육시키고자 했다. 캐나다 정부는 교회운영, 정부지원 산업학교(후에 기숙학교로 변모함) 제도를 통해서 과도하게 공격적인 동화정책을 펴나갔다. 그러나 성인보다는 어린이를 변화시키는 것이 더 쉽다고 판단한 정부는 원주민 아이들을 반강제적으로 기숙학교(Indian residential schools)에 수용했다. 하퍼 수상은 "캐나다 정부에서 캐나다 원주민의 동화정책의 일환으로 1870년대부터 1970년대까지 진행된 약 15만명의 어린이들을 강제 이주시킨 정책에 대해 깊은 사과와 유감의 뜻을 전한다"는 공식 성명을 발표했다. 더불어 "캐나다 정부는 캐나다 원주민 어린이들을 강제로 이주시켜 캐나다 원주민의 고유문화, 유산, 전통, 언어에 많은 피해와 상처를 주었다. 원주민 어린이들은 캐나다 정부의 잘못된 정책으로 그들의 부모와 고유문화 및 언어를 잃어버린 채 정부가 일방적으로 정한 기숙사 교육시설에서 많은 고통을 받았다"고 덧붙였다. 캐나다 원주민에 대한 하퍼 수상의 공식적인 사과 발표는 캐나다의 민족사에 새로운 지평을 연 역사적인 사건으로 기록된다.

▲ 캐나다인디언 기숙학교와 학생들

▲ 하퍼수상(왼쪽아래)의 공식적인 사과에 응답하는 퍼스트 네이션 의회 의장 필 폰테인

··· 2. 모자이크 문화와 다문화주의

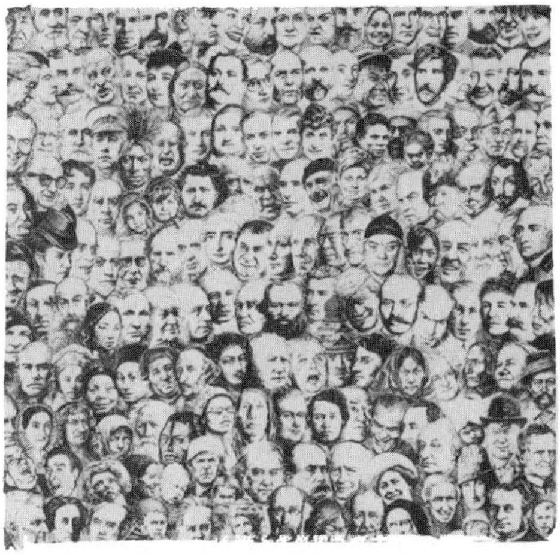

▲ 캐나다의 모자이크 포트폴리오, 제리 그레이, 1979

다문화주의를 위한 노력

일반적으로 캐나다 문화의 특성을 언급할 때 가장 먼저 거론되는 용어는 모자이크(mosaic)와 다문화주의(multiculturalism)이다. 모자이크는 존 머레이 기본(John Murray Gibbon)이 1938년에 출판한 그의 저서, 『캐나다의 모자이크: 북쪽 국가의 형성』(*Canadian Mosaic: The Making of a Northern Nation*)에서 처음 언급되었다. 미국문화가 수많은 에스닉 집단들의 문화적 차이를 함께 녹여 미국성이라는 단일화된 문화로 재탄생시키는 용광로(melting pot)에 비유된다면, 캐나다는 자국으로 이민을 온 개별 에스닉 집단들의 고유한 전통과 문화를 보존하고 이러한 개별문화의 수용이 현재의 캐나다라는 하나의 국가를 만드는 데 공헌했기 때문에 모자이크 문화로 표현될 수 있다는 것이다.

머레이의 이러한 모자이크 문화 개념은 1960년대 캐나다의 사회학자 존 포터(John Porter)에 의해서 "수직적 모자이크"(vertical mosaic)란 용어로 다시한번 강조된다. 그는 수직적 모자이크를 통해서 사회적 지위와 권력에 있어 평등하지 못한 에스닉, 언어, 지역, 종교가 서로 다른 집단들의 혼합으로 이루어진 캐나다를 설명한다. 포터는 캐나다에서 영국 출신의 관료나 경제, 정치 엘리트들에 의해서 행사되는 권력의 작동방식과 기회균등이 이루어지는 방식을 분석함으로써 엘리트들에 의해서 작동되는 새로운 사회 모델로서 캐나다의 독특함을 강조한다.

모자이크와 함께 캐나다를 상징하는 다문화주의는 모든 에스닉 집단이 그들만의 고유한 문화적 차이에도 불구하고 사회의 일원으로서 차별없는 평등한 생활을 영위할 수 있도록 서로간의 차이를 적극적으로 인정함으로써 다민족의 공존을 도모하는 운동이나 정책을 일컫는다. 다문화주의는 무엇보다도 동화와 사회통합을 반대하며, 다민족으로 구성된 사회에서 문화적인 다양성을 관리하는 정책으로서, 상호 존중과 문화적 차이에 대한 관용을 강조한다. 1957년 스위스를 기술할 때 처음 사용된 이 용어는 1960년대 후반 캐나다에서 정책적으로 다문화주의를 시행함으로써 대중화되었다.

캐나다의 다문화주의는 영어와 프랑스어의 이중국어사용을 공식화하는 것에서부터 시작한다. 캐나다의 이중국어 채택은 영국의 식민지배를 받은 영어권국가들 가운데 유일하며 다른 국가들과의 차이점을 가장 잘 드러내 주는 요소이다. 동시에 이것은 캐나다와 이웃나라 미국을 구별짓는 가장 큰 특징이기도 하다. 미국이 자국으로 모여드는 이민자들에게 동화정책과 사회통합을 강조함으로써 빠르게 미국화시키는 반면 캐나다는 이주민족의 고유한 문화와 전통을 유지시키면서 동시에 그들의 차이를 인정하는 캐나다인으로 만든다. 캐나다 정부의 공식적인 이중국어사용은 캐나다의 프랑스어권 국민들에게 그들이 이등 시민이 아니라는 것을 다시한번 확인시키고, 퀘벡 사람들이 영어권 사람들과 동등한 권리와 특혜를 누린다는 것을 공식적으로 승인하였다.

그러나 실제적으로 프랑스어와 영어가 동시에 사용되는 지역은 이스턴 타운십스(Eastern Townships), 오타와 벨리(Ottawa Valley), 몬트리올 등으로 퀘벡의 경계선을 따라 좁은 지역에만 국한될 뿐이다. 캐나다 어린이의 약 7%정도가 제2언어로서 프랑스어를 배우고 있지만, 초등학교 졸업 후 상급학교로 진학할수록 제2언어의 학습 비율은 현저하게 감소하고 있다. 왜냐하면, 대체적으로 캐나다인들의 제2언어에 대한 친밀도가 다른 국가에 비해 높은 편이지만, 실생활에서는 제2언어의 효용성이 상당히 떨어지기 때문이다. 캐나다의 독특한 구성요인 가운데 하나가 프랑스어권인 퀘벡주의 존재이지만, 실제 캐나다에서 영어권과 프랑스어권 사이에서 발생하는 언어적, 종교적, 문화적인 갈등과 복잡한 이해관계는 앞으로 캐나다가 해결해 나아가야 할 과제로 남아있다. 영어와 프랑스어 사용 비율을 통해서 드러나는 권력관계를 보자면 캐나다에서 프랑스어권보다는 영어권 사회가 주도적인 위치에 있다는 것을 실감할 수 있다. 그러나 주도적인 영어권 사회에 맞서 그들만의 독특한 전통과 문화를 독립적으로 유지해가는 퀘벡주의 끊임없는 시도야말로 캐나다의 다문화주의를 확장시키는 중요한 밑거름이 될 것이다.

이러한 문화의 다양성을 구성하는 시도의 한 예로써, 캐나다의 총리 피에르 트뤼도(Pierre Trudeau)는 1971년 다문화주의 선언에서 "캐나다에 공식 언어는 두 가지가 존재하지만 공식 문화는 존재하지 않는다"고 선언하며 에스닉 그룹간의 문화적 평등을 강조했다. 그는 문화에의 공적 원조, 전체 사회 참여시 문화적 장애 타파, 국민통합을 목적으로 하는 에스닉 그룹간의 상호교류 촉진, 전체 사회 참여를 위한 공용어 습득 장려 등을 다문화주의를 위한 구체적인 실천목표로 제창했다. 다문화주의 실현의 구체적인 예는 교육에서도 찾아볼 수 있는데, 예를 들면, 1977년에 온타리오주 교육부에서는 "민족언어학습프로그램"(Heritage Language Program)의 공식적인 지원을 기반으로 토론토를 포함한 캐나다 전역에 민족언어를 가르치기 위한 여러 가지 제도들이 생겨났다. 그 중에서도 온타리오주에서 행하는 민족언어학습 프로그램이 가장 광범위하게 이루어졌고[7], 온타리오주에 위치한 요크(York), 토론토, 노스 요크(North York), 필(Peel) 지

7) 온타리오주에서는 알바니아어, 에티오피아의 공용어인 암하라어, 아랍어, 아르메니아어, 아시리안어, 벵갈어, 켈틱어, 중국어, 크로아티아어, 체코슬로바키아어, 아프가니스탄 일부에서 사용하는 다리어, 네델란드어, 에스토니아어, 페르시아어, 핀란드어, 게일어, 독일어, 그리스어, 인도 서부의 구자라트어, 헤브라이어, 힌디어, 헝가리어, 나이지리아의 이보어, 이탈리아어, 일본어, 캄보디아의 크메르어, 한국어, 쿠르드어, 라오스어, 라트비아어, 리투아니아어, 마케도니아어, 말레이어, 몰타어, 인도 서부의 마라티어, 폴란드어, 포르투칼어, 펀자브어, 아프가니스탄어, 러시아어, 세르비아어, 슬로베니아어, 스페인어, 스와힐리어, 스웨덴어, 따갈로어, 타밀어, 터키어, 우르드어, 베트남어, 이디시어, 요루바어 등 60여개 이상의 민족어를 가르침으로써 각 민족의 전통문화를 보존하는데 앞장섰다.

역에서는 아프리카 문화유산을 가르치기 시작했다. 특히 요크 지역에서는 아프리카 문화유산과 더불어 캐나다 토착민에 관한 연구 프로그램이 활발히 진행되었다(Canadian Education Association, 24-28). 뿐만 아니라 온타리오주 교육부에서는 1977년 "캐나다의 다문화 유산"(Canada's Multicultural Heritage)이라는 역사 과목을 7학년부터 10학년에게 10학점씩 가르쳤다. 이러한 역사과목의 설립은 아이들에게 각자의 문화적 기원과 역사의 뿌리가 어디에서부터 시작되었는지 인식함으로써 정체성을 추구해 나가도록 도와주었고, 더 나아가 타민족의 고유한 문화유산을 인정하고 타자에 대한 이해력을 높임으로써 캐나다의 문화유산의 근원을 인식하는 계기를 형성하고자 했다(Troper 12-13).

▲ 온타리오주에 거주하는 아시아인 연합회 로고

문화의 다양성을 향한 캐나다인들의 노력은 이미 20세기 초반 토론토에서 개최되었던 온타리오 교육연합회의 모임에서 강조했던 말, 즉 "미래 캐나다의 국민성은 영국인, 프랑스인, 라틴계, 독일계, 혹은 슬라브계에 있는 것이 아니라, 모두에게 독특한 미덕과 악덕이 공존하며 이들 모두가 조합을 이루는 상태에 있다"라는 언급을 통해서도 알 수 있다. 이와 같은 다문화주의는 1982년에 캐나다 헌법에서 재차 확인되면서 1985년에는 캐나다 다문화주의 보존과 강화에 관한 법률(The Act for the Preservation and Enhancement of Multiculturalism in Canada)이 통과되었다. 이 법률은 다양성을 캐나다 사회의 기본적인 성격으로 인정하고, 타민족간의 역사적, 문화적 다양성의 가치를 존중하고 받아들임으로써 각각의 고유한 문화유산을 보존하고 강화시킬 뿐만 아니라, 경제적, 문화적, 정치적 생활에서 모든 캐나다 국민이 평등한 기회와 행복한 삶을 누릴 것을 선언하고 있다.

캐나다의 모자이크 문화와 다문화주의 정책이 효과적으로 이루어질 수 있었던 배경은 캐나다 정부의 이민정책에서 기인한다. 캐나다 이민의 역사는 크게 5기로 나뉘는데, 제1기는 건국 때부터 1896년 이민법이 제정될 때까지로 이때는 이주에 제한이 없었기 때문에 영국과 프랑스뿐만 아니라 유럽 각지에서 자유롭게 이주민이 들어왔다. 유럽인이 캐나다에 처음 발을 내딛은 후 약 200여 년간은 느린 속도로 이주가 진행되었지만, 미국과 유럽의 몇몇 사업가와 영국군이 퀘벡과 아카디아에 정착하면서부터 이주민의 수가 급속히 늘어나기 시작했다. 특히 미국독립전쟁으로부터 도망친 영국 왕정주의자들의 유입이 정점에 달했다. 아일랜드인의 캐나다 이주는 아일랜드의 감자 대기근이 일어난 시기에 급속도로 늘어났고, 중국인들이 태평양 철도 건설을 위해 임금노동자로 유입되었다.

제2기는 제1차 세계대전까지로 캐나다 서부지역을 개척하기 위해 이민자들이 대거 유입되었으며 유럽 농민들이 주를 이루었다. 20세기 초부터는 농민뿐만 아니라 노동자의 이주가 증가하면서 1913년에는 40만명 이상의 이주민이 들어왔다. 제3기는 제2차 세계대전 종전까지로 전쟁으로 인해 이민자의 유입이 쉽지 않았으며, 인종차별이 심했던 시기이다. 제4기는 1960년대까지로 전후 캐나다의 경제를 발전시키기 위해 대량의 노동 인력이 요구되었고, 남유럽과 동유럽 사람들이 주를 이루었다. 제5기는 1960년대 이후부터 현재까지로 캐나다 이민정책의 기준이 인종이나 민족이 아니라 연령, 학력, 능력 등으로 바뀌었고, 유럽 이외의 지역 출신들, 즉 유색인종의 이주민이 급격히 늘어났다. 1960년대는 대개 인도계 이민이 주를 이루었고, 1970년대는 아시아, 아프리카, 중남미 출신들이, 1980년대에는 인도차이나 난민의 유입과 홍콩 탈출자 등 아시아계 이민이 현저히 증가했다(조정남 121). 캐나다 정부의 이러한 이민정책의 결과 현재 비백인집단인 유색소수민족(visible minorities)은 캐나다 전체인구의 약 11%이상을 차지한다.

▲ 캐나다 이민정책을 잘 보여주는 카툰, 존 퓨잉스, 2005

▲ 에드먼턴시에서 개최하는 헤리티지 페스티벌 로고

이처럼 고유한 문화와 역사적 배경을 지닌 다양한 에스닉 집단들의 이주는 현재 캐나다의 다문화주의를 더 빛나고 가치있게 만드는 역할을 하고 있다. 특히 매년 여름마다 앨버타주 에드먼턴시에서 "함께 할 때 우리는 더 행복하다"라는 기치를 내건 에드먼턴 다문화주의 협회(Edmonton Multiculturalism Association)의 주최로 개최되는 "헤리티지 페스티벌"(Heritage Festival)야말로 캐나다 모자이크 문화의 다양성을 생생하게 드러내주는 대표적인 다문화주의의 결정판이라고 할 수 있다. 1976년부터 시작해 올해로 35회째를 맞이하는 이 축제에서는 80여 개국 이상의 다양한 문화 에스닉 집단들의 전통음악, 전통무용, 민속공예품, 전통음식, 전통생활용구 전시 등을 선보임으로써 각 민족들의 고유한 전통문화유산을 되살리고 타민족간의 상호존중과 이해를 드높이고 있다. 캐나다의 동부지역이 주로 영국계와 프랑스계로 구성된 것에 반해 에드먼턴은 19세기 후반에 이르러 서부지역개척에 의해 계획적으로 발달된 도시이기 때문에 다른 지역에 비해 영국계와 프랑스계의 비율이 상대적으로 낮다. 즉 에드먼턴은 소수민족집단의 비율이 매우 높아 에스닉 집단들의 문화유산보존과 계승을 위한 적극적인 노력의 결과물이 바로 문화유산축제로 나타난 것이다.

토착인디언 문화와 캐나다 예술의 재발견

캐나다 토착인디언 문화는 캐나다의 모자이크 문화를 구성하는 요소 중 하나이다. 그 중에서도 선댄스(Sun Dance)는 퍼스트 네이션의 전통문화를 가장 잘 대변해주는 의식이다. 평야지대에 거주하는 아메리카 원주민과 퍼스트 네이션에 의해서 행해지고 있는 선댄스는 태양을 응시하는 제의라는 뜻에서 유래했으며, 각 부족에 따라 "새로운 삶의 집", "성스러운 춤", "신비로운 춤", "갈증 춤" 등의 이름으로 불린다. 선댄스는 종교적인 의식, 부족의 단결을 위한 공식적인 집회, 축제의 일부로서, 몸과 마음을 정화하는 의식, 신성한 나무를 캠프장까지 운반하는 의식, 태양맞이 의식, 버팔로의 댄스 의식, 부족의 고유언어로 노래부르기, 기도와 단식, 피어싱 등의 행위로 구성된다. 선댄스의 기본 목적은 태초의 초자연적인 힘을 불러 일으켜서 모든 오래되고 낡은 것들을 새롭게 하는 종교적인 재현이다. 사람들은 선댄스 의식을 통해서 부족간의 상호이익을 도모할 뿐만 아니라 자기 자신과 타인을 위한 초자연적인 힘을 구하기도 한다.

캐나다 정부가 인디언 정부를 통해서 공식적으로 선댄스 실행자들을 박해하고 이를 폐지하려고 시도했음에도 불구하고, 결코 선댄스는 합법적으로 금지되지 않았다. 1895년 인디언 법령에 따라 육체희생 의식과 선물증정 의식[8)]이 법적으로 금지되는 등 캐나다 정부의 끊임없는 구속에도 불구하고, 플레인 크리족(Plains Cree), 솔토족(Saulteaux), 블랙풋족(Blackfoot) 출신의 선댄스 실행자들은 박해를 이겨내고 선댄스를 보존하기 위하여 꾸준히 노력해 왔다. 그 결과 1951년에 인디언 법령이 수정되었고, 육

8) 육체희생의식은 자해행위로 비춰지기 때문에 백인들에게 비인간적이고 폭력적인 비문명화된 제도로 간주되었지만, 사실 이러한 자해행위는 토착민들에게 기나긴 시련과 어려움을 참고 이겨냄으로써 보다 성숙한 인간으로 발전해가는 숨은 의도가 담겨있다. 선물증정의식은 치누크(Chinook)족 말로 "소비하다"라는 어원을 지닌 포틀래치(potlatch)를 일컫는다. 선교사들과 정부 관계자들은 포틀래치를 비문명적이고, 비생산적이며 낭비가 심한 쓸모없는 관습으로 평가절하 하였다. 포틀래치는 북아메리카 북서해안의 토착민들이 자녀의 탄생, 성녀식, 장례, 신분과 지위의 계승식, 신축 가옥의 상량식 등의 의식에 사람들을 초대해 많은 음식 및 사냥해서 잡은 호랑이 모피, 모포, 동판, 때로는 통나무배 등을 손님의 지위에 따라 베푼다. 오늘날 토착민들은 선조들의 관습과 문화를 유지하기 위하여 옛 조상들의 축제방식을 그대로 복원하여 포틀래치를 개최하고 있다.

체희생의식과 선물증정의식을 금지시킨 법안이 중단되었다.

캐나다에서 선댄스는 특히 플레인 크리족의 갈증춤(Thirst Dance), 솔토족의 비춤(Rain Dance), 블랙풋족의 의술춤(Medicine Dance)이 잘 알려져 있다. 선댄스는 캐나다의 수족(the Canadian Sioux), 딘족(the Dene), 캐나다의 아시니보인즈족(The Canandian Assiniboines)에 의해서도 행해진다. 앨버타에서는 카이나이 네이션(The Kainai Nation)이 1950년대 후반에 그들의 선댄스 의식을 영화로 제작하는 것을 허락했는데, 선댄스 전통의식이 사라져가는 것을 염려하던 부족장들의 안타까움에 기인한 것이었다. 그 결과 1960년 캐나다 국립영화회는 "태양의 순환"(Circle of the Sun)[9]이란 다큐멘터리를 제작하였다. 이 다큐멘터리는 앨버타주에 거주하던 블러드 인디언들(Blood Indians)의 선댄스 의식을 바탕으로 자연 및 야생생물과의 조화를 이루는 삶이 잘 묘사되고 있다. 그러나 이와 동시에 젊은 세대가 처한 곤궁함, 즉 점점 변화해가는 세상에서 그들만의 확고한 위치를 미처 찾지 못하고 조상들로부터 물려받은 전통문화와의 연대를 쉽게 단념해 버린 채 직업을 구하기 위해 대도시로 떠나는 안타까운 현실이 생생하게 드러난다.

▲ 크리족의 선댄스 의식을 그린 판화, 1886

캐나다 토착인디언 문화의 재발견은 캐나다의 미개척지였던 서부를 중심으로 한 광활한 자연이 예술 작품에 표현되기 시작한 것과 그 맥을 같이한다. 캐나다의 아이콘(Canadian icon)으로 불리는 "그룹 오브 세븐"(The Group of Seven)과 에밀리 카(Emily

9) 1960년 콜린 로우(Colin Low) 감독에 의해 제작된 이 다큐멘터리의 상영시간은 29분 40초로 캐나다 국립영화회 홈페이지(http://www.nfb.ca/film/circle-of-the-sun/)에서 누구나 쉽게 볼 수 있다.

Carr)는 그 동안 캐나다인들에게 잘 알려지지 않았던 눈과 얼음으로 뒤덮인 북쪽 지역과 캐나다의 시골, 서부지역의 울창한 삼림과 그 곳 원주민의 삶을 화폭에 담아냄으로써 캐나다의 특성을 살려낸 예술가로서 자리매김하고 있다. 1911년 프랭클린 카마이클(Franklin Carmichael), 로렌 해리스(Lauren S. Harris), 프란츠 존슨(Frank Johnston), A. Y. 잭슨(A. Y. Jackson) 등 7명의 캐나다 출신 화가들이 결성한 그룹 오브 세븐은 그림을 통해서 자연 그대로의 캐나다와 계절이 바뀌면서 다양하게 드러나는 자연의 아름다운 색채를 화폭에 그려냈다. 캐나다의 풍경을 예술적인 소재로 삼음으로써 가장 캐나다적인 화풍을 만들어낸 이들의 유산은 카에게 많은 영향을 끼쳤다. 그녀는 광활한 캐나다 서부의 자연, 즉 당시에는 그 누구도 관심을 두지 않았던 원시 온대 우림의 살아있는 생명력과 활력을 화폭에 담았고, 원주민들의 자유분방한 삶과 토템신앙을 예술적인 가치로 승화시켰다. 카 이후에 원주민 문화와 예술에 대한 관심이 매우 높아져 원주민들의 예술품이 캐나다 서부지역을 대변하는 가장 중요한 상징물이 되었다.

▲ 호수와 산들, 로렌 해리스, 1928

현재 캐나다의 미술은 훨씬 더 다양하고 복잡하게 발달했으며, 현대 캐나다 예술가들은 다양한 방법과 형식을 구사하지만, 캐나다의 원시적이고 아름다운 자연은 여전히 캐나다의 미술에 매우 강렬하게 영향을 끼치고 있다. 특히 캐나다 토착원주민들의 작품이나 북부에 거주하는 이누이트족의

▲ 키트세구클라(Kitsegukla)의 토템기둥, 에밀리 카, 1912

작품은 사람들에게 인기를 끌며 민속예술의 근원에 새로운 관심과 반향을 불러일으키고 있다. 결과적으로, 수많은 캐나다의 현대 화가들은 전통적인 민속예술 형식에 현대적인 안목을 접목시킴으로써 캐나다의 토착적인 전통과 현대적 감각이 살아있는 혼합물을 예술작품으로 승화시키면서 캐나다의 모자이크 문화 발달에 기여하고 있다.

미국문화의 영향 : 반혁명의 나라, 캐나다

"미국 옆에서 산다는 것은 어떤 측면에서 코끼리와 함께 잠든다는 것과 같다. 아무리 코끼리가 우호적이고 침착하다고 하더라도, 우리(캐나다)는 코끼리의 모든 실룩거리는 움직임과 쿵쿵거리는 소리에 영향을 받을 수밖에 없다."

—— 1969년 3월 25일, 워싱턴 D.C.에서 개최한 피에르 트뤼도의 연설 중에서

캐나다의 설립이 영국과 프랑스에 의해서 이루어졌기 때문에 캐나다적인 요소를 찾을 때는 이 두 나라의 영향력을 무시할 수 없었지만, 양차 세계대전을 겪은 이후로는 더욱 강대해진 미국의 영향으로 캐나다 문화는 점점 미국화 되어가는 추세이다. 북미대륙에 나란히 존재하는 미국과 캐나다의 차이점을 가장 잘 드러낸 것은 아마도 혁명(revolution)과 반혁명(counterrevolution)이라는 용어일 것이다. 이 용어는 원래 캐나다의 사회학자 클라크(S. D. Clark)에 의해서 처음으로 사용되었다. 클라크는 그의 저서 『선진국 캐나다 사회』(*The Developing Canadian Community*)에서 미국이 "혁명적인 정신의 생산물"(a product of revolutionary spirit)인 반면, 캐나다는 주로 "반혁명적인 성격"(a counter-revolutionary character)의 세력으로부터 성장한 것이라고 언급한다(190-91). 클라크의 주장을 토대로 미국의 저명한 사회학자 립셋(S. M. Lipset)은 미국과 캐나다를 혁명국가와 반혁명국가라는 용어로 정리해 미국과 캐나다의 차이점을 드러낸다.

미국이 "생명, 자유, 행복추구"를 목표로 하는 나라인 반면, 캐나다는 "평화, 질서, 좋은 정부"를 기치로 내세운 나라다. 미국은 억압적인 국가를 전복시키고 민중들의 승리

를 외치며, 이전에는 결코 존재하지 않았던 연방정부의 형태를 탄생시킨 그들의 노력과 성공을 찬양한다. 반면에 캐나다는 합법성(정당성)의 역사적 근원을 높이 평가하며 오랜 투쟁과 패배를 기념하는 나라다. 미국과 캐나다의 이러한 차이는 캐나다를 대표하는 작가 중 한 명인 로버트슨 데이비스(Robertson Davis)의 주장, 즉 "미국이 신화를 발달시킨 반면, 캐나다는 아무것도 발달시키지 못했고, 캐나다인들은 스스로를 부인하는 자들"이라는 언급과 일맥상통한다(Lipset에서 재인용, 1). 미국이 나라를 세운 선조들의 영웅담을 자랑스러워하는 반면, 캐나다는 미개척 지역으로 나아간 몇몇 사람들의 이름만을 기억할 뿐, 캐나다인들에게는 오늘날까지 지속적으로 영향을 끼치며 영감을 줄만한 지도자나 정치적인 이론가들이 존재하지 않는다.

립셋에 의하면, 미국은 개인주의, 성취중심주의적인 성향을 지닌 반면, 캐나다는 계급사회, 엘리트주의, 준법주의, 국가통제방식 선호, 집단주의의 성향을 지닌다(8-9). 이러한 캐나다의 반독립적이고 반혁명적인 성향은 미국보다 더 보수적이고 전통지향적인 사회로 발전해 나가는데 일조했다. 캐나다는 국가와 공동체를 강조하는 반면, 미국은 개인주의와 자유방임을 강조한다. 이러한 양상은 특히 양국의 권위와 정치지도자를 향한 국민들의 태도에서 뚜렷하게 구별된다. 캐나다의 경우, 권위의 근원이 영국여왕이지만, 여왕이 정치에 개입하거나 캐나다인에게 영향을 끼치는 것은 아니다. 캐나다의 권위를 상징하는 영국여왕은 말 그대로 여왕일 뿐, 실제 캐나다의 권위를 실행하는 행위자는 수상을 비롯한 그의 정부이지만, 미국은 국가의 권위와 권위의 행위기관이 대통령으로서 동일함을 통해 두 국가 간의 뚜렷한 차이를 엿볼 수 있다.

이처럼 북아메리카대륙에 나란히 이웃한 미국과 캐나다는 클라크와 립셋의 주장처럼 서로 다른 성향을 내재한 먼나라로 보이지만, 지리적, 언어적, 문화적인 측면에서 상당한 유사점을 보인다. 캐나다와 미국의 문화적 통합은 다양한 조건에 의해서 나타나지만, 이중에서 매스미디어의 영향, 즉 텔레비전, 영화, 음악 등의 대중문화 분야에서 가장 큰 영향력을 발휘하고 있다. 캐나다인들은 캐나다 방송국, 케이블, 위성 네트워크에서 방영하는 다수의 미국의 텔레비전 프로그램을 시청하고 있다. 예를 들면, 캐나다 사람들이 시청하는 텔레비전 프로그램 중 미국에서 제작한 프로그램의 비율은 절반을 넘는다. 실제 캐나다 텔레비전의 모든 영어 프로그램 중에서 캐나다에서 직접 제작하는 프로그램은 전체 1/3 정도에 그칠 뿐만 아니라, 최근 조사에 의하면, 캐나다에서 판매되는 도서의 절반 이상, 잡지의 2/3이 미국에서 출판된 것이며, 캐나다 가정의 2/3 이상이 미국 텔레비전 방송을 시청한다. 또한 실제로 다수의 캐나다 영화와 대중음악이 미국인에 의해 제작 · 공연되고 있다.

캐나다와 미국의 문화적 통합은 이렇듯 대중문화와 대중매체를 통해서 잘 드러나지만, 미국에 대한 캐나다인들의 태도는 사뭇 양가적이다. 예를 들면, 캐나다의 대표적인 작가인 마거릿 애트우드(Margaret Atwood)는 『떠오르는 집』(*Surfacing*)에서 미국에 대한 적대감을 적나라하게 묘사한다.

> "[양키놈들이] 물을 오염시키고 있어, 그렇지 않나? 하지만 우린 깨끗한 물이 아주 풍부해. 이 나라의 지도를 보면 온통 물이거든. 조만간, 십년 쯤 지나면 그들은 막다른 상황에 직면하겠지. 아마 캐나다 정부와 계약을 맺으려고 발버둥칠테지. 우리가 그들에게 물을 헐값에 주거나 아님 공짜로 주도록 말이지. 가루비누 따위와 교환해서 말야. 그리고 정부는 굴복하겠지. 늘 그렇듯이 정부관료들은 꼭두각시 무리지 않나. 하지만 그때쯤이면, 민족주의 운동이 거세질 것이고, 정부가 후퇴하도록 압력을 가하겠지. 그러면 반란이 일어나고 납치를 하고 뭐 이런 일들이 일어나겠지. 그러면, 그 돼지같은 양키놈들이 잠수함을 파견할 거야. 그럴 수밖에 없지. 뉴욕과 시카고 시민들이 파리떼처럼 쓰러질 것이고, 산업은 중단되고 물을 구매하려는 암시장이 형성되겠지. 그들은 알래스카에서 물을 실어올테고, 아마 퀘벡을 통해서 들어오겠지. 그때쯤이면 퀘벡은 이미 캐나다로부터 분리되어있을 것이니까. . . . 민족주의 운동을 하는 게릴라들은 숲으로 잠복해서 양키들이 저 아래로 물을 끌어내기 위해 만든 수로를 폭파시킬거야." (Atwood, *Surfacing* 96–97)

여기서 미국인들은 캐나다의 아름다운 자연을 더럽히고 깨끗한 물을 오염시키는 환경파괴자로 그려진다. 자국의 자연을 전혀 보호하지 못해 먹을 물마저 오염된 미국인들이 식수를 얻기 위해 캐나다 정부와 비도덕적인 거래를 할 것이고, 이에 분개한 캐나다인들은 미국에 대항해 거센 민족주의 운동을 할 것이란 주장이다. 물론 위 인용문은 실제 일어난 일이 아닌 작품의 등장인물 중 한 명인 데이비드의 가설이지만, 이 소설에서는 점점 미국인들에 의해 황폐화되어가는 캐나다의 자연환경에 대한 언급이 미국에 대한 반감으로 드러나고 있음을 알 수 있다.

또 다른 측면에서 보자면, 마샬 맥루한(Marshall MacLuhan)은 점점 미국화되어가는 캐나다의 매스미디어에 대하여 오히려 캐나다 사람들이 모든 미국 라디오와 텔레비전을 동시에 접함으로써, 미국 라디오와 텔레비전이 캐나다라는 외국 환경 속에서 비교와 대조를 통해 비판적으로 판단하는 철학적 태도를 제시한다고 주장한다(211). 맥루한은 캐나다가 넓은 국토와 적은 인구 때문에 결코 집중화할 수 없었기에 저자세적 정체성과 다수의 국경선이라는 캐나다의 조건이 미디어 생활의 이상적인 패턴에 가깝다고 단언한다(212). 20세기 중반에 이미 지구촌(global village)이란 단어를 처음 만들어낸 맥루한의 21세기적 사고는 아마도 캐나다라는 특수한 지형학적, 다문화적인 환경 속에서 창조된 21세기형 생산물임에 틀림없을 것이다.

캐나다 영화 : 어웨이 프롬 허(Away from Her, 2006)

영미문화와는 다른 독자적인 캐나다문화를 정의하는 것만큼이나 캐나다 영화를 한마디로 정의하기란 결코 쉽지 않다. 그러나 다수의 비평가와 학자들에 의해 캐나다성이 끊임없이 정의되고 새롭게 재탄생되고 있듯이, 캐나다 영화에 대한 개념과 정의를 내리는 작업들 역시 영화비평가들에 의해서 1980년대 이래 지속적으로 행해져 오고 있다. 많은 비평가들은 미국 헐리우드 영화의 스타일이나 내용, 이데올로기를 그대로 흉내내는 것이 아니라, 캐나다인의 삶과 문화를 반영하고 있는 영화들을 캐나다 영화로서 정의하고자 시도한다. 그러나 캐나다인들의 삶과 문화가 이웃나라 강대국 미국의 영향을 주로 받기 때문에, 영화 역시 헐리우드의 영향으로부터 결코 자유로울 수 없다.

부르스 엘더(Bruce Elder)는 1985년 그의 선언문, "우리가 필요로 하는 영화"(The Cinema We Need)에서 캐나다 영화를 특징짓는 두 가지 전통으로서 다큐멘터리 성격이 강한 사실주의 기법과 기존의 지배적인 영화재현 방식에 도전하는 아방가르드 기법을 강조한다(260-71). 엘더가 실험정신이 매우 강한 아방가르드 정신을 캐나다 영화의 특징으로 간주하는 것과 유사하게 스콧 멕켄지(Scott MacKenzie)는 캐나다 영화에서 드러나는 일관된 주제로 "기술(technology)과 관음증(voyeurism) 사이의 연관성"을 바탕으로

한 다문화주의를 꼽는다. 특히 메켄지는 다문화성을 드러내는 대표적인 캐나다 영화로 데이비드 크로넨버그(David Cronenberg)의 〈비디오드롬〉(Videodrome, 1983), 아톰 에고얀(Atom Egoyan)의 〈패밀리 뷰잉〉(Family Viewing, 1987), 로버트 르페이지(Robert Lepage)의 〈고백〉(Le confessional, 1995)과 스리비나스 크리슈나(Srinivas Krishna)의 〈마살라〉(Masala, 1991) 등을 꼽는다. 이런 주제는 주로 캐나다를 대표하는 영화감독 크로넨버그와 에고얀의 영화들에서 심도있게 드러난다.

신시아 오직(Cynthia Ozick)이 안톤 체홉(Anton Chekhov)에 버금가는 북미 최고의 단편소설 작가로 칭송한 앨리스의 먼로(Alice Munro)의 훌륭한 단편소설, 「곰이 산을 넘어 오다」(*The Bear Came Over the Mountain*, 2001)가 매우 젊고 재능있는 사라 폴리(Sarah Polley) 감독의 장편영화 데뷔작으로서 스크린으로 옮겨졌을 때 사람들은 반신반의하는 표정을 지었다. 아역배우로 데뷔했고, 다수의 영화에 출연한 여배우인 29세의 사라 폴리가 인생의 황혼기에 접어든 노부부의 삶을 그리는 영화를 제대로 표현할 수 있을까 하는 의구심이 강했기 때문이다. 더군다나, 이 영화는 어쩌면 그저 그런 진부한 플롯을 예상하게 하는 알츠하이머병을 주요소재로 다루고 있기에 자칫 잘못하면 틀에 박힌 진부한 영화로 낙인찍힐 수 있었을 것이다. 그러나 먼로가 탄탄한 플롯 및 언어의 명료함과 아름다움을 유감없이 보여주었듯이, 폴리 감독 역시 아름다운 캐나다의 설원을 배경으로 그에 꼭 맞는 연기력을 선보였던 적절한 인물 캐스팅, 마지막 엔딩 크레딧이 올라갈 때 흘러나오는 배경음악에 이르기까지 감독으로서 타고난 기량을 마음껏 드러내고 있다. 1965년 〈닥터 지바고〉에서 라라로 출연해 세계적인 명성을 얻은 줄리 크리스티(Julie Christie)는 여전히 우아하고 아름다운 자태로 점점 기억을 잃어가는 피오나(Fiona)역을 잘 소화해내고 있다. 줄리 크리스티만큼 세계적으로 유명하지는 않지만, 그랜트(Grant)역을 맡은 고든 핀센트(Gordon Pinsent)는 캐나다를 대표하는 실력파 배우이다.

감독에 대한 설명을 덧붙이자면, 사라 폴리는 어렸을 적부터 정치적인 색채를 강하게 띠고 있었다. 그녀는 이미 십대 때 아주 인기있던 TV쇼를 의도적으로 그만두었는데, 디즈니에 의해 점점 미국화되어가는 프로그램을 더 이상 보고만 있을 수 없었기 때문이었다(Stalker). 이 영화에서도 간간히 미국 헐리우드의 영화를 "쓰레기"로 비난하는 장면이 나온다.[10] 앤드류 오헤히(Andrew O'hehir)는 폴리 감독과의 인터뷰를 통해서 폴리가 캐나다를 대표하는 크로넨버그와 에고얀 감독의 뒤를 이을 만한 감독이라고 말한다. 폴리는 〈어웨이 프롬 허〉야말로 캐나다적임을 증명할 수 있는 캐나다 영화라고 주장한다.

이 영화는 처음 시작부분에서 많은 것을 암시하며 시작한다. 노부부 피오나(Fiona)와 그랜트(Grant)는 나란히 드넓은 설원을 배경삼아 크로스컨트리(cross-country) 스키를 즐긴다. 마치 서로 영원히 만날 수 없는 평행한 기찻길처럼 흰 눈밭에 스키자국이 선명하게 남는다. 새하얀 눈이 스크린 가득히 펼쳐질 때 피오나의 은빛머리칼과 흰색의 재킷, 그리고 그랜트의 새하얀 턱수염은 그들의 오랜 결혼생활이 황혼기에 접어들었음을 드러내준다. 현재와 과거의 회상 장면이 그랜트와 요양원의 간호사 크리스티(Christie)의 대사와 서로 겹치면서 복합적으로 나타난다. 즉 그랜트가 오브리(Aubrey)집으로 향하면서 젊었을 적 피오나를 회상하는 장면, 크리스티에게 피오나와의 결혼이 어떻게 이루어졌는가에 대한 설명과 더불어 회상장면이 희뿌연 화면으로 처리되면서, 그랜트는 피오나에게서 "삶의 광채"가 뿜어져 나오며 "절대 그녀와 헤어질 수 없다"고 말한다. 젊은 시절 피오나의 모습을 흐리게, 새하얀 눈 위에 선명하게 새겨진 스키자국을 롱샷으로 처리한 장면은 영화의 마지막 부분에서 한번 더 언급되며 영화 전체의 시작과 끝을 하나로 연결하는 중요한 역할을 하고 있다.

이 영화를 심도있게 분석해보면 단순히 황혼기에 접어들어 알츠하이머에 걸린 노부부의 잔잔한 일상과 사랑을 그린 것이 아니라는 것을 알 수 있다. 알츠하이머에 걸린 피오나는 캐나다의 정체성을 드러낸 것이라고 할 수 있다. 즉 피오나는 실체가 사라지면서 말없이 과거의 기억 안에서 존재할 수밖에 없는 사라져가는 현재를 대변한다. 여기서 피오나의 기억은 매우 중요한 의의를 갖는데, 알츠하이머로 인해 나는 누구인가

10) 영화 초반부에서 진료를 받기 위해 병원을 찾은 피오나에게 의사가 여러 가지 질문을 하는데, 그 중, "만약 영화관에서 불이 났고, 불난 것을 처음 본 사람이 당신이라면 어떻게 행동하실테죠?"라고 묻는다. 이에 피오나는 "우리는 극장에 가지 않아요. 멀티플렉스 극장들 모두 미국 쓰레기들밖에 안하니까요"라고 대답한다.

의 문제, 즉 인식소의 파괴로 인해 자아의 개념을 상실해 버린 상태에 빠져있기 때문이다. 뿐만 아니라, 이 영화는 시종일관 그랜트의 신화적인 시선을 따라 움직이기 때문에 피오나는 어디까지나 대상화된 존재에 머무르고 만다. 그랜트가 원하고 바라보는 시선은 과거의 것을 그대로 수용하려는 고전적인 시간에 머문다. 그랜트가 전혀 변할 것 같지 않은 당당한 남성적 시각으로 피오나를 대하면 대할수록 피오나의 불안한 정체성은 알츠하이머로 대변되듯이 망각과 혼란함으로 인해 기억할 수도 말할 수도 없는 상황으로 내몰릴 뿐이다. 신화적 시간 안에 존재하는 그랜트가 미국을 지칭한다면, 기억의 저장소에 들어있던 삶의 부스러기들이 하나둘씩 사라져가며 리얼리티와의 경계에서 불안하게 떨고 있는 피오나는 캐나다 정체성의 혼란스러움을 드러낸 것이라고 할 수 있다. 앞서 언급했던 트뤼도의 주장처럼 이웃나라 강대국 미국에 의해 사소한 것 하나까지 영향을 받을 수밖에 없는 캐나다의 지리적, 경제적, 문화적 조건은 피오나에게 점점 사라져가는 현재처럼 불안하고 혼란스러운 상황을 은유적으로 드러낸 것이라고 간주해도 무방할 것이다.

▲ 〈어웨이 프롬 허〉의 스틸 컷, 피오나와 그랜트

••• 3. 버텨내기와 포스트모더니즘을 통해서 본 캐나다 문학

세계 각국 출신의 다양한 인종으로 구성된 이민자들에 의해서 세워진 캐나다의 문학 전통을 한 단어로 규정짓기란 간단하지 않지만, 여기서는 주로 마거릿 애트우드, 노드롭 프라이(Northrop Frye), 그리고 린다 허치언(Linda Hutcheon)을 중심으로 캐나다 문학의 특징을 크게 생존(survival), 수비대 정신(the garrison mentality), 그리고 포스트모더니즘(postmodernism)으로 요약해 설명하고자 한다.

먼저 캐나다의 국민작가로 부상한 마거릿 애트우드는 1970년대 『생존: 캐나다 문학의 주제연구』(*Survival: A Thematic Guide to Canadian Literature*)라는 저서를 통해 캐나다 문학의 가장 중요한 주제로서 패배의식, 소외의식, 피해의식을 언급한다. 캐나다의 영어권과 프랑스어권 문학에서 두루 나타나는 생존의 문제는 캐나다 문학 전체를 아우르는 거대한 상징이 되는데, 무엇보다도 애트우드는 "버텨내기, 살아서 견뎌내기"(Atwood, *Survival* 41)를 강조한다. 캐나다 문학에서 일반적으로 드러나는 특성은 개척자들이 지닌 모험과 위험을 알아내는 지성이나 흥분, 혹은 잘난 체하거나 안전함을 감지해내는 감각이 아니라, "견딜 수 없는 불안함을 생성시키는 것"(Atwood, *Survival* 42)이다. 캐나다의 서사는 미국처럼 위협적이고 무질서한 자연을 강한 개척정신으로 극복해내는 프론티어의 근성이 아니라, 모든 사람들을 죽일 수 있는 거대하고 무시무시한 자연환경, 즉 거센 눈폭풍, 거센 파도와 강풍, 온통 눈과 바람으로 뒤덮은 꽁꽁 얼어붙은 북쪽 땅을 경험했던 사람들에 의해서 쓰여진 고통과 절박함이다. 따라서 생존자에게 남는 것은 승리와 영광이 아니라 생존했다는 사실 그 자체뿐이다. 즉 캐나다의 문학작품에서 그려지는 주인공은 생존자로 살아남지만, "패배자" 혹은 "실패자"로서 재현된다.

캐나다 작가들이 희생자를 표현하기 위하여 즐겨 쓰는 방법은 물에 빠져죽거나 추위에 얼어죽는 것이다. 이 두 가지 방법 중에서 특히 시인은 익사하는 것을 자주 사용한다. 물과 눈이 많은 캐나다에서 이 두 가지 자연물은 문학적으로 매우 훌륭한 살인 무기가 되는데, 이것들은 "문학작품에서 감금의 이미지"(Atwood, *Survival* 67)로도 널리 사용된다. 이렇듯, 캐나다인들은 긍정적인 것보다는 "부정적인 상징들을 더 선호하는 경향"이 짙다. 예를 들면, 생명을 잉태하는 어머니로서의 바다라기보다는 사람들을 태운 배를 침몰시키는 바다의 이미지, 성장보다는 언제든지 머리 위로 쓰러질 수 있는 나무의 이미지를 더 선호한다(Atwood, *Survival* 44-45). 이러한 자연환경에 대한 부정적인 이미지를 선호하는 캐나다인들의 삶에 대한 인식은 광활하고 두려운 거대한 자연 그대로의 모습 위에 펼쳐진 거친 삶의 일면을 여과없이 보여준 태도라 할 수 있다.

캐나다인의 피해의식은 문학작품을 통해서 나타나는 동물과 캐나다 인디언의 재현양상을 통해서도 알 수 있다. 캐나다 문학에서 동물은 인간에게 모피와 양질의 깃털을 제공하는 "비극적인 존재이자 전형적인 희생자"(Atwood, *Survival* 89)로서 드러난다. 동물은 인간이 가한 올가미, 덫, 사슬, 독약 등에 의해서 고통받는다. 캐나다 문학에서 동물은 측은한 희생자로서 그려지고, 이때 인간은 다시 악당이 된다. 애트우드의 언급처럼 캐나다는 "모피무역으로 세워진 나라"이며, 이는 동물이 인간에 의한 학대와 처절한 고통을 당하는 피해자, 즉 패배자라는 사실과 일맥상통한다. 동물의 관점에서 보자면, 캐나다인들은 노예무역업자나 심문자들만큼 악랄하기 그지없다. 앨리스 먼로의 단편소설은 모피무역으로 탄생한 캐나다의 모습을 은유적으로 잘 보여준다.

> 우리 아버지는 여우 농장을 하셨다. 우리에다 은여우들을 기르면서 모피값이 가장 좋을 때인 가을과 초겨울에 도살하고 가죽을 벗겨 그 모피를 허드슨 베이사나 몬트리올 모피회사에 팔았던 것이다. 우리집 부엌문의 양쪽에는 이런 회사들이 배포한 달력들이 걸려 있었는데 그 그림 속에는 차갑고 푸른 하늘과 검은 소나무 숲, 그리고 위험해 보이는 북부지방의 강을 배경으로 하여 깃털을 단 모험가들이 영국기나 프랑스기를 꽂는 모습과 거대한 야만인들이 화물을 들기 위해 등을 젖히고 있는 모습 따위들이 과장되게 그려져 있었다.(Munro 111)

캐나다 문학에 나타난 동물의 이미지는 원주민과 이누이트의 재현양상과 유사하다. 이들은 주로 동물이야기에 나오는 동물과 연관있거나 자연이나 원시적인 삶을 사는 외떨어진 존재로서, 혹은 상징적인 목적에 부합하는 존재로서 그려진다. 원주민들은 그들의 실제 모습과는 별개로 백인 캐나다인들의 정신, 두려움 혹은 소원을 투사하는 그 무엇으로 드러난다. 문학에서 주로 원주민은 "고귀한 야만인"으로서 이상화된 존재이거나 혹은 "비문명화된 열등한 존재"로 그려진다. 고귀한 야만인으로 그려지는 경우는 대개 원주민이 백인보다 더 원시적이고 자연과 가까우며, 백인들이 잃어버린 도덕적 가치와 본능에 훨씬 더 가깝다는 것, 즉 용기, 충직함, 환경과 연관된 능력을 지니는 것으로 표현된다.

예를 들면, 캐나다의 문예 부흥기를 상징하는 작가, 데이비스의 『커닝맨』(*The Cunning Man*)에서는 '현명한 여성'으로 불리는 엘시 스모크(Elsie Smoke)가 등장하는데, 그녀는 불행에 대비한 부적을 팔고, 숲에서 캐 온 식물에서 추출한 즙으로 강장제와 진통제 따위를 만들며, 이따금씩 도끼에 다친 상처처럼 큰 상처에 바를 고약을 만들기도 하는 캐나다 인디언출신의 약초 할멈이다. 이 소설의 주인공이자 화자인 훌라(Jonathan Hullah)는 어렸을 적 성홍열에 걸려 생사의 기로에 놓이는데, 의사도 치료하지 못한 그의 병은 스모크의 신비한 의식으로 치유된다.

> 천막이 완성되고 저녁 일곱시쯤 되었을 때 엘시 스모크는 나의 어머니로서는 도저히 뭐가 뭔지 알 수 없는 몇 가지 물건들을 가져온 후 천막 안으로 들어갔다. 그녀는 주위에서 있던 다른 인디언들에게 고개를 끄덕인다든지 하는 아는 표시조차하지 않았다. 다른 인디언들은 얼마 후에 곧 자기 집으로 돌아가 버렸다. 천막 안에서는 아무 소리도, 인기척도 새어 나오지 않았다. 그러다가 밤 열시쯤 되자 이따금씩 새소리가 나오기 시작했다. 한겨울 밤에 새소리가 들리다니, 어떻게 된 걸까? 얼마 후 새소리에는 나지막한 동물의 울음소리가 섞여 있었다. 그것은 늑대의 울음 소리였는데 요란스럽게 짖어대는 소리가 아니라 아주 먼 곳에서 들려오는 것처럼 나지막한 소리였다. 이윽고 늑대의 울음소리가 새소리보다 더 크게 들리기 시작했다. 그리고는 천막이 흔들리기 시작했다. 새소리와 동물의 울음소리가 점차 사그라지면서 이번에는 아주 희미한 북소리가 들려왔다. 북소리는 끊임없이 계속되었다. (Davis 29)

서양의 의술로는 도저히 완치되지 않던 훌라의 병이 인디언여성 스모크에 의해 치유됨을 묘사한 이 글에서 보듯이, 데이비스는 스모크를 통해 캐나다의 토속 신화, 토템, 마법 등을 잘 드러낸다. 어린 훌라는 스모크를 찾아가 제자가 되겠다고 말하면서 자신에게 치료법을 가르쳐달라고 애원하지만, 스모크는 훌라의 병을 치료한 장본인은 자신이 아니라, 자신을 지켜주는 토템이었다고 말한다. 엘시 스모크와의 조우는 훌라가 의사가 된 이후에도 그에게 커다란 영향을 끼친다. 훌라에게 엘시 스모크는 서양의 과학과 사고방식으로 이해될 수 없는 정신적이고 영적인 가치의 구원자로서 그려진다. 이렇듯 인디언여성 엘시 스모크는 훌라가 민간전통 의술과 서양 의술을 화합해 전인적인 의술을 행하는 진정한 커닝맨(원래 토속신앙에서 마법사를 일컫는 용어)이 되는데 없어서는 안될 중요한 조력자이자 정신적 스승으로서 묘사된다.

한 가지 흥미로운 사실은 원주민이 오로지 멸종해 갈 때만이 이상화된다는 것이다. 미국 문학에서도 볼 수 있듯이, 캐나다 문학 역시 원주민에 대한 이중적인 태도를 고수한다. 승자로서의 원주민은 백인을 고문하고 죽이는데, 이때 원주민과 작가가 동일시되고 백인에 의해 박해받은 패자로서의 원주민이 재현된다(Atwood, *Survival* 109-19). 레너드 코언(Leonard Cohen)의 『아름다운 패자들』(*Beautiful Losers*)에서 드러난 희생자로서의 인디언 모티브는 특히 중요한데, 이 작품에서 인디언은 고통받는 희생자로서의 모습과 이러한 희생자와의 동일시가 필요한 캐나다인 관찰자의 정신상태를 동시에 드러낸다. 이 작품의 여자주인공 이디스(Edith)는 지금은 멸종해 존재하지 않는 A부족의 일원이다. 이 부족의 정확한 이름은 언급되지 않고 단지 A란 글자만 알려줄 뿐이다. 이디스는 희생자 모티브의 전형을 보여주는 캐릭터라 할 수 있는데, 그녀는 십대 때 백인들에게 집단강간을 당하고 엘리베이터에 깔려 자살로서 생을 마감하는 비운의 인물이다. 또 다른 한명의 여자주인공 역시 인디언으로서 초기 카톨릭 성녀가 된 캐서린 테카크위타(Catherine Tekakwitha)이다. 그녀 역시 과거의 역사 안에서만 존재할 뿐 현실세계에서는 존재하지 않는 인물이다. 그녀들은 둘 다 죽은 자들이다. 이 작품의 주인공 남자인 화자는 죽어버린 이 두 인디언 여성을 끊임없이 회상하며 자신의 처지와 동일시한다. 과거와 현재, 그리고 미래가 서로 뒤엉켜 이 작품을 대하는 순간 내내 시간과 공간의 끊임없는 혼란이 가중된다. 리얼리티와 하이퍼리얼리티의 경계를 가로지르며 현실과 초현실, 역사와 종교가 마구 뒤엉킨 이 작품은 캐나다 문학의 대표적인 특징 중 하나라고 할 수 있는 포스트모더니즘의 미학을 그대로 보여주고 있다.

이 작품의 등장인물들은 모두 하나같이 승자라기보다는 패자에 가깝다. 이러한 패자의 모습은 캐나다 문학에서 드러나는 그들의 "탐험 모티브"(Atwood, *Survival* 137)와도 연결된다. 아무것도 찾지 못한 채 죽음으로 막을 내리는 탐험, 즉 죽음을 향해 나아가는 탐험이야말로 캐나다인의 패배의식을 그대로 재현하고 있다. 미지의 광활한 땅을 탐험해 가는 캐나다인들의 정신상태는 끊임없이 무엇인가를 찾지만, 결국에는 아무것도 찾지 못한다. 캐나다 문학에서 추방당한 장소이자 망명지로 그려지는 서부지역과 황야야말로 탐험가들의 패배의식을 상징적으로 드러내는 공간일 것이다.

캐나다 문학에서 재현된 가족의 모습 역시 피해의식을 기반으로 한 버텨내기의 연장선상에 있다. 예를 들어, 영국이 섬나라라는 이미지를, 미국이 프론티어 정신을 강조한다면, 캐나다는 생존을 가장 중요시한다(Atwood, *Survival* 157). 영국문학에서 가족은 확대가족으로 아주 먼 조상, 사촌, 셀 수 없을 정도로 많은 이모, 고모 등으로 이루어져 있으며 주인공은 이들과의 관계 속에서 성장하고 자라기 때문에 주인공은 사회(가족)안으로 편입할 뿐 가족 밖으로 벗어나 홀로 나아가지 않는다. 미국문학에서 드러나는 가족은 주인공이 반드시 부인하고 떠나야만 하는 그 무엇으로 묘사된다. 즉 주인공은 가족이라는 구조에 반항하고 자신만의 자유를 찾아 프론티어 정신으로 앞으로 나아가기 때문에 주인공에게 아버지는 넘어서고 극복해야 할 존재이다. 이와 반대로 캐나다 문학의 주인공은 가족이라는 덫 그 자체로서 벗어나려고 발버둥치지만 결코 그 덫으로부터 벗어날 수 없다. 가족은 집단의식으로 드러나는데, 이것은 개인의 독자적인 방식을 강조하는 미국문학과는 큰 차이를 보인다. 캐나다 문학에서 가족은 폭풍우속에 있는 양떼들이거나 혹은 무리를 지어있는 닭의 이미지로 재현된다. 가족을 떠났을 때 보이는 다른 대안은 춥고 텅 빈 공간뿐이기에 가족으로부터 떠나기를 꺼려할 수밖에 없다. 예를 들면, 캐나다 문학 작품에서 재현된 1세대는 대개 옛 가치를 고수하고 과도하게 일에 사로잡혀 있으며, 새로운 것을 선호하며 그들의 기존 가치를 버리고자 하는 2세대와 자주 대립한다. 그러나 3세대인 손자는 1세대의 정신적인 가치와 2세대의 물질적인 가치를 화합하려고 시도함으로써, 통합의 상징으로서 재현된다(Atwood, *Survival* 179).

애트우드가 분석한 문학에서 드러난 가족서사는 미국 문학과 캐나다 문학의 차이를 분석한 캐나다의 문학비평가 브라운 러셀(Brown M. Russell)의 주장과도 일맥상통한 면이 있다. 러셀은 미국의 글쓰기가 오이디푸스적인 주제(Oedipus themes)를 드러내는 반면, 캐나다의 글쓰기는 텔레마커스 증후군(Telemachus syndrome)을 그 특징으로 한다고 주장한다. 즉 미국작가들은 오이디푸스적인 주제를 통해 아버지를 거부하고 어머니와의 정서적인 유대감을 강조하지만, 캐나다작가들은 텔레마커스처럼 잃어버린 아버지를 찾아 나선다는 것이다. 캐나다 문학이 아버지를 거부하거나 극복하기 보다는 아버지의 권위에 복종하고 아버지의 인정을 받으려는 텔레마커스 증후군을 앓고 있는 까닭은 권위적이고 보수적인 토리당의 분위기, 즉 과거, 영국, 군주제, 유럽적 전통, 사적이고, 가정적이고, 고백적인 형식을 그 특징으로 하기 때문이다(Lipset에서 재인용, 62).

캐나다 문학에서 드러나는 집단의식은 영웅의 재현양식을 색다르게 만든다. 캐나다 역사는 전통적인 사회를 구하거나 사회를 바꾸려는 영웅들을 만들려는 시도를 무효화시킨다. 캐나다인들은 그들이 어느 편에 서야할지를 모르고 있을 뿐만 아니라, 캐나다에서는 결코 혁명이 이루어질 수 없고 혹 혁명이 발생한다 할지라도 캐나다 경찰들에 의해 즉시 저지당한다. 캐나다에서는 전통적인 개인주의 영웅을 창조하려는 시도가 제대로 재현되기 어렵기 때문에 캐나다 문학은 개인적인 영웅보다는 "집단적인 영웅들"(collective heroes)의 모습을 보여준다(Atwood, *Survival* 206). 집단영웅은 폐쇄적이고 내향적인 수비대 정신이나 살아있는 공동체를 표현한다. 집단행동은 생존을 위해서 꼭 필요하지만, 동시에 개인적인 성장을 저해할 수도 있다. 문학에서 집단영웅은 개인적인 영웅들에 의해서 생성된 것으로부터 다른 종류의 서사를 만들어내는 데 일조한다. 이러한 집단영웅은 캐나다의 희생자 상황을 해결하고 분석하는데 있어 매우 중요하다. 특히 애트우드가 강조한 집단영웅은 노드롭 프라이가 주장하는 수비대정신과 매우 밀접하다.

동서와 마주보는 캐나다의 위치는 상상력이 풍부한 근원지로 한쪽은 강대국 미국과 이웃하고 있으며, 다른 한쪽은 북쪽의 광대한 오지를 면하고 있는데, 이 오지는 신비감과 오지의 공포, 그리고 오늘날 같은 개발 시대에 그런 무인지역의 고독감이 불러일으키는 이상한 죄의식에 싸여있다. 만약 캐나다인이 남쪽을 바라본다면 미국이라는 나라에 현혹되거나 반감을 느끼게 되며, 미국인과는 본질적으로 다르다거나 어떤 면에서는 월등

하다는 전혀 설득력없는 이유들을 생각해내거나, 또는 미국에게 "삼켜버리는" 것이 불가피하다고 받아들이지도 모른다. 캐나다 국내에서 미국과의 합병에 대해 분개하는 이유는 동일시되는 문제 그 자체가 아니라 캐나다가 내세울 만한 진정한 독창성도 없이 다만 커다란 실체로 사라져버리지 않을까 하는 우려 때문이다. (Frye xxiii-xxiv)

캐나다에서 물리적이거나 정신적인 "프론티어"로 둘러싸인 작고 고립된 공동체는 영미의 문화와 전통으로부터 분리되어 있다. 캐나다인들은 그들만의 독특한 방식의 삶을 "고립된 공동체 안에서 키워왔으며, 이것은 그들을 함께 묶어줄 수 있는 법과 질서에 대한 강력한 믿음과 신뢰를 낳았다. 여전히 거대하고, 생각할 수 없고, 위협적이고, 무서운 물리적인 환경과 대면해야했기 때문에 이러한 공동체들은 수비대정신"을 발달시킬 수밖에 없었다(Frye 227). 캐나다의 초기 지도에서 거주민이 있는 중심지는 요새였고, 이것은 이후에도 문화지도의 중심지로 남아 있었다.

수비대는 가까운 친족과 동맹사회였다. 이 수비대의 도덕적 사회적 가치는 의심의 여지가 없었다. 모험적이고 위험한 이 수비대 안에서 타당한 이유나 동기를 논할 사람은 하나도 없었다. 여기서는 모든 사람이 전사이거나 혹은 탈주자였을 뿐이다. 이러한 사회 안에서 공포는 모든 사람에게 다가오는 것이 아니었다. 진정한 공포는 한 개인이 스스로 개인화되었다고 느낄 때, 즉 집단으로부터 떨어져나가고 집단이 자신에게 끼칠 수 있는 영향력을 상실해 악에 대항하는 도덕성과의 투쟁보다 스스로의 내적인 갈등을 더 예민하게 인식할 때 다가온다. 개인의 중요성보다는 집단정신을 강조하는 수비대를 강화하는 것이 훨씬 더 이로우며, 이러한 과정을 통해 문화적인 그 무엇이 캐나다인들의 삶 속에 들어올 수 있었다. 이런 방식으로 독창적인 것은 그 어떤 것도 자랄 수 없는 집단정신이 지배하는 상황이 이어져 왔다.

그러나 시간이 흐르면서 캐나다적인 삶의 중심이 요새에서 대도시로 이동해 갈 때 수비대정신 역시 변화한다. 초기에 수비대정신이 일반적으로 집단 안에서 받아들여진 도덕적 가치의 표현으로서 기능했지만, 시간이 흐름에 따라 사회가 더 복잡해지고 거친 자연환경을 통제할 수 있게 되자 이 정신은 대도시 사회 안에서 혁명적인 수비대정신, 즉 방어에서 점차 관습적인 기준으로서 사회가 받아들였던 것에 대한 맹렬한 공격으로 변화하기 시작했다(Frye 233).

노드롭 프라이의 계보를 잇는 캐나다의 대표적인 문학평론가인 린다 허치언은 캐나다가 영국과 미국 문화를 부정할 수 없지만, 그러나 동시에 그 지배문화, 중심문화를 해체하고 거기로부터 벗어나야 한다고 강력하게 주장하면서 그 대안으로 포스트모더니즘 문화이론을 언급한다. 포스트모더니즘은 보편성을 배격하고 지역문화의 중요성을 강조한다. 그 동안 서구사회는 보편성의 추구라는 미명하에 서구문명을 전 세계의 지배문화로 강요해 왔다. 그러나 포스트모더니즘은 그 동안 중심에서 소외되고 배제되어온 변두리 문화의 차이를 인정하고 존중하고자 한다. 포스트모더니즘 정신을 구현하고 있는 캐나다는 영국과 미국의 그늘에서 벗어나 캐나다만의 독특한 문화와 정체성을 추구하고자 노력해 왔다. 특히 캐나다 문화가 갖는 다양성은 수많은 이민자들이 그들의 디아스포라 경험과 함께 가져온 그들의 고유한 민족성에 기인한다.

> [포스트모더니즘에서 가장] 필요한 것은 경계를 가로질러 깨뜨리는 것이다. . . . 루이 리엘이야말로 원형적인 주변부의 중심으로부터 벗어난 존재다. 프랑스어를 말하고 교회의 기독교교육을 받은 지배문화의 내부에 존재하는 인물이자, 메티스이자 반역자이자 저항자로서 지배문화의 외부에 존재하는 인물로서 포스트모더니즘의 가장 큰 특징이라고 할 수 있는 아이러니와 모순을 가장 절묘하게 재현해낼 수 있는 가장 캐나다적인 아이콘이라고 말할 수 있을 것이다. (Hutcheon 4)

포스트모더니즘은 역설적이고 많은 문제거리를 야기시키기 때문에 결코 자기만족적인 예술이라거나 바깥세상을 그대로 반사하는 거울이나 창문이 될 수 없다. 포스트모더니즘은 중심과 주변부의 위치를 바꾸는 것을 넘어설 뿐만 아니라, 주변부를 미개척 분야이자 가능성의 장소로 읽어내며 기존의 예술형식에 반기를 든다(Hutcheon 2–3). 허치언이 주장하는 포스트모던적 글쓰기는 로버트 크뢰치(Robert Kroetsch)의 경계를 가로지르는 글쓰기와 일맥상통한다(338). 그에 의하면, 캐나다 문학은 경계선상에 위치하고, 중심과는 멀리 떨어진 주변부에 위치하고 있으며, 오히려 자아인식을 위한 모든 직접적이고 안정성이 보장된 전략을 거부하는 문화의 자서전이다. 캐나다인은 경계를 그리고, 그런 다음 그 경계를 가로질러 감으로써 자신의 존재 가치를 증명한다. 캐나다의 글쓰기는 경계에 대한 글쓰기이기에 캐나다 작가의 끊임없는 임무는 캐나다의 지리에서 공간을 발명해내는 것이다. 캐나다에는 받아들일만한 전통이나 캐나다적인 코드가 존재하지 않기 때문에 풍경에 대한 질문을 끊임없이 만들어내야 한다. 따라서 캐나다 작가들은 광활한 자연의 읽을 수 없는 능력을 풍경을 통해 구체화시켜야 하는 중대한 임무를 띤다(Kroetsch 338-43).

▲ 마거릿 애트우드

▲ 노드롭 프라이

캐나다 토착민의 문학

캐나다 토착민의 문학은 지역별로 크게 일곱 개 지역에 기반한 구술전통에 그 기원을 둔다. 동부삼림지역, 평원지역, 고원지역, 북태평양해안지역, 서부아북극지역, 동부아북극지역, 그리고 북극지방이 그것이다. 앞의 6개지역에서는 53개의 언어가 사용되고 있으며, 북극지방에서는 6개의 이누이트 방언이 여전히 사용되고 있다. 캐나다토착민의 문학은 주로 스토리텔링과 공공의식에 그 뿌리를 두고 변형되어 온 구전문학이 세 개의 주요한 형태로 나뉜다. 세속적인 것과 성스러운 것을 드러내는 내러티브, 성가나 기도를 포함한 노래와 시, 의식과 반/신성함을 표현하는 웅변술이 그것이다. 토착민의 구전문학은 종족과 민족에 따라 그들 각각의 문화와 역사의 다양성을 드러낸다(McGrath 309).

구술전통의 가장 중요한 핵심은 발화되고, 반복되고, 노래를 통해 드러나는 단어의 힘이다. 이것은 일이 발생하도록 만드는 힘을 갖는데, 대개 치료하는 의술행위, 나무를 성장하게 만들거나, 동물을 붙잡게 하거나, 인간이 영혼의 영역으로 들어가게 만드는 역할을 수행한다. 이러한 신성한 힘을 통해서 인디언들과 이누이트는 그들의 삶을 지배하는 우주의 힘을 통제하고 구체화하기 위하여 노력한다. 무엇보다도 캐나다 토착민 문학에 있어 가장 중요한 주제는 캐나다 문학의 전반적인 주제와 유사하게 상실감이다. 이것은 주로 땅의 상실, 사냥과 낚시를 할 수 있는 권리의 상실, 자급자족과 위엄의 상실, 민족애의 상실 등이 바로 그것이다(MacGrath 313).

초창기에 인디언말을 프랑스어나 영어로 번역을 할 때 많은 애로사항이 있었다는 것은 자명한 사실이다. 무엇보다도 인디언들이 은유적이고 상징적인 언어, 알레고리컬한 의미들, 인유 등을 선호하기 때문에 정확한 번역을 할 때 어려움이 많았다. 그러나 차츰 인디언들이 서구의 교육을 받고 이에 익숙해지기 시작하면서 1847년에 최초로 캐나다인디언 콥웨이(Copway)에 의해 쓰여진 『카게가가바우의 인생, 역사, 그리고 여행』(*The Life, History, and Travels of Kah-ge-ga-gah-bowh(George Copway)*)란 책이 출판되었다. 이 작품은 자서전으로서 부족의 역사가 혼합되어 있고, 민족지학적이며, 개인적인 경험이 자세히 기술되었다. 이로 인해 콥웨이는 국제적인 명성을 얻었고, 유명인사로서 미국과 유럽을 여행하면서 돌아다녔다.

캐나다 토착민의 문학을 언급할 때, 가장 중요한 것 중 하나는 바로 코요테(Coyote)란 존재다. 코요테는 캐나다 토착민의 신화에서 트릭스터(trickster)의 형상을 한 존재 중의 하나다.[12] 특히 이 코요테는 토머스 킹(Thomas King)이 1993년에 발표한 『푸른 풀밭, 흐르는 강물』(*Green Grass, Running Water*)이란 작품에서 잘 드러나는데, 불확실한 젠더 정체성을 지닌 코요테는 매우 창조적이고 권력을 지닌 존재이자 실수를 저지르며 머뭇거리는 장난기 가득한 존재이다.

---

12) 주로 신화나 민담에서 드러나는 트릭스터는 신, 여신, 영혼, 남성, 여성, 혹은 교묘한 속임수를 부리거나 정상적인 규범과 관습적인 행위를 위반하는 의인화된 동물을 일컫는다. 그 중에서도 특히 코요테는 아메리카 원주민 문화에서 가장 널리 알려진 트릭스터이다. 코요테는 유비쿼터스적인 존재로서 매우 다양한 형태로 나타난다. 창조 신화에서 창조자이자, 메신저, 문화적 영웅, 트릭스터, 혹은 바보로서 그려지는 코요테는 언제든지 자유자재로 변화한다. 코요테는 종종 잘 생긴 젊은이나 동물로서 혹은 권력을 지닌 신성한 존재로서 드러나기도 한다.

그래서. 태초에 아무것도 존재하지 않았다. 단지 물이 있었을 뿐이다. 코요테가 거기에 있었으나, 코요테는 잠들어 있는 상태였다. 그 코요테는 잠이 들었고, 꿈을 꾸는 중이었다. 코요테가 꿈을 꿀 때, 무슨 일이든지 일어났다. (King 1)

킹의 소설에서 트릭스터는 국적이나 인종, 섹슈얼리티나 젠더, 종교나 사회적 계급을 기본으로 한 고정된 정체성을 확립하고자 하는 시도를 끊임없이 분열시킨다. 이러한 분열은 초기에 당연시되어 왔던 인지가능한 주체이자 일관성있는 주체를 무시하는 초국가적인 포스트모던 프로젝트의 일부분이다. 민족의 다양성과 자연환경의 독특함으로 구성된 캐나다의 특별한 맥락 때문에 캐나다성의 정의를 내리거나 캐나다성을 주장하는 것은 결코 쉽지 않다(Hammill 1–2). 오히려 캐나다는 지금도 여전히 변화하고 끊임없이 새로운 정의를 내리는 따라서 변화의 끝을 예견할 수 없는 지속적으로 변화 가능한 나라임에 틀림없다.

생각해 볼 문제

① 다음과 같이 언급한 맥루한의 의도는 무엇인지 토론해 보자.

> "확실히 캐나다는 다수의 국경선으로 이뤄진 나라이다. 이 다수의 국경선은 영토처럼 많은 땅을 포함해야 하기 때문에 저자세적인 정체성을 구성한다. 전자적 정보는 또 다른 숨겨진 국경선 혹은 개척지의 활동은 현재까지 많은 국가가 그들의 이전의 정체성을 잃게 했다. 전자정보의 제4세계는 제1세계의 민족주의와 개인적 정체성을 점차 약하게 만들고 있는데 반하여 인도, 중국, 아프리카의 제3세계에서 새로운 전자정보 환경은 제3세계 국민들이 그들의 집단 정체성을 상실토록 하는 효과를 일으키고 있다. 국경선이란 반복과 재연을 증진시키는 영역, 투입과 피드백 모두의 영역, 상호 얽힘과 상호 접촉 모두의 영역, "두 개의 끝이 한 곳에서 만나는" 영역, 그리고 재생과 변형의 영역이다." (맥루한 211)

② 허치언은 루이 리엘이야말로 가장 포스트모던적인 존재이며, 동시에 가장 캐나다적인 인물이라고 언급한다. 그 이유가 무엇인지 민족 정체성과 연관 지어 토론해 보자.

③ 캐나다 총리 트뤼도가 선언한 "다문화주의"의 장단점을 통해 이 정책이 현재 캐나다사회에 미치는 영향이 무엇인지 토론해 보자. 외국인 이민자의 수가 거의 1백만명에 가까운 우리나라의 현실과 연관지어 우리가 배울 수 있는 점들이 무엇인지 함께 알아보자.

④ 많은 작가들이 글쓰기 전략으로 퍼스트 네이션 문화에서 볼 수 있는 신화, 민담, 구술전통의 기법을 차용하고, 이들 안에서 캐나다 문학의 기원적 모티브를 찾고자 한다. 이 문제에 대해 토론해 보자.

⑤ 캐나다 문학은 포스트모더니즘과 매직리얼리즘의 영향이 매우 강하다. 그 이유는 무엇이며, 이를 가장 드러내주는 작가와 작품에 대하여 논의해 보자.

⑥ 일반적으로 캐나다는 여성작가가 강세를 이룬다. 특히 마거릿 애트우드, 엘리스 먼로 등은 캐나다를 대표하는, 그리고 세계적으로도 유명한 스타작가에 속한다. 이에 대해 어떤 비평가는 캐나다 문학의 특성이 직선적이고 단일한 남성적이기보다는 다양성을 추구하고자 하는 여성적 성격이 강하기 때문이라고 하고, 어떤 비평가는 단지 몇 사람의 여성작가만 알려졌을 뿐, 여전히 캐나다 문학사를 주관하는 편집인들은 여전히 다수가 남성학자이고, 기록된 작가와 작품 역시 남성의 것이 다수라고 주장하며, 결코 캐나다가 여성문학이 우세하지 않다고 말한다. 이에 대해 논의해 보자.

⑦ 다음은 마거릿 애트우드의 『떠오르는 집』의 일부분이다. 이 인용문에서는 미국에 대한

화자의 반감과 동시에 점점 미국화되어가고 있는 캐나다인들에 대한 염려를 드러내고 있음을 알 수 있다. 이러한 문제점과 더불어 캐나다와 미국의 관계에 대해 토론해 보자.

그러나 어쨌든 그들은 백로를 죽였다. 그들이 어느 나라 출신인지는 중요하지 않았고, 내 머리는 그들이 여전히 그들이 미국인들이라고 말하고 있었다. 그들은 우리의 내면에 잠재해있는 것, 우리가 변해가고 있는 것이었다. 그들은 바이러스처럼 자신들을 번식시킨다. 바이러스는 두뇌 속으로 들어가 세포들을 점령하고, 세포는 몸 안에서부터 변질되기 때문에 병 든 사람들도 그 차이를 쉽게 알 수 없다. 밤 늦게 상영하는 공상과학영화처럼. 외계에서 온 것들, 그들은 우리들의 몸 안으로 들어와 두뇌를 박탈해가는 몸의 강탈자들이다. 그들의 두 눈은 검은 안경 뒤에 숨은 텅 빈 달걀껍질에 불과하다. 만약 당신들이 그들처럼 보이고, 말하고, 생각하면, 당신은 그들이다. 나는 이렇게 말하고 있었다. 당신들은 그들의 언어, 즉 당신들이 행하는 모든 것인 바로 언어로 말한다. (Atwood, *Surfacing* 130)

추천 도서

Alice Munro. *Dance of the Happy Shades*. Vintage, 1968.

Hugh MacLennan. *Two Solitudes*. Macmillan of Canada, 1945.

Leonard Cohen. *Beautiful Losers*. Vintage, 1966.

Margret Atwood. *Surfacing*. Anchor Books, 1972.

Robertson Davies. *The Cunning Man*. Penguin, 1994.

Thomas King. *Green Grass, Running Water*. Harper Perennial, 1993.

W. O. Mitchell. *Who Has Seen the Wind*. McClelland & Stewart, 1947.

추천 영화

마이클 맥고완 감독. 〈원 위크 One Week〉. 2008.
사라 폴리 감독. 〈어웨이 프롬 허 Away from Her〉. 2006.
아톰 에고얀 감독. 〈패밀리 뷰잉 Family Viewing〉. 1987.
자카리아스 크눅 감독. 〈아타나주아 Atanarjuat: The Fast Runner〉. 2001.

참고 문헌

김기홍. 「캐나다의 이민사와 이민정책」. 『북미연구』. 3.1 (1996): 5–46.
김성곤. 「모자이크문화와 캐나다 문학」. 『외국문학』. 28 (1991): 11–26.

래리 J. 짐머맨. 『북아메리카 원주민』. 김동주 역. 창해, 2001.
마샬 맥루한 · 브루스 R. 파워스. 『지구촌: 21세기 인류의 삶과 미디어의 변화』. 박기순 역. 커뮤니케이션북스, 2005.
조정남. 「캐나다의 민족정책」. 『민족연구』. 6 (2001): 117–29.
해리 H. 힐러. 『캐나다 사회』. 김은기 · 이미림 역. 고려대학교출판부, 2009.
Atwood. Margaret. *Survival: A Thematic Guide to Canadian Literature*. Toronto: McClelland & Stewart Inc, 2004.
________. *Surfacing*. New York: Anchor Books, 1998.
Cameron, Elspeth. Ed. *Canadian Culture: An Introductory Reader.* Toronto: Canadian Scholars' Press, 1997.
Canadian Education Association. *Heritage Language Programs in Canadian School Boards.* Toronto: Canadian Education Association, 1991.
Clark, S. D. *The Developing Canadian Community*. Toronto: University of Toronto Press, 1962.
Cohen, Leonard. *Beautiful Losers*. London: Vintage, 1993.
Davidson, Arnold E. *Studies on Canadian Literature: Introductory and Critical Essays*. New York: MLA, 1990.
Davies, Robertson. *The Cunning Man*. New York: Penguin, 1995.
Elder, Bruce. "The Cinema We Need." in Douglas Fetherling, ed. *Documents in Canadian Film* (Peterborough: Broadview, 1998): 260–71.
Frye, Northrop. *The Bush Garden: Essays on the Canadian Imagination*. Concord: House of Anansi Press, 1995.
Hammill, Faye. *Canadian Literature*. Edinburgh: Edinburgh UP, 2007.
Hutcheon, Linda. *The Canadian Postmodern: A Study of Contemporary English~Canadian Fiction*. London: Oxford UP, 1988.
King, Thomas. *Green Grass, Running Water*. Toronto: Harper Perennial, 1993.
Kroetsch, Robert. "Reading Across the Border." Davidson. 338–42.
Lipset, Seymour Martin. *Continental Divide: the Values and Institutions of United States and Canada*. New York and London: Routledge, 1991.
MacKenzie, Scott. "National Identity, Canadian Cinema, and Multiculturalism." in http://www.uqtr.uquebec.ca/AE/vol_4/scott.htm.
McGrath, Robin and Penny Petrone. "Native Canadian Literature." Davidson. 309–22.
Munro, Alice. *Dance of the Happy Shales*. New York: Vintage, 1998.

O'hehir, Andrew. "Beyond the Multiplex." in http://www.salon.com/movies/review/2007/05/03/btm_tribeca/print.html.

Porter, John. *The Vertical Mosaic: An Analysis of Social Class and Power in Canada*. Toronto: University of Toronto, 1965.

Stalker, Macabre. "The Late One: 2007, No Moans About It, Part 1." in http://www.pictureshowpundits.com/index.php?target=article-detaile&article_id=73&column_id=33

Troper, Harold. "Nationality and History Education: Nationalism and the History Curriculum." *The History Teacher*. 12.1 (1978): 11–27.

Key words

모자이크, 퍼스트 네이션, 이누이트, 메티스, 다문화주의, 이중국어사용국가, 허드슨베이사, 아카디아, 루이 리엘, 백서사건, 캐나다 인디언, 캐나다 원주민 동화 정책, 수직적 모자이크, 스티븐 하퍼, 피에르 트뤼도, 민족언어학습프로그램, 문화유산축제, 선댄스, 태양의 순환, 그룹 오브 세븐, 에밀리 카, 캐나다의 아이콘, 마샬 맥루한, 어웨이 프롬 허, 앨리스 먼로, 레너드 코언, 마거릿 애트우드, 노드롭 프라이, 린다 허치언, 생존, 수비대 정신, 포스트모더니즘, 아름다운 패자들, 캐나다토착민 문학, 코요테, 토머스 킹

현대 영어권 문화의 이해
아일랜드
투쟁의 역사, 저항의 문화
Sligo
Castlebar
Drogheda
DUBLIN
Galway
Tullamore
ARAN ISLANDS
Shannon
Limerick
Killarney
Cork
Waterford
Celtic Sea
IRELAND

아일랜드
투쟁의 역사, 저항의 문화

김 은 영

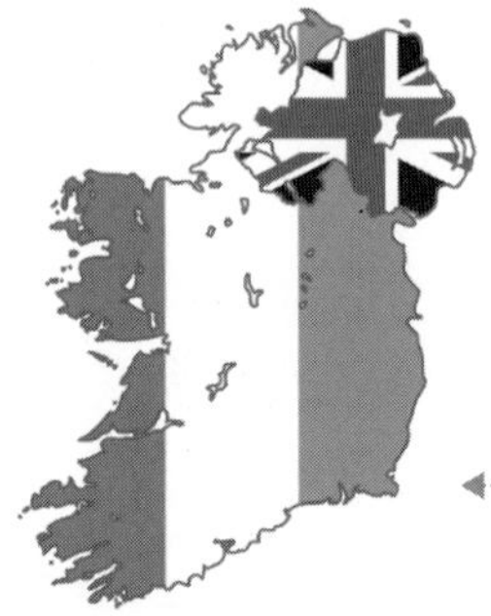

국기의 문양과 지도를 통해 아일랜드가 영국령인 북아일랜드와 아일랜드 공화국으로 분단된 모습을 상징적으로 보여주는 그림. 아일랜드 공화국 국기 중 왼쪽의 초록색은 아일랜드 가톨릭을, 오른쪽의 오렌지색은 프로테스탄트를 상징한다. 또한 가운데 흰색은 이 둘의 결합과 우애의 상징이다.

영국과 아일랜드 지도 모양은 달아나려는 작은 짐승과 그 짐승을 뒤에서 덮치려는 커다란 괴물의 모양을 연상시킨다.

··· 1. 영국의 가장 오래된 식민지, 아일랜드

아일랜드인의 뿌리, 켈트족과 오해의 시작

아일랜드 농담 중 이런 말이 있다. "아일랜드 남편의 정의: 그는 지난 20년간 단 한번도 아내에게 키스하지 않았지만 그 누구라도 아내와 키스하는 사람이 있다면 죽여버릴 것이다."(Definition of an Irish Husband: He hasn't kissed his wife for twenty years, but he will kill any man who does) 물론 농담으로 떠도는 이야기이지만, 실제로 우리가 떠올리는 아일랜드 사람들의 이미지는 이 농담에서 연상되는 이미지와 더불어 그들이 발음하는 영어의 억양만큼이나 투박하고 무뚝뚝하면서 다혈질인 사람들이다. 아일랜드 관광 안내 책자들을 살펴보면 아일랜드인들의 성격을 묘사할 때 무뚝뚝하고 다혈질이지만 술 마시기를 좋아하며 정이 많은 사람들이라는 설명들이 빠지지 않는다. 그리고 이러한 묘사의 시작에는 항상 켈트(Celt)라는 단어가 붙어있기 마련이다. 아일랜드인들 또한 자신들이 투박하고 무뚝뚝하면서 다혈질인 이유도, 술과 음악을 좋아하는 이유도, 때로 게으르게 보이는 이유도 모두 켈트의 혈통에서 비롯되었다고 말하기도 한다.

아일랜드인들이 자신들의 뿌리라고 여기는 켈트족, 어쩐지 신비스러운 전설과 신화들이 아직도 많이 감추어져 있을 듯한 켈트족들은 어떤 사람들이었을까? 고대 그리스인들이 켈토이 족이라 불렀던 켈트족은 2천여 년 전 중부 유럽에서부터 프랑스, 스페인, 브리튼과 아일랜드는 물론 이탈리아, 그리스, 발칸 반도 및 소아시아 지역까지 세력을 확장해나면서 유럽을 지배하던 부족이었다. 그러나 켈트족들은 광활한 지역에서 문화적인 우위를 확보했지만 다민족 공동체의 형태로 유지되었으며 이러한 특성상 정치적인 국가를 형성하지 못했다. 줄리에트 우드의 『켈트: 삶, 신화 그리고 예술』에 따르면 켈트족은 기원전 3세기경이 되면서 남쪽의 로마인과 북쪽의 게르만족 사이에서 세력이 약화되어 문화의 쇠퇴기를 겪지만 서쪽 끝 거점이던 아일랜드에서 마지막 문화의 황금기를 누리게 된다. 아일랜드는 단 한 차례도 로마 군의 침략을 받지 않았기 때문에 켈트 문명의 원형을 그대로 보존할 수 있었기 때문이다.

켈트인들에 대해 남아있는 대부분의 자료들은 그리스 · 로마인들의 시각이 투영된 것이다. 그리스 · 로마인들은 켈트인에 대해 대부분 호전적이고, 자부심이 강하며 솔직하다, 기가 세다 등의 표현들로 묘사하였다. 이러한 자료들은 대부분 수준 높은 전투 기술과 예술에 관련된 내용에 치중되어 있다. 또한 그리스 · 로마인들은 단일 국가를 형성하지 못한 켈트인들은 본질적으로 미개하며 전쟁이라는 공동의 목적으로 뭉친 단순한 공동체라고 간주했다. 이처럼 켈트인은 세련되지 못한 야만족이라고 전해지지만, 사실 켈트인들은 농업, 건축, 상업 등에서 기술이 뛰어난 사람들이었으며 놀라운 구전 기술을 통해 후대에 정보를 전승한 음유 시인들이었다. 고대 그리스 · 로마의 예술가들이 균형미와 질서를 선호했던 반면 켈트인들은 예측 불가능한 자연의 무한하고도 미묘한 변화에 매료됐다. 종교에 있어서도 켈트인들은 자연세계의 변화에서 드러나는 상징을 통해 예언과 마술, 변신에 대한 믿음을 표현하였다. 때문에 그리스 · 로마인들이 바라보고 기록했던 켈트족의 문화와 역사는 다분히 문화적인 차이를 인정하지 않은 편견에서 비롯된 것이었다.

켈트족의 문화가 번성하던 아일랜드가 가톨릭 국가로 변모하게 된 것은 5세기 중엽 성 패트릭(St. Patrick)이 가톨릭을 전파하고 나서부터였다. 그러나 로마인들이 침략하지 못했던 아일랜드는 수세기에 걸쳐 유럽의 여타 침략자들과 이주민들을 맞게 된다. 1169년부터 앵글로-노르만(Anglo-Norman, 1066년 잉글랜드를 정복한 노르만의 후예들)이 바다를 건너 아일랜드를 침략하고 정착하기 시작했다. 소위 구잉글랜드인(Old English)이라고 불리는 이들은 원주민인 게일족(아일랜드 섬에 정착한 켈트족)과 같은 종교인 가톨릭을 믿었으며 토착민들과 큰 갈등을 겪지 않았다. 16세기에 이르러서는 영국에서 이주한 앵글로 색슨족--신잉글랜드인(New English) 또는 영국계 아일랜드인(Anglo-Irish)이라 불림--과 얼스터(Ulster) 스코틀랜드인이 아일랜드에 자리 잡게 되었다. 이처럼 다양한 민족들이 섞인 아일랜드의 문화는 영국의 식민주의 정책에 의해 하나로 통일될 수 있는 성질의 것이 아니었다.

영국인들은 아일랜드가 지리적으로 매우 가까이 존재하고 있었고 겉모습만으로 보기에 자신들과 별 차이가 없어 보였기 때문에, 색슨족과 게일족(아일랜드 토착민) 사이에는 뿌리부터 다른 정서적이고 문화적인 큰 차이가 있다는 것을 깨닫지 못하였다. 더구나 해가 지지 않는 나라라는 제국주의의 영화를 누린 영국으로서는 영국의 법률이 왜 아일랜드에서는 쉽게 적용되지 않으며, 왜 아일랜드는 계속 불만을 표시하는가를 이해하지 못했다. 또한 영국으로 이주한 아일랜드인들이 영국인들의 억양과 다른 억양의 영어로 말할 때 그것을 우스갯거리로 삼았으며 자신들의 문화의 우월함과 교양을 확인시켜주는 장치로 이용했다. 이러한 예로 19세기 영국의 문필가들은 주로 아일랜드인을 미개인으로 묘사하였으며, 잉글랜드인들은 아일랜드인들을 "하얀 검둥이"(white negro), 하얀 침팬지의 이미지로 그려냈다. 나아가 본질적으로 켈트족은 변덕스럽고 불안정한 기질을 가진 민족이기 때문에 켈트족에 뿌리를 둔 아일랜드인들 또한 독립이나 자치를 허용할 수 없는 민족이라고 생각했다.

이처럼 문화의 차이를 인종의 열등함으로 치부해버리는 식민주의의 시각은 영국과 아일랜드의 기나 긴 갈등의 역사에 큰 배경으로 자리하게 된다. 결국 그리스 · 로마인들이 자신들의 본위로 켈트족을 기록했던 것, 그리고 이러한 기록이 영국인들이 아일랜드인들을 열등한 민족으로 취급하게 되는 단초를 제공해 주었다는 사실을 상기해 본다면, 켈트족에 대한 역사의 기록은 역사가 누구에 의해서 기록되고 보존되어 왔는가가 얼마나 중요한가를 보여주는 예라고 할 수 있을 것이다. 누구에 의해서 기록되느냐에 따라 본질은 얼마든지 왜곡될 수 있으며 왜곡된 역사는 후대에 가서 사실로 굳어져버릴 수 있기 때문이다.

우리의 머릿속에 자리하고 있는 아일랜드에 대한 이미지는 어떠한가? 아일랜드에 대한 지식이 조금이라도 있는 사람이 아일랜드인들을 그려본다 해도, 여성을 배려하는 신사의 매너와 타인과의 친교를 맺을때 적극적으로 다가가지 않고 한 발 물러서있는 수줍음에서 느껴지는 세련됨, 고급스럽게 느껴지는 영어 액센트 등 많은 사람들이 긍정적으로 그려내는 영국 사람들의 이미지와는 매우 거리가 멀 것이다. 지금까지 많은 영화와 문학작품에서 아일랜드인들은 촌스럽고, 투박한 술주정뱅이나 천박한 노동자 계급으로 등장하기 일쑤였기 때문이다. 어디 그 뿐인가? 영국과 아일랜드를 같은 나라라고 생각하거나 아일랜드를 영국의 한 주 정도로 생각하는 사람들도 상당수다. 우리는 많은 책이나 수업에서 영국 역사나 문학을 배울 때 아일랜드에 관한 부분을 영국 역사와 문학의 일부분으로 배우는 경우가 대부분이었기 때문이다. 이러한 모든 것들은 영국의 제국주의 역사관과 문화관에서 비롯된 산물이다. 아일랜드에 대한 모든 평가와 이미지는 영국과의 관계, 영국과의 비교에서 시작되기 때문이다.

700여년에 걸친 영국 식민주의와의 투쟁

만약 세계사 시험문제에 아일랜드 역사를 10자 이내의 말로 요약할 것이라는 문제가 주어진다면 거의 모든 아일랜드인들은 주저하지 않고 영국과의 투쟁이라고 쓸 것이다. 아일랜드는 12세기부터 700여 년간 이어져 온 영국의 지배에 끊임없이 저항한 결과 1922년에 독립하였는데 이 과정에서 6개 군은 영국령 북아일랜드로, 26개 군은 아일랜드 자유국(Irish Free State)으로 분할되었다. 이후 1949년 아일랜드 자유국은 현재의 아일랜드 공화국(Republic of Ireland)으로 독립되었지만, 북아일랜드는 영국령으로 남게 되었다. 결국 아일랜드라는 한 섬은 영국의 식민주의로 인해 두 개의 나라로 분리된 것이다.

아일랜드에 대한 영국의 식민주의는, 16세기 엘리자베스 여왕의 통치 기간 중 여왕이 아일랜드에 자신의 정책을 뒷받침해 줄 잉글랜드인(앵글로 아이리쉬, 신교도, 영국 국교도 등과 함께 쓰임)과 스코틀랜드인들을 이주시킴으로서 본격적으로 시작되었다. 이 결과 잉글랜드인들과 스코틀랜드인들의 이주로 인해 토지를 빼앗긴 아일랜드 토착민들 사이에서는 잉글랜드 왕실과 영국국교도들에 대한 분노가 커졌다. 아일랜드의 분쟁이 종교간의 갈등으로 발전하게 된 계기를 제공한 사람은 영국 내전 중에 등장한 올리버 크롬웰(Oliver Cromwell)이다. 크롬웰은 1649년 아일랜드 드로이다(Drogheda)를 점령하여 반군, 민간인, 성직자들을 포함 3,500명에 대한 대학살을 자행했다. 이로 인해 영국과 아일랜드 사이의 대립의 분위기는 더욱 심화되었으며, 이 갈등은 아일랜드 가톨릭을 평정하려는 크롬웰의 정책으로 인해 걷잡을 수 없이 심각한 반목으로 변질된다.

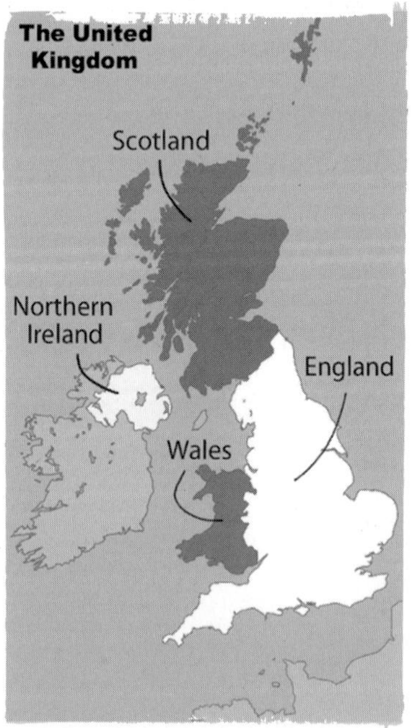

▲ 현재 영국의 정식명칭은 그레이트브리튼 북아일랜드 연합왕국(United Kingdom of Great Britain and Northern Ireland)이며, 영국 연합왕국이라고도 한다.

아일랜드 토착민들은 가톨릭을 종교로 삼고 있었는데 크롬웰은 아일랜드의 종교를 영국의 종교와 같은 국교회(신교도, 프로테스탄트로도 불림)로 만들려고 하였기 때문이다. 크롬웰의 아일랜드 평정에 대한 의지는 토착민과 이주민의 갈등에다 아일랜드 내부의 종교의 갈등을 더하는 결과를 낳게 되었다. 이로 인해 비교적 비옥한 지역에서 살던 가톨릭 소작인들은 아일랜드 최악의 불모지로 추방당하였으며 나머지 아일랜드 지역에 있던 토지들 또한 신교도들에게 넘어가게 되었다.

1921년 영국 수상 로이드 조지(David Lloyd George)는 아일랜드 문제의 해결을 위해 아일랜드 민족주의 지도자 드 벌레라(Eamon de Valera)를 최초로 만나고 난 후 다음과 같이 말했다. "나는 잉글랜드가 아일랜드에게 저지른 사악한 일들, 특히 크롬웰이 저지른 죄악에 대해 긴 강연을 듣고 왔소. 당면한 현안을 거론하려할 때마다 그는 크롬웰에게로 돌아갔다오." 로이드 조지가 말했듯이 문제는 잉글랜드 사람들은 역사를 전혀 기억하지 않은 데 반해 아일랜드 사람들은 아무 것도 잊지 않는다는 것이다. (박지향. 『슬픈 아일랜드』. 새물결, 2002. 39)

경제적 토대인 토지의 몰수에서 시작된 식민화는 아일랜드의 모든 권력이 신교도에게 집중되는 결과를 낳았다. 그리고 17세기 말에 아일랜드 내에서는 신교도의 사회 · 경제적 세력 확장에 쐐기를 박는 사건이 발생하게 된다. 영국 국민들 대다수인 신교도의 지지를 잃고 프랑스로 도주했던 제임스 2세가 프랑스의 도움을 얻어 아일랜드에 상륙한 사건이다. 아일랜드 가톨릭 토착민들은 친 가톨릭 성향을 지닌 제임스 2세를 지지하였지만, 그는 1690년 7월 아일랜드 보인(Boyne)강 유역에서 벌어진 영국 군대와의 싸움에서 패배하고 말았다. 이 사건을 계기로 이후 몇 세기 동안 가톨릭에 대한 토지 몰수가 시작되었고 수천 명의 가톨릭 토착민들이 불모지로 추방되었으며, 결국 1703년에 이르러 신교도의 아일랜드 토지 확보율은 86%에 달하게 되었다.

이제 토착민과 이주민 사이의 갈등이 종교적인 문제로, 다시 사회 · 경제적인 문제로 비화되면서 아일랜드 내의 갈등은 더욱 복잡한 양상을 띠게 된다. 18세기에는 제도적으로도 가톨릭 세력의 확장을 탄압하는 법이 마련되었는데, 형법(the penal law)라 불린 이 법은 노골적인 차별법이었다. 이 법의 의도는 가톨릭교도를 억압, 착취, 빈민화하여 영국의 지배와 식민자의 이익을 옹호하는데 있었다. 영국은 이 법을 통해 가톨릭 토착민들로부터 물리적으로 토지를 빼앗기고 재산을 약탈했음은 물론이고, 지식을 습득하고자 하는 의지, 지적인 능력을 발휘하고자 하는 정신적인 부분까지도 통제하기에 이른다. 이 법의 내용은 아일랜드 가톨릭교도들에게 군대 복무, 정계 진출, 토지 소유, 전문직 종사, 무역 거래, 아일랜드 내나 해외의 가톨릭 학교에서의 자녀 교육을 금지시키는 것을 비롯하여 18세기 가톨릭교도의 생활 전반에 제약을 가함으로써 가톨릭교도에게 족쇄를 채우는 것이 주요 골자였기 때문이다.

이러한 계속되는 탄압으로 인해 19세기 이후 아일랜드에는 대립하는 두 세력이 공존하게 된다. 사회 전반에서 기득권 세력으로 자리하게 되었으며 소위 연합주의자(Unionist)라 불리는 잉글랜드 이주민의 후예인 영국계 아일랜드 세력(앵글로 아이리쉬, 영국 국교도 또는 개신교도, 신교도라 불림)과, 억압받는 소수이면서 민족주의자(Nationalist)로 불리는 아일랜드 토착민의 후예인 아일랜드 가톨릭 세력이다. 연합주의자들은 영국 본국과의 통합을 간절히 원하였고, 민족주의자들은 아일랜드가 하나의 독립된 나라로 분리되기를 원하였기 때문에 이 두 세력은 충돌을 거듭할 수 밖에 없었다.

영국의 방관이 빚어낸 참사 -- 대기근과 대이동

19세기 중반, 아일랜드에는 나라의 역사를 뒤흔든 사건이 발생하였는데 바로 대기근(Great Hunger, 1846-1849)이라 불리는 사건이다. 4년간 지속된 아일랜드 대기근은 아일랜드 인구가 절반으로 줄어들게 만드는 결과를 낳았으며 아일랜드 근대사에 있어 가장 비극적인 재앙으로 기록되고 있다. 아일랜드 대기근은 노균병(blight)이라는 감자 곰팡이균에 의한 감자 농사의 흉작에서 비롯되었는데 다른 유럽 지역에 비해 아일랜드에 타격이 컸던 것은 당시 아일랜드 민중들의 주식이 감자였기 때문이다. 가난한 아일랜드 토착민들은 좁은 면적에서 많은 양을 수확할 수 있는 감자를 주식으로 삼고 있었던 것이다. 대기근의 초기에는 굶주림이 직접적인 원인이 되어 사망하는 사람들은 그다지

많지 않았다. 그러나 식량부족으로 인한 영양실조는 치명적인 질병을 동반하였으며 이 질병은 치사율이 높은 전염병으로 변질되어갔다. 기근으로 인해 사람들의 면역력이 저하되었으며, 이러한 사람들이 먹을 것과 일자리를 찾아 도시로 몰려들었기 때문에 전염병의 파급 효과는 걷잡을 수 없이 커져갔다. 결국 150만명 이상이 전염병에 감염되었으며 최소한 25만명이 사망했다. 또한 배고픔으로 인해 제대로 조리하지 않은 음식들을 먹고 설사, 홍역, 결핵 등의 전염병이 걸려 많은 이들이 사망했으며 영양실조로 인한 부종과 전신쇠약 또한 주요 사망 원인으로 파악됐다.

대기근 당시 영국의 관료들 사이에서는 곰팡이 균에 의한 감자의 피해가 너무 과장된 것이라는 의견과 함께 즉각적인 대책을 마련하지 않았다. 혹자들은 이 대기근 당시 영국의 태도야말로 영국이 아일랜드에 가한 최종단계의 탄압이라고 말한다. 그 결과 이 시기부터 10년 동안 약 180여 만 명이 기근이나 전염병으로 죽지 않기 위해 또는 먹을 것을 찾아서 미국, 캐나다, 호주, 영국 등지로 이주하였다. 그러나 대기근의 기간 동안 이주민들의 약 5%는 배를 타고 이주하는 도중 물에

그처럼 특이한 인구통계는 다른 어느 나라도 경험하지 못한 일이며, 그토록 끈질긴 악몽에 시달린 나라 또한 없으며, 그렇게 많은 사람을 해외로 떠나보낸 나라도 찾아볼 수 없을 것이다. (피터 그레이. 『아일랜드 대기근』. 시공사, 2005. 117.)

썩은 냄새가 나는 감자들은 대지를 오염시키고,
구덩이들에는 고름이 불결한 더미로 쌓였다.
그리고 지금 감자 캐는 사람들이 있는 곳에서
당신은 아직도 진물이 나는 상처의 냄새를 맡는다.
Stinking potatoes fouled the land,
pits turned pus into filthy mounds:
and where potato diggers are,
you still smell the running sore.
(셰이머스 히이니. 「감자를 캐면서」)

아일랜드 이주민이 유달리 많은 뉴욕 주에서는 1996년 공립학교에서 아일랜드의 대기근을 반드시 가르치도록 하는 주법을 통과시켰다. 가슴 깊이 새겨진 한의 응어리가 150년이 지나도록 풀리지 않았음을 너무나 생생하게 보여준다. 최근 영국의 토니 블레어 신임 수상은 영국 수상으로서는 처음으로 150년 전 선조들의 잘못을 인정하면서 아일랜드인들에게 사과했다.
(정연주. 「죽음의 집시들」. 『기자인 것이 부끄럽다』. 비봉, 2002. 243.)

빠져 죽었으며 그 중 60%가 육지에 발도 못 디뎌보고 배 안에서 역병으로 죽었다. 결국 이 기근으로 인해 수 만명의 사람들이 굶어 죽거나 이주함으로써 1820년까지만 해도 약 800만이었던 아일랜드의 인구는 기근이 끝날 무렵인 1849년에는 거의 절반으로 줄어들었고 현재 인구 또한 400만 명이 못 되는 인구를 유지하고 있다.

불완전한 시작, 불완전한 성공--부활절 봉기에서 아일랜드 자유국 독립까지

아일랜드가 영국으로부터 독립하기 위해 끊임없는 투쟁을 거듭하던 중, 1916년 공화주의자들은 부활절 봉기(The Easter Rising)로 아일랜드 독립 투쟁의 신호탄을 울렸다. 그러나 이 봉기는 불완전한 시작이었다. 사전 준비가 철저하지 못한 탓에 봉기를 일으킨 지 일주일도 버티지 못한 채 영국군에게 항복하고 말았으며 아일랜드 민중들에게조차 호응을 얻지 못하고 외면당했기 때문이다. 부활절 봉기의 힘이 효력을 발휘한 것은 봉기 당시의 전투가 아니라 영국이 투옥시킨 봉기의 주도자들을 처형한 직후부터였다. 영국이 봉기의 지도자들 중 15명을 잔인하게 처형하자 세계의 여론이 아일랜드에 대한 동정론으로 들끓었으며 아일랜드 민중들도 봉기의 지도자들이었던 공화주의자들에게 지지를 보내기 시작한 것이다. 그 결과 1918년 총선에서 아일랜드 공화주의자들은 신 페인당이라는 이름으로 다수의 의석을 차지하게 된다. 신 페인당은 아일랜드 독립운동의 지도자인 아더 그리피스(Arthur Griffith)에 의해 1905년부터 1908년 사이에 만들어진 당으로 신 페인(Sin Fein)이라는 단어는 "우리 자신"(We Ourselves)이라는 뜻을 가지고 있었다. 당시 신 페인당의 정책은 아일랜드 의원들이 영국 웨스트민스터에서 철수하여 독립 의회를 수립해야 한다는 것이었다. 이후 아일랜드 의회는 아일랜드가 독립 국가임을 선언하고 아일랜드 공화국군(IRA, Irish Republican Army)이 아일랜드 내에서 영국군과 대항해서 싸우는 것을 인정했다.

영문 약어 명칭인 IRA로 더 잘 알려져 있는 아일랜드 공화국군은 아일랜드 독립전쟁 당시 영국에 대항해 싸운 무장단체로 아일랜드 독립운동의 주역인 마이클 콜린스(Michael Collins)가 창설했다. 앞서 말한 바와 같이 의회의 승인 하에 아일랜드와 영국

간의 피의 전쟁은 시작되었는데 이 피의 전쟁은 IRA의 게릴라식 공격과 이에 대한 영국의 무차별적인 응징, 이 두 과정의 반복이었다. 그러나 영국의 무차별적인 응징은 영국에 대한 아일랜드 민중들의 분노와 독립에 대한 의지를 높이는 결과를 가져왔다. 아일랜드 내의 민중들의 열기와 IRA의 게릴라전은 드디어 1921년 양측의 휴전협정에 이어 1922년 영국-아일랜드 조약(The Anglo-Irish Treaty)이라는 결과를 가져왔다. 이 조약의 내용은 아일랜드 남쪽의 26개주의 독립은 허용하되 북부 얼스터 지역의 6개주는 독립에서 탈퇴할 권한을 준다는 것이었다. 이 조약으로 인해 아일랜드는 아일랜드 자유국(The Irish Free State)이라는 명칭을 부여받았지만 이는 사실상 북아일랜드를 포기한 불완전한 독립이었다. 이 불완전한 성공은 완전한 아일랜드 독립을 위해 영국과 싸워야한다고 주장하는 급진파와 현재의 자유국 상태를 받아들이자는 온건파의 대립으로 이어졌다. 이는 결국 아일랜드 내란으로 번졌고 이 내란으로 인해 마이클 콜린스를 포함, 아일랜드 독립운동을 위해 싸웠던 많은 이들이 목숨을 잃었으며 내란은 1923년에 가까스로 끝을 맺게 된다.

1922년 당시 얼스터의 6개주(현재의 북아일랜드)가 영국령으로 남아있기를 선택한 이유는 지리적으로 영국과 거리가 먼 남아일랜드에는 아일랜드 가톨릭 토착민이 인구의 대부분을 차지하는데 반해, 북아일랜드에는 인구의 3분의 2가 영국계 아일랜드인이였기 때문이다. 아일랜드 식민 역사가 말해주듯 영국계 아일랜드인들이 북아일랜드의 기득권층이었음은 물론이다. 영국계 아일랜드인들은 영국에서 분리된다는 것은 바로 자신들이 누리고 있는 사회적 기득권을 포기하거나 개신교라는 종교에 대한 자유를 박탈당하는 계기가 될 것이라고 생각했다. 이로 인해 영국령으로 남게 된 북아일랜드의 두 민족은 종교는 물론이고 사회, 정치, 경제 등 모든 분야에 있어 양극으로 분리된 채 살게 된다. 기득권층이었던 영국계 개신교도들의 문화는 북아일랜드의 중심 문화가 된 반면, 수백 년 동안 탄압을 받아온 아일랜드 토착민의 가톨릭 공동체 문화는 주변부의 하층 문화가 되었다. 또한 이 두 세력은 몇 차례에 걸친 휴전협정과 평화협정에도 불구하고 현재까지도 지속적인 갈등과 폭력을 낳고 있다.

리피강의 기적, 켈트의 호랑이로

19세기 대기근의 여파로 인해 수백만명이 죽고, 굶주림과 가난을 피해 다른 나라로 이민을 떠나야 했던 척박한 땅 아일랜드는 이제 어디에도 없다. 현재 아일랜드는 서유럽의 정보통신 강국으로 유명세를 날리고 있으며, 단기간에 빠른 성장률을 보인 아일랜드 경제는 많은 학자들이 학문적으로 연구하는 실제 사례가 되었다. 아일랜드는 1973년에 유럽연합에 가입하였고 사회, 경제, 도덕에서 급격한 변화를 겪어왔다. 토지의 소유가 중요한 요소였던 과거 전통적인 아일랜드 경제와는 달리 오늘날 아일랜드의 경제는 IT산업과 관광산업에 주로 의존하고 있다. 1987년 이후 아일랜드의 국내총생산(GDP)은 이른바 "켈트 호랑이"(Celtic Tiger, 유럽연합에 가입한 이후 아일랜드의 비약적인 경제 발전을 가리키는 말)라고 하는 경제 도약에 힘입어 유럽연합 회원국들의 평균치를 웃돌고 있다.

아일랜드의 경제 발전에 대해 많은 분석들이 있어 왔지만, 그 중 가장 핵심은 바로 과감한 외국 자본의 유치와 노 · 사 · 정의 단결의 결과인 사회연대협약(Social Partnership)이다. 특히 아일랜드의 가장 큰 문제였던 격렬한 노 · 사 대립은 해외 투자자들의 투자를 망설이게 만들었다. 그러나 1987년 노 · 사 · 정이 서로 양보와 화합을 통해 사회연대협약을 이끌어내면서 아일랜드는 변신에 성공했다. 서유럽의 가장 가난한 나라였던 아일랜드가 불과 10여년 만에 완전고용을 실현하고 1인당 국민소득에서 영국을 앞지르게 된 것이다. 이를 두고 사람들은 더블린 시내를 가로지르는 강의 이름을 따 "리피강(River Liffey)의 기적"으로 부르곤 한다. 이러한 10여년 간의 고속 성장을

▲ 노동조합운동가 짐 라킨(Jim Larkin)의 동상 뒤로 치솟은 더블린 스파이어의 모습이 보인다. 이 더블린 스파이어는 더블린 시내 어느 곳에서든지 볼 수 있다.

기념하기 위해 아일랜드 정부는 더블린 시내 중심가인 오코넬가(O'Connell Street)에 120m 높이의 거대한 바늘 모양의 첨탑인 "더블린 스파이어"(Dublin Spire)를 세웠다. 완공된 때는 2003년. 우연일까, 필연일까? 2003년은 아일랜드 국민 소득이 영국을 앞지른 해였다. 영국에 대한 한으로 뭉쳐있던 아일랜드인들의 가슴이 하늘을 향한 첨탑처럼 통쾌하게 뚫렸을지도 모를 일이다.

••• 2. 억압과 저항의 기록으로 남은 문화

아일랜드 문화의 원형이란 과연 존재하는가? 다시 말하면 원래 아일랜드 고유의 문화가 존재하는가? 아일랜드 고유의 문화였지만 영국의 식민주의에 의해 변질되어 버린 문화가 존재하는가에 관한 의문을 가져 볼 수 있다. 몇몇 사람들은 이러한 질문에 대한 답으로 아일랜드 문화의 원형을 켈트의 문화에서 찾고 있다. 그러나 켈트 문화를 아일랜드 고유의 문화라고 말하기에는 다소 어려움이 있다. 앞서 말한 듯이 국가를 이루지 않고, 공동체의 형태로 존재했던 켈트족의 문화는 비단 아일랜드에서만 발견이 되는 것은 아니기 때문이다. 아일랜드가 민족이라는 개념이나 국가라는 개념을 처음 갖게 된 계기는 아이러니컬하게도 오히려 영국의 식민주의에 저항하는 과정에서 비롯되었을지도 모른다. 그렇다면 아일랜드가 한 민족 국가로서 형성해 온 문화들은 없다고 보는 편이 맞을지도 모른다. 아일랜드는 고유한 문화를 형성할 틈도 없이 영국의 식민지배에 저항해야 했기 때문이다. 또한 존재했다고 하더라도 700여년에 걸친 영국의 식민지배와 문화 말살정책을 거치면서 그 기록은 사라지고 없다. 때문에 아일랜드의 문화는 영국의 식민주의 탄압에 대한 투쟁과 저항의 과정에서 흔적을 찾아볼 수 있는 저항의 문화로 요약될 수 있을 것이다.

아일랜드 언어, 게일어의 소멸

800여년 가까운 아일랜드 지배기간 동안 영어는 바로 영국 제국주의의 가장 훌륭한 통치 수단이었다. 사실 아일랜드 언어인 게일어의 소멸은 영국의 교묘한 간접 식민정책에 의한 것이었다. 셰익스피어는 자신의 희곡 『헨리 5세』(*Henry V*)에서 왕에게 충성하는 스코틀랜드인, 웨일즈인, 그리고 아일랜드인을 등장시킨다. 셰익스피어는 이들의 대사를 엉터리 영어로 표현함으로써 관객들에게 웃음을 유발시킨다. 셰익스피어의 희곡에 나오는 이러한 언어의 차별 장치는 잉글랜드인의 영어가 아닌 다른 민족의 서툰 영어를 조롱함으로써 인종적인 열등감을 부여하고 동시에 잉글랜드인들의 영어만이 표준어라는 사실을 강조하는 역할을 한다. 이에 앞서 영국인들에게는 영국의 르네상스를 꽃피운 위대한 인물로 기억되는 엘리자베스 여왕은 아일랜드인들의 입장에서 보면 수장령(Act of Supremacy)을 다지고 예배통일법(Act of Uniformity)을 확립하여 영어 사용을 강요함으로써 종교를 이용하여 아일랜드 가톨릭을 억압하고 언어의 소멸을 초래한 장본인이었다. 영국 정부는 게일어가 소멸하게 된 것은 영국의 의도적인 정책이 아니라고 주장했지만, 교묘한 식민주의 정책에 의해 영어는 경제적 · 사회적 상승의 수단으로, 게일어는 가난과 사회적 열등함의 표지로 받아들여졌다.

19세기를 통해 게일어의 사용은 급격히 줄어든 반면 영어 사용은 증가하였는데 이는 대기근 때문이었다. 1845년 대기근 전에는 전체 인구의 반이 게일어를 사용한 데 반해, 60년 후에는 영어와 게일어를 함께 사용하는 사람은 23%, 게일어만 말 할 수 있는 사람은 5%로 줄어들었다. 통계에서 보여지듯 게일어 사용은 대기근을 겪으면서 급속하게 감소되었는데, 게일어를 주로 사용하던 최하층 농민들에게서 대기근의 희생자가 가장 많이 나왔기 때문이다.

현재 게일어의 흔적을 찾아볼 수 있는 곳은 고유명사로 이루어진 지명들이다. 아일랜드에서는 도로 표지판에 게일어 지명을 먼저 이탤릭체로 표기하고 그 아래에 영어 지명을 쓰고 있다. 간혹 아일랜드의 대중음악 가수들이 게일어로 된 노래들을 발표하곤 하는데 이는 음유시인의 전통을 이어받은 켈트족의 후손이라는 상업적인 신비주의 전략으로 이용되는 경우가 대부분이다.

식민 역사가 낳은 북아일랜드의 문화

▲ 아일랜드는 현재 북쪽은 영국령으로 남쪽은 아일랜드 공화국으로 분리되어 있다.

우리나라 관광객이 아일랜드를 방문할 경우, 영국은 아일랜드를 여행하기 위한 경유지에 불과하지만 영국에서 정식 입국 절차를 밟아야 하는 것에 많은 사람들이 혼돈스러워 하는 경우가 있다. 해외 여행시 입국 절차는 여행의 최종 목적지에서 밟는 과정이기 때문이다. 또한 아일랜드행 비행기가 출발하는 영국 공항의 출구에는 "UK & Ireland Departures"라는 표지판이 붙어있다. 여기 영국에서 아일랜드 행 비행기를 타기 위해 다시 영국으로 가야 하다니! 표지판의 내용에 잠시 의아해하는 이들이 많다. 여기서 "UK"는 바로 북아일랜드를 가리킨다. 남아일랜드는 아일랜드 공화국으로 독립했지만 북아일랜드가 영국의 일부로 남아있기 때문인 것이다. 다시 말해 아일랜드라는 한 섬에는 영국(북아일랜드)과 아일랜드라는 두 나라가 존재하고 있는 것이다.

영국령으로 남은 북아일랜드의 두 민족은 겉으로는 영어라는 하나의 말을 사용하지만 영어의 발음 소리와 그 사람의 이름만으로도 그가 어느 민족과 계급에 속하는지를 알 수 있을 정도로 두 민족은 언어적으로 차별화 되어 있다. 영국계 아일랜드인들은 본토인 영국 사람들이 말하는 표준어로 말하고, 아일랜드 토착민들은 게일어 발음이 강한 영어, 즉 아일랜드 영어 사투리를 사용한다. 북아일랜드에서 아일랜드식 영어 발음은 하층 계급의 지방 사투리로 경멸받아왔으며 일반적으로 영국계 교사들은 사투리를 쓰는 가톨릭교도 학생들이 영국계 개신교도 학생들에 비해서 언어적으로 열등하다고 받아들인다. 이러한 사회적인 차별은 아일랜드 토착민들에게 영어 발음에 대한 열등감을 심어주었으며 북아일랜드 사회 계급과 민족적 편견을 강화한다. 북아일랜드의 시인 셰이머스 히이니(Seamus Heaney, 1939~)는 북아일랜드 시인인 패트릭 카바나흐

(Patrick Kavanagh, 1905~1967)가 표준 영어의 억양이 지배적인 BBC 지방 방송에 출연하여 아일랜드 영어 사투리의 억양으로 말할 것에 대해서, 아일랜드 토착민들은 카바나흐 덕분에 그들의 주거지에서 문화적인 불안감 없이 살 수 있게 되었다고 평했다.

학교에서 행해지는 교육 또한 북아일랜드 내의 민족 갈등에 큰 역할을 하고 있다. 왜냐하면 모든 학교들이 상이한 종파들에 의해 설립되어 각 교단들이 학교 운영에 깊숙이 관여하고 있기 때문이다. 종파에 의해 행해지는 학교 교육은 학생들로 하여금 아일랜드 및 영국에 관련된 역사 전반, 그리고 특히 북아일랜드에서 일어난 유혈 갈등의 역사적 기원에 대해 서로 다른 역사관을 학습하게 만든다. 그 결과 민족-종파주의적인 역사관을 가진 성인으로 자라나게 함으로써 결국 북아일랜드에서의 아일랜드 가톨릭 교도들과 영국계 개신교도들간의 갈등을 재생산시키는 데 결정적인 기능을 하게 된다.

북아일랜드 내에서 벌이는 기념일의 퍼레이드나 축제들은 민족간의 갈등을 가장 가시적으로 보여주는 예라고 할 수 있다. 이러한 행사는 자신이 속하는 민족 집단이 둘 중 어느 쪽인가를 수시로 확인하게끔 만드는 장치로 작용하고 있다. 영국계 개신교도들은 오렌지 오더라는 단체가 주관하는 오렌지 퍼레이드라고 부르는 행사를 개최하는데, 이 행사는 영국계 신교도들에 의한 아일랜드의 지배를 확고하게 만든 1690년 7월 보인에서의 마지막 전투의 승리를 기념하기 위한 것이다. 반면 아일랜드 가톨릭계는 아일랜드의 수호성인으로 간주되는 성 패트릭을 기리는 성 패트릭의 날(St. Patrick's Day)에 퍼레이드를 연다. 이러한 종교적인 행사 외에 1916년 부활절봉기 기념 퍼레이드와 같은 정치적인 의미를 띤 퍼레이드를 열기도 한다. 가톨릭 교도들의 퍼레이드에서는 언제나 아일랜드 공화국을 상징하는 삼색기가 등장하지만, 개신교도들의 행사에서는 영국 연합왕국의 국기인 유니온 잭이 등장하는 것은 매우 상징적인 대조를 이룬다.

북아일랜드에서는 사람들의 거주 공간이 바로 어떤 종파에 속하는 가를 보여준다. 각 분파별로 밀집 거주 구역들을 이루고 있는 경우가 흔하기 때문이다. 북아일랜드 주요 도시들에서는 서로 다른 종파들의 거주 구역이 근접한 경우 접촉지대에 해당하는 공간에서 물리적인 폭력 사건이 빈번하게 발생한다. 이런 접촉지대들 중의 일부는 소위 평화분계선(peace line)이라는 공간을 마련해놓고 있으며 군대가 경비를 서는 경우도 있다. 결국 거주 공간이 분리되어 있으므로 서로 다른 분파에 속하는 개인들 간에 교류하거나 대화할 수 있는 가능성은 제한될 수 밖에 없다. 간혹 가톨릭 교도와 개신교도가 결혼하는 경우도 있었지만, 양 분파간의 갈등이 심했을 당시 극단적인 분파주의자들은 그들의 집에 고의로 방화를 저질러 그들을 주거지에서 노골적으로 추방하기도 했다. 이처럼 북아일랜드에서는 민족적인 차별과 분리가 일상생활에서부터 확연하게 드러나고 있다. 그리고 이러한 차별과 분리는 두 분파간의 빈번한 유혈 사태로 이어져 왔다.

영화 속의 아일랜드

생존을 찾아 떠난 이주민의 비극

영화 〈타이타닉〉(Titanic, 1997)과 호화 유람선 타이타닉 또한 아일랜드와 관련이 있음을 아는 사람들이 몇 명이나 될까? 영화 〈타이타닉〉에서는 거대 유람선 타이타닉과 아일랜드의 관계를 언급하는 대사가 등장한다. 선상에서 그림을 그리고 있던 주인공 잭(Jack)에게 3등 선실의 승객인 토미(Tommy)는 타이타닉이 15,000명의 아일랜드 노동자들이 만들었기 때문에 영국의 배가 아니라 아일랜드의 배라고 이야기한다. 실제로 타이타닉호는 북아일랜드 벨파스트(Belfast)에서 건조되었으며 침몰하기 전 마지막으로 들른 항구도 역시 아일랜드 코브(Cobh) 항이었다. 아일랜드 코브항에서 뉴욕을 향하는 배에 승선했던 3등 선실의 승객들 대부분은 대기근의 여파가 계속되는 아일랜드의 가난을 견디지 못하고 미국으로 이민을 떠나던 아일랜드인이었다. 영화 속에서도 또한 3등 선실의 승객들은 아일랜드에서 미국으로 향하는 이주민으로 그려지며 잭과 로즈(Rose)가 3등 선실에서 흥겨운 음악에 맞추어 술을 마시고 춤을 추는 장면에서 연주되던 노래들은 아일랜드 민요였다.

영화는 영국의 상류사회 출신인 여주인공 로즈와 가난한 떠돌이 화가인 잭의 사랑 이야기에 초점을 맞추고 있다. 그러나 영화에서 놓치지 않아야 할 장면들은 배가 침몰할 당시 부유한 영국 사람들 대부분은 구명정을 타고 살아남게 되는 반면, 3등 선실에 타고 있던 사람들 대부분이 사망하게 되는 장면이다. 배가 빙산에 충돌하여 선실에 물이 차오를 때 1등 선실의 영국인 승객들은 선원들의 인도 하에 구명정에 탑승하는 반면, 갑판위의 혼란을 우려하여 통로의 문조차 폐쇄당한 3등 선실의 승객들은 그대로 수장당한다. 실제 타이타닉 침몰시 희생자 통계에 있어서도 3등 선실에 타고 있던 사람들의 사망자 수가 많았다고 한다. 이러한 장면들은 대기근 당시 아일랜드를 떠나 다른 나라로 이주하다 죽음을 당하던 비극의 역사가 아일랜드인들에게 다시 되풀이 되고 있음을 보여주는 예라고 할 수 있다.

아일랜드 독립운동의 기록

1996년 베니스 영화제에서 황금사자상을 수상한 닐 조단(Neil Jordan) 감독의 〈마이클 콜린스〉(Michael Collins, 1996)는 아일랜드 공화국군의 창시자인 마이클 콜린스의 일생을 바탕으로 아일랜드 독립 투쟁의 역사를 직접적으로 다룬 작품이다. "19세기말 대영제국은 전 세계의 3분의 2가 넘는 영토를 장악했지만 영국의 가장 큰 골칫거리는 가까이에 있는 아일랜드였다. 7백년에 걸친 반란과 혁명이 실패로 돌아갔지만 1916년에 시작된 반란은 통치의 본질을 바꿔 놓았다. 이 전쟁의 주도자는 마이클 콜린스였다"라는 자막으로 시작하는 영화의 첫 장면에서는 1916년 부활절 봉기의 전투와 패배가 재현된다. 영화의 처음에서 영국군의 집중 포화를 받는 건물은 부활절 봉기 당시 혁명군의 사령본부로 쓰인 아일랜드 중앙우체국 청사로 아직도 건물 곳곳에는 영국군과의 전투에서 생긴 총탄의 흔적이 그대로 남아있다.

영화의 전반부는 마이클 콜린스의 활약상을 주로 다루고 있다. 마이클 콜린스는 연설과 호소를 통해 독립운동의 세력을 모으거나 영국의 스파이 노릇을 하는 아일랜드 형사들이나 영국의 주요 간부들을 암살하는 게릴라전을 펼쳐 나간다. 그러나 그를 중심으로 하는 아일랜드 독립운동에 대해 영국은 충동적이고 무자비한 총격과 폭력으로 대응한다. 특히 마이클 콜린스를 체포하기 위해 영국 정보국에서 직접 파견한 솜즈(Mr.

Soames)를 암살한 것에 대한 보복으로, 무고한 민간인들이 관람석을 가득 메운 축구 경기장에서 벌어지는 무차별적인 총격장면은 아일랜드의 독립운동에 대한 영국의 대응을 상징적으로 보여준다. 이는 2001년 911 테러 이후 미국이 테러와의 전쟁이라는 명분을 내세워 아프가니스탄을 침공한 뒤 수 만명의 민간인 사상자를 낸 현대 국제 사회의 모습과 크게 다르지 않다.

마이클 콜린스는 영국과의 협상에서 아일랜드 자치국 수립을 인정하는 런던 협약을 이끌어내지만 아일랜드 급진주의자들의 입장에서 볼 때 이 협약은 영국으로부터 북아일랜드의 6개주를 제외한 부분적인 독립을 인정한 굴욕이었다. 이로 인해 마이클 콜린스 지지파와 급진파 사이에는 내전이 터지고 결국 그는 암살당하기에 이른다. 이렇듯 아일랜드 독립투쟁 초기에는 한 개인의 영웅적인 행동과 평화주의만으로는 해결될 수 없는 다양한 정치적인 입장들이 존재하고 있었다.

〈마이클 콜린스〉가 베니스 영화제에서 황금사자상을 받은 지 10년이 되는 2006년, 칸 영화제에서 황금종려상을 수상한 영화는 바로 영국 켄 로치(Kenneth Loach) 감독의 〈보리밭을 흔드는 바람〉(The Wind That Shakes the Barley, 2006)이다. 이 영화는 〈마이클 콜린스〉와 동일한 시대적 배경을 바탕으로 하고 있다. 〈마이클 콜린스〉가 아일랜드 감독에 의해 만들어진 아일랜드에 관한 영화라고 한다면, 〈보리밭을 흔드는 바람〉은 영국 감독에 의해 만들어진 아일랜드에 관한 영화로 영국의 식민주의 역사에 대해 반성의 시선을 담고 있다. 켄 로치는 수상소감에서 "우리는 이 영화가 영국이 제국주의적인 과거와의 관계에서 작은 진전을 보여주기를 희망한다"며 "우리가 과거의 진실에 대해 감히 말한다면, 아마도 우리는 현재의 진실에 대해서도 감히 말할 수 있을 것이다"라고 말했다. 우리나라 역사에서 아직도 해결하지 못한 친일파나 과거사 청산, 인권회복 등의 문제들을 생각나게 하는 대목이다.

영화의 시작은 평화로운 아일랜드의 전원 풍경에서 시작된다. 이 평화로운 전원에서 아일랜드 고유 스포츠인 헐링(hurling)을 하고 돌아오는 몇 명의 아일랜드 청년들 앞에 나타난 영국 경찰은 일상의 스포츠 경기마저 공공 집회로 간주하고 청년들을 심문한다. 이름을 묻는 영국 경찰의 질문에 17살의 한 청년이 자신의 이름을 게일어 발음 그대로

"미하일 오설리반"이라고 대답하자, 영국 경찰은 영어로 이름을 말하지 않았다는 것(영어 발음대로 하면 마이클 오설리반이라 해야 한다)에 분노하여 그를 죽인다. 자신들의 언어로 된 이름마저도 자유롭게 말할 수 없었던 1920년대 아일랜드 식민상황에서, 영화는 촉망받는 의사 지망생으로 런던에 가게 된 데미언(Damien)이 어떻게 아일랜드 독립운동에 참여하게 되었는지, 영국의 경찰과 군인들은 아일랜드의 무고한 시민들에게 어떤 폭력을 가했는지, 조직의 리더였던 형 테디(Teddy)와 어떻게 연대하고 반목하게 되었는지, 여성과 노동자들은 독립투쟁에 어떻게 기여했는지 등을 차분히 풀어나간다.

* 영화의 제목은 아일랜드 시인 로버트 조이스(Robert Dwyer Joyce)의 동명의 시 「보리밭을 흔드는 바람」("The Wind That Shakes the Barley")에서 가져왔다. 영화 속 미하일의 장례식에서 늙은 부인이 읊조리던 노래가 바로 시의 일부분이다.

나는 푸르른 골짜기 속에서 앉아 있었네, 나의 진정한 사랑과 함께
나의 슬픈 마음은 오래된 사랑과 새로운 사랑 사이에서 싸우고 있네
오래된 사랑은 그녀, 새로운 사랑은 내가 열렬히 생각하는 아일랜드였지
그 동안 부드러운 바람이 골짜기 아래로 불며 금빛 보리밭을 흔들었네

걱정어린 말들로 우리를 묶었던 매듭을 끊기는 너무 힘들었네
그러나 그보다 더 힘든 것은 우리를 옭아맨 영국 족쇄의 수치를 참는 것이네
그래서 나는 이야기했네, "아침 일찍 산골짜기를 찾아가
용감한 시민군에 합류할 거라고" 그동안 부드러운 바람이 보리밭을 흔들었네

주인공 데미언의 직업을 의사로 설정한 것은 미래가 보장된 엘리트 또한 IRA에 가담할 수밖에 없었던 아일랜드의 처절한 상황을 극적으로 전달하기 위해서이다. 이와 더불어 그는 IRA 전사로써 누군가에게 총을 겨누면서도 타인의 고통을 더 가까이에서 목격하고 치유해야 하는 의사이기 때문에 다른 인물들보다 더 복잡하고 미묘한 감정의 엇갈림을 겪는다. 영화에서 가장 주목할 만한 장면은 IRA 내부의 인물들이 특정한 상황에 맞서 분열하거나 조직의 명분을 위해 동료를 처단한 뒤 갈등하는 장면들이다. 영국인 지주의 하인인 크리스(Chris)는 지주의 협박에 못 이겨 아일랜드 공화

국군의 소재를 누설한다. 지도부는 배신자의 처단을 명했지만 어릴 때부터 형제처럼 지내 온 어린 동생을 처형하는 것은 데미안에게 감당하기 힘든 고통이다. 크리스의 처형을 앞두고 데미안은 "조국이라는 것이 정말 이렇게 할 가치가 있는 거겠죠"라고 묻는다. 데미안이 자신도 제어하지 못하는 거친 숨을 몰아쉬면서 크리스에게 총을 쏘고 돌아서는 장면에서, 카메라는 아일랜드의 거대한 녹색 언덕 속을 걸어 내려가는 데미안과 고개를 숙이거나 울고 있는 IRA 단원들을 아주 작은 존재로 잡아낸다.

I sat within a valley green, sat there with my true love
And my sad heart strove to choose between the old love and the new love
The old for her, the new that made me think on Ireland dearly
While soft the wind blew down the glen and shook the golden barley

Twas hard the fearful words to frame to break the ties that bound us
Ah, but harder still to bear the shame of foreign chains around us
And so I said, "The mountain glen I"ll seek at morning early
And join the brave united men" While soft wind shook the barley

같은 시대, 같은 사회를 배경으로 하는 〈보리밭을 흔드는 바람〉과 〈마이클 콜린스〉의 다른 점은 〈보리밭을 흔드는 바람〉이 투쟁의 주변부라고 할 수 있는 작은 농촌 공동체에서 일어난 독립 투쟁을 다루면서 개인의 감정들을 섬세하게 살피고 있다면, 〈마이클 콜린스〉는 공화 정부의 중심에서 벌어진 역사적인 사실을 중심으로 영화를 전개해 나간다는 점이다.

칸영화제 기자회견에서 켄 로치는 이렇게 말했다. "나는 독립을 위한 투쟁의 이야기는 다시 반복되고 또 반복된다고 생각한다. 전 세계 어딘가에는 항상 점령군이 있게 마련이고, 그 점령군은 그들이 점령하고 있는 지역의 민중들에게 저항을 받기 마련이다. 여기서 지금의 영국이 불행히도 세계의 어느 곳에 강압적이고 불법적으로 점령군을 파견했는지를 내가 말할 필요는 없을 것이다." 켄 로치가 직접 언급하지는 않았지만 그것은 2006년 당시 이라크 전쟁에 군대를 파견한 영국의 외교 정책을 비판하는 발언이었다. 켄 로치의 언급처럼 힘없는 나라를 삼키려는 강대국과 그 힘에 저항하는 사람들이 여전히 지구상에 존재하는 한, 아일랜드 투쟁의 역사와 그 역사속의 인간을 다룬 영화, 비단 아일랜드 상황에 국한시키지 않더라도 한 나라의 독립을 위한 투쟁의 역사와 그 역사속의 인간의 모습들을 재현해내려는 노력은 21세기인 현재에 와서도 재고해 볼만한 가치를 부여받는 것이다.

북아일랜드 갈등의 정점, 블러디 선데이

북아일랜드의 정치적 상황을 다룬 영화들로는 〈아버지의 이름으로〉(In the Name of the Father, 1993)와 〈블러디 선데이〉(Bloody Sunday, 2002)를 들 수 있다. 이 둘은 1970년대의 북아일랜드를 배경으로 하고 있다. 1960년대 말은 위태롭게 유지되던 북아일랜드의 평화가 깨어지기 시작한 시기이다. 1960년대 후반에 북아일랜드에서는 영국 국교도와 아일랜드 가톨릭간의 대립이 악화되어 급기야는 내전으로 치닫게 된다. 1968년에는 당시 미국 흑인들의 민권운동에 자극을 받아 고무된 가톨릭교도들이 벨파스트와 런던데리를 중심으로 시민권 확보 투쟁을 벌임으로써 영국 국교도와 가톨릭 세력 간 갈등이 폭력적 상황으로 치달았다. 1969년에는 공식적 · 비공식적 영국의 공격으로부터 가톨릭교도를 보호하기 위한 아일랜드공화국군이 활동을 재개했다. 이들의 궁극적인 목표는 영국군의 즉각적인 철수와 북아일랜드에 대한 영국 국교도의 지배를 종식시키는 것이었다. 이에 맞서 신교 세력은 자체적인 준(準)군사조직을 만들었다. 1972년 1월 30일 북아일랜드 런던데리에서는 영국인과 동등한 권리를 달라고 요구하며 평화적으로 시위를 벌이던 가톨릭교도 시위대에게 영국군 공수부대가 총을 발포하여 13명이 숨지게 된 사건이 발생한다. "피의 일요일", "블러디 선데이" 사건이라 불리는 이 사건으로 인해 북아일랜드 사태는 걷잡을 수 없이 커지게 되고, 두 달 뒤인 3월 30일에는 영국 정부가 북아일랜드의 자치권을 접수하고 직접통치를 시작한다. 1972년에 북아일랜드에서 벌어진 분쟁의 치열함은 그해 1년 동안 테러로 사망한 사람이 500여명에 달한다는 사실에서 여실히 드러난다.

〈아버지의 이름으로〉는 이러한 시대적 상황에서 영국에서 발생한 실제 사건을 바탕으로 하고 있다. 영화는 1974년 10월 5일 영국 길포드 주점 폭파(Guildford Pub Bombings) 사건의 범인으로 누명을 쓴 채 종신형을 선고받고 15년이 지나서야 무죄가 입증된 길포드 4인조(The Guildford Four) 중 제리 콘론(Gerry Conlon)에 관한 이야기이다. 이 영화는 제리가 북아일랜드에서 왔다는 사실만으로 그를 테러리스트로 몰아 그에게 육체적, 심리적인 고문을 통해 허위 자백을 받아내고 아버지와 고모 등 가족들까지도 테러 사건에 연루시켜 사건을 조작하는 영국 공권력의 모습을 보여준다. 15년이 지나서 제리의 무죄가 입증되었고 감옥에서 석방되었지만 제리의 아버지는 교도소에서 숨을 거둔 뒤이다. 실제 이 사건을 조작한 영국인 형사 3명이 기소되었지만 모두 무죄 판결을 받았다.

2002년에 제작된 〈블러디 선데이〉는 30년 전 그 날, 블러디 선데이를 네 명의 각각 다른 시선에서 재구성한 영화다. 네 명의 시선은 아일랜드 민권운동가이자 하원의원인 아이반 쿠퍼(Ivan Cooper), 가톨릭 신자로 막 새로운 사랑을 시작한 소년 제리(Gerry), 제8사단을 지휘하면서 유혈사태만은 피하려고 하는 매클린 준장(Brigadier Maclellan), 통신을 맡았기 때문에 직접적인 목격자가 된 젊은 공수부대 대원의 시선이다.

〈블러디 선데이〉는 관객들에게 어떤 말하거나 알리는 영화가 아니라 그저 바라보는 영화이다. 감독은 시위대 일부가 통제에서 벗어나 망연자실해하는 쿠퍼의 모습이나 줄지어 실려오는 시신 앞에서 할 말을 잃은 기자들, 생사를 알 수 없는 가족들을 찾아 통곡하는 아일랜드인들을 있는 그대로 담아낸다. 영화는 현실감을 담아내기 위해 핸드헬드 카메라의 흔들림을 이용함으로써 관객은 영화를 본다기보다 사건을 체험하고 있다는 느낌에 이르게 된다. 부상자와 사망자, 가족과 시위 지도자들이 뒤섞인 병원장면은 마치 실제를 촬영한 다큐멘터리와도 같은데, 그 곳에서 오열하는 엑스트라의 일부는 30년 전 사건 당시 정말 가족을 잃었던 이들이기 때문이다. 감독 그린그래스(Paul Greengrass)는 아일랜드 시민들로 영화의 시위대를 구성했고, 전직 병사들을 찾아내 공수부대를 조직했다. 객관적이면서도 정교하게 "블러디 선데이" 사건을 재현해 낸 영화 〈블러디 선데이〉는 우리의 역사의 한 페이지에 자리하고 있는 유사한 경험인 5 · 18 민중항쟁을 떠오르게 한다. 동시에 무엇을 위해, 그리고 꼭 그래야만 했는가? 라는 질문을 하게 만드는 영화이다.

아일랜드의 음악과 축제

아일랜드의 슬픈 역사가 담긴 멜로디: 아일랜드 음악과 「대니 보이」

아일랜드를 상징하는 국가 문장은 악기인 하프이다. 악기가 국가의 문장인 경우는 세계에서 유일무이한 경우이다. 세계적으로 유명한 아일랜드의 대표 맥주 기네스(Guiness)의 로고이기도 한 이 하프 문양은 음악과 풍류를 사랑하는 아일랜드인들의 성향을 단적으로 보여주는 예이다. 나아가 이 하프 문양은 아일랜드의 뿌리인 켈트족의 음유시인을 연상시키기도 한다. 바드(Bards)라 불렸던 고대 켈트의 음유시인들이 하프를 켜면서 불렀던 음악이야 말로 아일랜드 최초의 음악이었을 것이라고 추정해 볼 수 있을 것이다. 그러나 현재 기록으로 남아있는 아일랜드 음악은 18세기부터 찾아볼 수 있다. 지금은 아이리쉬 댄스 공연과 다양한 문화 공연에서 아일랜드 전통 음악이 각광받고 있지만, 700여년의 식민지배의 어두운 터널을 통과하는 동안 아일랜드 음악 또한 영국 식민사의 칼날을 피해가기는 어려웠다.

▲ 아일랜드 국가 문장: 성 패트릭을 상징하는 파란색 방패 안에 은색 현을 가진 금색 하프가 그려져 있다.

17세기에 제정된 노골적인 차별법인 형법은 아일랜드 문화마저 황폐화시켰는데 영국인들의 문화 탄압을 피하기 위해 아일랜드 음악과 춤은 가정에서 근근이 맥을 이어갈 수 밖에 없었다. 결혼식이나 장례식 또는 마을 축제에서만이 전통 음악을 즐길 수 있었고 그런 자리에서 조차도 그 옛날 음유시인들처럼 역사적인 사건을 소재로 즉흥적인 노래를 지어부르는 것이 전부였다. 대기근 또한 아일랜드의 음악에 큰 타격을 주었다. 앞서 이야기했듯 아일랜드 전통 음악이나 민요들은 전문 음악가가 없이 가정에서 명맥을 이어오면서 민중에 뿌리를 내린 음악이었기 때문에 대기근으로 인한 수백만 인구의 죽음과 이주는 아일랜드 음악 또한 소멸 위기에 처하게 만든 것이다. 현재 전통 음악이 그나마 명맥을 유지할 수 있는 이유 중 하나는 타국으로 이주한 아일랜드인들이 그들의 음악을 보존하기 위해 노력했기 때문이다.

아일랜드의 전통 노래 중 가장 유명한 노래는 「대니 보이」("Danny Boy")이다. 작자 미상의 멜로디가 발견된 지역의 이름을 따서 붙인 "런던데리의 노래"(The Londonderry Air)에서 시작된 이 노래는 세월이 흘러 가사가 붙여지면서 전 세계적으로 유명해졌다. 대기근 당시 영국, 호주, 캐나다, 미국 등으로 떠나는 배에 어떤 기약도 없이 몸을 실었던 아일랜드 이주민들이 함께 부둥켜 안고 울면서 불렀던 노래, 나라의 독립을 위해 성인이 되면 응당 영국과의 전쟁터로 뛰어드는 아들의 뒷모습을 바라보면서 불렀던 아일랜드 어머니의 노래, 낯선 땅에서 고국을 그리워하며 불렀던 아일랜드 후손들의 노래가 바로 「대니 보이」이다. 직접적인 선동의 메시지를 담고 있거나 힘찬 멜로디가 아님에도 아일랜드인들이 국가 다음으로 즐겨부르는 이 노래는 이제 세계 모든 이들의 가슴을 울리는 향수와 애잔함을 불러일으키는 노래가 되었다. 「대니 보이」의 멜로디가 온 세계에 전해주는 애잔함과 그 애잔함 속에 드러나는 잔잔한 힘의 근거는 질곡의 역사를 온 몸으로 견뎌 온 아일랜드 민중들의 한에서 찾을 수 있을 것이다.

노블레스 오블리주(Noblesse Oblige)를 실천하는 아일랜드 대중음악의 대명사: U2와 보노

아일랜드의 대중음악에 대해 이야기할 때 절대 빼놓아서는 안 되는 인물이 바로 록밴드 U2와 밴드의 보컬 보노(Bono)이다. U2는 전 세계적으로 유명한 밴드로서 음악성에서 뿐만 아니라 상업적으로도 큰 성공을 거두었다고 인정받고 있다. U2의 음악의 출발은 조국 아일랜드의 분단과 통일이었다. 이들은 자신의 조국인 아일랜드에서 일어난 정치적 사건들에 대해 노래로써 자신의 입장을 표현했다. 북아일랜드의 "블러디 선데이" 사건을 배경으로 한 「선데이 블러디 선데이」("Sunday Bloody Sunday")라는 노래에서 보노는 "많은 사람들을 잃었죠, 하지만 누가 승자인지 말해봐요"(There's many lost, but tell me who has won), "얼마나 오랫동안 이 노래를 불러야 하나요?"(How long must we sing this song?) 라며 피로 얼룩진 아일랜드의 분쟁이 평범한 아일랜드 민중들을 어떻게 만들었는가에 대해 묻고 있다.

그러나 U2가 유명해 진 것은 꼭 음악 때문만은 아니다. 사회 고위층 인사에게 요구되는 높은 수준의 도덕적 의무를 뜻하는 "노블레스 오블리주"를 실천한다는 것이 무엇인가를 잘 보여주고 있는 밴드의 보컬 보노의 행보 때문이다. 조국 아일랜드의 문제에서 보다 넓은 지구상의 전쟁과 기아의 문제로 눈을 돌린 보노는 자신의 음악을 통해 전쟁과 테러에 대해 평화의 메세지를 보내왔으며, 아프리카 기아 난민 구호 활동과 지원을 호소하고 제3세계 부채 경감을 위해 노력해 왔다. 이러한 노력 덕분에 그는 2003년과 2005년 노벨평화상 후보로도 거론되기도 하였다.

초록색의 연대, 초록색의 힘: 성 패트릭의 날

매년 3월 17일은 아일랜드에 기독교를 전했던 성 패트릭이 타계한 날로 아일랜드 공식 국경일이다. 아일랜드 수도 더블린에서는 매년 이날이 되면 50만 명의 인파가 성 패트릭을 상징하는 초록색 옷을 입고 거리행진을 펼친다. 이제 성 패트릭의 날은 아일랜드 본토는 물론이고 미국, 캐나다 등 아일랜드 이민자들이 있는 곳이면 세계 어디서나 대형 퍼레이드를 비롯한 문화 행사가 열리는 전 세계인의 축제의 날로 자리 잡았다.

▲ 미국 미시간주에서 열린 성 패트릭의 날 퍼레이드. 초록색 의상을 입은 퍼레이드 행렬이 도로를 지나가고 있다.

성 패트릭의 숭고한 삶을 기리는 전통은 아일랜드에서 시작되었으나, 이 날이 대중문화의 형태로 발전한 데는 미국의 역할이 컸다. 이 날의 상징이 된 "성 패트릭의 날 가장행렬"(Saint Patrick's Day parade)을 가장 먼저 시작한 것도 미국이었다. 1762년 3월 17일, 뉴욕시에 주둔하던 영국군 소속의 아일랜드 병사들이 음악을 연주하며 행진한 것이 그 계기였다. 그들은 타국 땅에서, 그것도 영국 국기 아래 복무해야 했던 한 많은 이방인들이었다. 그들의 이 작은 뿌리찾기 노력은 아일랜드인들에게 커다란 마음의 위안을 주었으며, 아일랜드 이민자 증가와 더불어 이 행사의 의미는 점차 커졌다.

미국 시카고에서는 성 패트릭의 날 도시를 관통하고 있는 시카고 강에 초록색의 친환경 색소를 풀어 강물을 녹색으로 물들인다. 녹색으로 물든 강은 물론이고, 강둑과 다리 위는 새벽부터 녹색 옷을 차려입은 사람들로 붐빈다. 시카고 뿐만이 아니라 이 날이 되면 미국 각지에서 초록색으로 치장된 가장 행렬 행사가 열린다. 또한 사람들은 초록색 모자나 옷을 입고 대낮부터 술집에 들어가 아일랜드 맥주를 마신다. 초록색의 유래는 현재 아일랜드 국화로 알려진 샴록(Shamrock, 세잎 클로버의 일종)에서 찾아볼 수 있다. 성 패트릭은 기독교의 삼위일체(trinity)를 전파하기 하나의 줄기에 잎이 세 개 달린 샴록을 썼다고 한다. 게다가 봄이 되면 들판을 뒤덮는 클로버는 이미 아일랜드인들에게 새로운 생명과 기운을 의미했다.

▲ 아일랜드 국화인 샴록

20세기 초까지도 "아이리쉬"라는 이름은 저주와 차별의 상징이었다. 대기근으로 인한 굶주림과 가난을 벗어나기 위해 찾아온 희망의 땅, 미국에서 아일랜드인들을 기다리고 있는 것은 인종차별이었다. 미국인들은 항상 그들이 동경하던 영국식 영어와는 다른 영어를 쓰며, 술 마시기 좋아하고 다혈질인 아일랜드인들을 무식하고 교양이 없는 사람들로 간주했다. 종교의 차이도 커다란 문제가 되었다. 개신교가 지배적인 미국사회에서 아일랜드 이민자들은 가톨릭을 믿는 이방인이었다. 이처럼 아일랜드인들은 미국에서 마저 "하얀 검둥이"가 되었다. 차별은 계속 되었고, 이들이 미국에서 시작한 성 패트릭의 날 행진도 아일랜드인들의 술주정이라는 비난을 받았다.

> 신의 심부름을 인간에게 전하는 대천사인 미카엘은 오늘날 '마이클'이란 이름의 기원이 되었는데 이는 상처 입은 아일랜드 역사의 또 다른 이름이기도 하다. 1845년 주식이던 감자 기근으로 이주해 온 아일랜드인을 미국인은 가혹하게 차별했고, 아일랜드를 상징할 정도로 많은 사람이 사용하는 이름인 마이클의 애칭 '미키(Mickey)'를 아일랜드인을 경멸하는 속어로 사용했기 때문이다. 하지만 감자 기근 때 미국으로 이민 온 증조부를 둔 월트 디즈니가 자신의 만화 주인공에 '미키'라는 이름을 붙여 성공함으로써 그들의 아픔을 대신 씻어 주었다.
>
> – 장만형, 「이름이 곧 역사가 되리니」, 『좋은 생각』, 2008. 10월호, 60

그러나 아일랜드인 이민자 수가 증가하고 이들의 경제력이 커지면서 성 패트릭의 날의 의미도 서서히 긍정적으로 변화되었는데, 이러한 변화를 가져온 가장 중요한 원인은 아일랜드인의 정치적 세력화였다. 아일랜드 이민자들은 자신들이 연대하여 투표권을 행사하는 한 어떤 정치인도 그들을 무시할 수 없다는 사실을 깨달았다. 아일랜드계 유권자들은 단합해서 조직적으로 움직였고 정치인들은 표를 얻기 위해 하나 둘 성 패트릭의 날 행사에 모습을 드러냈다. 이미 불어나기 시작한 축제의 구경꾼들 또한 정치인들에게는 무시할 수 없는 큰 힘이었다. 1948년에는 행사 때는 트루먼 대통령이 이 행사에 참여했다. 아일랜드 이주민의 후손이 미국에서 이룬 전통이 공식적으로 인정받는 순간이었다. 2009년 3월 18일자의 국제뉴스에도 미국의 백악관에서 성 패트릭의 날에 미국을 방문한 아일랜드 총리 일행을 위해 초록색으로 분수대를 물들이는 깜짝 파티를 연출했다는 소식이 실렸다. 이제 성 패트릭의 날은 아일랜드인들만의 기념일이 아니다. 또한 성 패트릭의 날은 단순한 축제의 날이 아니다. 성 패트릭의 날은 차별과 편견을 이겨내면서 자신들의 고유한 전통을 지켜낸 아일랜드인들의 자랑스러운 투쟁의 상징이다.

··· 3. 언어로 담금질된 식민주의의 기억

민족주의와 예술, 둘을 동시에 껴안으려 했던 작가: 윌리엄 버틀러 예이츠

거의 비슷한 시기에 태어나 활동한 문학가인 오스카 와일드(Oscar Wilde, 1854~1900), 조지 버나드 쇼(George Bernard Shaw, 1856~1950), 그리고 윌리엄 버틀러 예이츠(W. B. Yeats, 1865~1939)는 영국계 아일랜드, 즉 개신교도의 집안에서 태어나 성장했다는 비슷한 출생의 배경을 가지고 있다. 당시 아일랜드에서는 개신교냐 가톨릭이냐라는 종교의 문제가 개인을 규정하는 매우 큰 요소였으므로 이러한 출생의 배경은 이들의 작품 활동에 많은 영향을 미치게 된다. 독특한 기지와 풍자로 당대 영국의 상류사회를 비판했던 오스카 와일드나 정치개혁의 사상을 희극에 담아 사람들에게 전하려고 했던 버나드 쇼는 일찌감치 런던으로 건너가 작품 활동을 시작했다. 이들은 작품 활동을 하면서도 자신들의 작품의 모체에는 아일랜드가 자리하고 있음을 부인하지 않았지만, 종종 자신들 또는 자신의 작품들이 아일랜드에 국한되는 것을 달가워하지 않았다. 때문에 이들은 아일랜드인의 입장에서도 영국인의 입장에서도 타자 아닌 타자였다.

아일랜드 민족주의 운동의 한복판에 서 있던 예이츠의 경우는 위의 두 작가와는 다른 행보를 보여준다. 예이츠는 일생동안 조국 아일랜드 그리고 문학과 예술을 동시에, 동일한 가치를 두고 사랑하기 위해 열정을 다한 작가였다. 특히 영국계 아일랜드라는 자신의 출신 배경 때문에 아일랜드 민족주의자들과의 갈등에 더 많이 휘말렸음에도 불구하고, 아일랜드 독립과 아일랜드의 정체성 추구에 대한 부단한 노력을 멈추지 않았다. 1890년대 말 아일랜드 민족주의가 진정한 아일랜드인은 누구인가에 대한 논란을 제기했을 때 예이츠는 "아일랜드문예부흥" 운동을 이끌면서 아일랜드에 존재하는 두 세력, 즉 아일랜드 가톨릭과 영국계 아일랜드를 모두 아우를 수 있는 진정한 아일랜드성에 대한 해답을 찾고자 노력하였는데, 결국 그는 진정한 아일랜드성이란 켈트성, 켈트주의에서 찾을 수 있다는 결론을 내렸다. 그는 아일랜드에 기독교가 전파되기 이전의 문화인 켈트성, 켈트주의야말로 아일랜드성의 원천으로 파악했으며 자신의 초기 작품에서도 아일랜드 설화, 신화 그리고 민담 등을 시의 소재로 삼았다. 이 시기의 시들로는 우리에게 노래로 더 잘 알려진 「저 아래 버드나무 공원 옆에서」("Down by the Salley Gardens")와 「이니스프리의 호도(湖島)」("The Lake Isle of Innisfree")가 있다. 「저 아래 버드나무 공원 옆에서」는 예이츠가 고향 슬라이고(Sligo)의 한 여성에게 전해들은 옛 민요를 시로 재구성해 옮긴 것이다.

아일랜드문예부흥운동(The Gaelic Revival Movement)

1870년 이후 국내 정치에 신물이 난 아일랜드 국민들은 정치적인 독립투쟁보다는 아일랜드 문화 부흥 운동으로 관심을 돌리게 된다. 때문에 민족주의자들 또한 진정한 아일랜드적인 것이 무엇인가라는 아일랜드 민족의 정체성에 관심을 돌리게 된다. 이러한 관심을 반영하기 위해 1890년 무렵부터 시작된 아일랜드문예부흥운동은 존 오리어리(John O'Leary), 더글라스 하이드(Douglass Hyde), 그레고리 부인(Lady Gregory), 예이츠 등이 주도했다. 이들은 국립 극장인 애비 극장(Abbey Theatre) 창설과 신문 발간 등의 결실을 맺게 된다.

예이츠의 대표작으로 여겨지는 「이니스프리의 호도(湖島)」는 어린 시절을 보낸 슬라이고에 있는 이니스프리섬을 배경으로 쓴 시이다. 예이츠는 실제 호도의 모습과는 달리 이상향 속에 자리한 섬의 정경을 상상력을 동원해 그려냈다.

이후 예이츠는 극 운동을 통해 아일랜드 민족의 정체성을 일깨우려 했다. 영어로 쓰여진 시들이 대중들에게는 다소 난해하다고 여겨질 수 있기 때문에 가장 민중들에게 잘 다가갈 수 있는 연극이야 말로 자신의 생각을 가장 잘 전달할 수 있는 매개라고 판단한 것이었다. 그러나 그의 이러한 노력들이 좋은 성과를 가져온 것만은 아니었다. 예이츠는 민족주의자들과 끊임없는 논쟁을 해야만 했는데 첫 번째가 언어의 문제였다. 더글라스 하이드를 필두로 한 민족주의자들의 입장은 영어는 본래의 아일랜드어가 아니기 때문에 영어로 쓴 예이츠의 작품들은 아일랜드 고유 문학이라 할 수 없다는 것이었다. 그러나 예이츠는 오히려 자신은 게일어를 배운 적이 없지만, 극의 내용이나 극적 기법에 있어서 충분히 아일랜드적인 문학을 창조해낼 수 있다고 반박했다. 또한 아일랜드에 대해 영어로 쓴 작품이야 말로 아일랜드성을 영국과 유럽에 알릴 수 있는 강점을 지녔다고 주장했다.

그러나 더 심각한 갈등은 민족주의 예술 그 자체와 민족주의를 위한 선동의 도구로서의 예술 사이의 갈등이었다. 예이츠는 민족주의를 견지하면서도 예술성을 포기하지 않으려 노력했지만, 당시 아일랜드 상황에서 민족주의자들은 예술이 민족주의의 선동의 도구가 되는 것은 당연하다고 생각했다. 그리고 이러한 논쟁에서 항상 걸림돌이 되는 것은 예이츠가 영국계 아일랜드인이라는 사실이었다. 결국 작품 활동의 후반부로 갈 수록 예이츠는 예술이 정치의 선동의 도구가 되어서는 안된다는 입장을 분명히 하게 된다. 문학가로서 예이츠의 시작은 민족의 정체성을 일깨우기 위한 문화 민족주의였지만, 태생부터 그는 작가요, 예술가였던 것이다.

▲ 미국의 유명한 화가 존 싱어 사전트(John Singer Sargent)가 1908년에 그린 예이츠의 초상화. 사전트의 화풍과 예민해 보이는 예술가 예이츠의 인상이 잘 어우러져 있다.

후기 작품으로 갈수록 예이츠는 자신이 구축한 신화 체계를 반영하거나 예술의 영원불멸을 찬양하는 시들을 써내려간다. 이러한 내용들은 사랑하면서도 갖지 못한 평생의 연인, 모드 곤(Maud Gonne)에 대한 원망 아닌 원망을 토로한 「두 번째 트로이는 없다」("No Second Troy")와 「쿨 호수의 야생 백조」("The Wild Swans at Coole"), 「비잔티움으로의 항해」("Sailing to Byzantium")등에서 잘 드러난다. 후기로 갈수록 민족주의 투쟁에서 한 발짝 물러나 예술가적인 입장을 우선시 한 예이츠에게 사람들은 엇갈린 평가를 내리기도 한다. 또한 예이츠가 일시적으로 영국계 아일랜드 문화를 이상화하기도 하고 파시즘을 지지하기도 했던 일화를 들어 예이츠를 비난하기도 한다. 그러나 이러한 행보 때문에 그가 천착했던 아일랜드성 추구에 대한 열정을 평가절하 할 수는 없을 것이다.

양분된 두 세력, 아일랜드 가톨릭과 영국계 아일랜드 모두를 아우르려 노력했던 시인 예이츠. 예이츠는 일생동안 하나의 통합된 아일랜드, 그리고 통합된 아일랜드가 지닌 통합된 정체성에 집착했던 작가였다. 후대에 이르러 예이츠가 20세기의 위대한 시인의 한 사람으로 평가받을 수 있는 것 또한 그의 작품 속에 아일랜드에 대한 이러한 고뇌와 갈등이 고스란히 녹아있기 때문일 것이다.

조국에 대한 애증어린 연애편지의 저자 : 제임스 조이스

제임스 조이스(James Joyce, 1882~1941)는 20세기 초반에 유행하던 모더니즘의 기법인 내적 독백이나 의식의 흐름의 기법을 작품 속에서 가장 잘 보여준 작가로 평가받고 있다. 아일랜드 가톨릭 집안 출신인 조이스는 종교로 양분되는 아일랜드 내의 분파주의를 떠나 예술의 자유를 위해 37년간 망명 생활을 하며 유럽 각지에서 작품을 펴냈다. 그러나 그에게 아일랜드는 떠남으로써 외면하고 싶은 존재가 아니라 사랑하기에 미워하는 존재였다. 때문에 조이스의 작품의 중심에서는 언제나 아일랜드가 있었다. 그는 전략적으로 자신의 작품 속에서 아일랜드의 식민상황을 알레고리화시켜 나타내었기 때문에 표면적으로는 아일랜드의 사회적 상황에 깊이 관여하지 않은 듯 보였고, 식민지 아일랜드에 대한 사회적인 책임감을 털어버리고 예술가로서의 자유를 찾은 듯 보였다. 그러나 그는 아일랜드에 대한 작가로서의 의무를 잊지 않고 아일랜드적인 소재를 자신만의 독특한 언어 기법과 문체로 다루어 냈다.

조이스가 아일랜드를 떠난 것은 편협한 종교의 분파주의에 갇혀 있는 과거 지향적인 민족문학과 도처에 만연한 가톨릭의 속물근성 등이 예술가로서 제대로 작품 활동을 할 수 없게 만들었기 때문이다. 그는 아일랜드에 대한 자신의 생각을 작품에서도 직접적으로 표현하였다. 그 예로 『젊은 예술가의 초상』(*A Portrait of the Artist as a Young Man*)에서 "아일랜드는 제 새끼를 잡아먹는 늙은 암퇘지"로 표현하며 아일랜드에서는 한 사람의 영혼이 탄생할 때 그 영혼에 그물을 씌워 그를 날지 못하게 한다고 말했다. 그러나 조이스의 이런 언급에도 불구하고 그가 다룬 문학은 다른 어떤 아일랜드 작가보다도 더 아일랜드적이었다. 그의 첫 작품인 『더블린 사람들』(*Dubliners*)은 총 15편의 단편을 한 권의 책으로 모아 놓은 작품이다. 15편의 소설 전체에 드러나는 공통된 주제는 마비된 아일랜드 상황이다. 그는 이 일관된 주제를 바탕으로 각 단편에서 영국의 제국주의, 시대착오적인 영웅주의, 종교의 부패와 종교에 대한 맹목적인 신봉, 속물근성 등을 다룸으로써 아일랜드 상황을 재현함과 동시에 보편적인 인간의 모습을 보여주고자 했다. 조이스 자신의 자전적인 요소가 두드러진 성장소설인 『젊은 예술가의 초상』에서는 자신이 예술가로 성장하기 위해 고뇌하고 분투하는 과정을 주인공 스티븐 디덜러스(Stephen Dedalus)의 정체성 추구의 과정을 통해 상징적으로 보여주고 있다. 조이스 작품 중 가장 두드러진 작품이면서도 그 난해함으로 인해 현재까지 매 행마다 여러가지 해석을 낳고 있는 『율리시즈』(*Ulysses*)는 제목에서도 알 수 있듯 호머의 대 서사시 『오딧세이』의 틀을 빌려온 것이다. 소설의 각 장은 오딧세이가 귀향의 과정에서 겪게 되는 여러가지 모험을 모티브로 하여 더블린의 평범한 한 남자인 블룸(Leopold Bloom)의 하루를 그려내고 있다. 조이스는 이 작품에서 블룸의 실제 방황과 내적인 방황의 과정을 아일랜드의 식민 상황과 연결지어 묘사하고 있다. 특히 이러한 묘사들은 여러 가지 실험적인 언어 기법을 통해 이루어지고 있기 때문에 "Joycean"이라는 새로운 단어가 생겨날 정도이다.

조이스는 비록 아일랜드를 떠난 작가이지만 아일랜드에서 가장 사랑받는 작가이며, 『율리시즈』는 더블린 사람들이 가장 좋아하는 작품이다. 오늘 날에도 아일랜드 더블린에서는 『율리시즈』에서 주인공 블룸이 방황하며 보낸 하루, 6월 16일을 "블룸즈데이"(Bloomsday)라는 축제일로 지정해 각종 문화 행사를 펼치고 있다. 또한 제임스 조이스의 고향인 더블린은 말 그대로 제임스 조이스의 도시로서 제임스 조이스 기념관, 조이스 다리, 조이스 동상 등이 위치해 있다. 누군가가 더블린에 갔더니 버스 운전자가 운전을 하며 『율리시즈』를 노래처럼 암송하는 것을 들었다더라 라는 우스개소리도 들린다. 더블린 거리와 가게 곳곳에는 『율리시즈』에 실제로 등장하는 곳이라는 표시가 붙어 있다.

작품의 성공 여부를 본인은 예상하지 못했을 수도 있지만 20세기 최고의 고전 중 하나인 이 책에 더블린 곳곳의 지명과 가게와 거리를 실명으로 명시한 제임스 조이스. 그는 더블린이 없어진다면 자기 작품만으로도 더블린을 복원할 수 있을 것이라고 말했을 정도로 『율리시즈』안에 더블린이 대표하는 당대 아일랜드의 역사, 문화, 사회를 세밀하게 담아냈다. 또한 조이스는 책의 서문에서 『율리시즈』안에 100년간 풀어야 할 수수께끼를 숨겨놓았으며, 그래야만 불멸을 얻을 수 있다고 말했다. 과연 그가 예견한 대로 현재까지도 『율리시즈』에 대한 많은 해석들과 논문들이 세계 각 국에서 줄을 이어 나오고 있다. 그런 의미에서 『율리시즈』는 속마음을 감추려 애를 쓰면서도 다른 한편으로는 그 마음을 알아채 주기 바라면서 한 자 한 자 써내려간 애증어린 연애편지이다. 물론 편지의 수신자는, 두말할 것 없이, 아일랜드다!

북아일랜드 공동체의 투박한 시인 : 셰이머스 히이니

▲ 셰이머스 히이니의 2009년 모습이다.

1995년 노벨문학상 수상자이면서, 아일랜드에서는 네 번째 노벨문학상 수상자인 셰이머스 히이니는 영국령인 북아일랜드의 데리(Derry) 주의 한 시골 농장인 모스본(Massbawn)에 있는 아일랜드 가톨릭 집안에서 태어나 성장했다. 앞서 강조한 바와 같이 이러한 출생의 배경은 히이니의 정체성 탐구 과정에 커다란 영향을 미치게 된다. 왜냐하면 히이니는 자신의 성장 배경을 바탕으로 영국의 지배하에 놓인 북아일랜드의 상황을 대변하는 시를 쓰는 것이야말로 시작(詩作) 활동의 출발점이자 목표라 여겼기 때문이다.

17세기부터 본격화 된 영국 식민주의의 억압에서 시작하여 끝내 독립국에 포함되지 못한 북아일랜드의 역사는 아일랜드 가톨릭 교도들의 수난과 투쟁의 역사라고 해도 과언이 아닐 것이다. 이렇듯 셰이머스 히이니가 핍박받는 아일랜드 가톨릭 집안 출신이라는 태생적인 배경은 같은 환경에서 자라난 시인들인 존 몬타그(John Montague, 1929~)나 폴 멀둔(Paul Muldoon, 1951~)과 마찬가지로 시인으로서의 정체성 추구에 커다란 영향을 미쳤음은 물론, 작품 세계에 있어서도 거부할 수 없는 큰 주제가 되었다.

존 몬타그는 자신과 가족의 고통의 역사를 북아일랜드의 역사와 같은 맥락에서 표현하였으며, 폴 멀둔 또한 자신의 가족의 문제와 북아일랜드의 정치적인 이슈를 탁월한 어휘 구사력을 통해 교묘히 연결시켰다. 히이니 또한 마찬가지로 북아일랜드의 시골 공동체에서 성장하는 과정에서 실제로 겪은 자신의 크고 작은 경험을 시의 중심 소재로 하여 아일랜드 민족의 정체성을 이야기하려 했다. 나아가 자신이 시인으로서 정체성을 추구하는 과정 또한 북아일랜드 공동체에서 경험한 일들과 동일선상에 놓았다. 북아일랜드 가톨릭 공동체는 히이니에게 정체성의 뿌리가 있는 곳, 시인이 될 수 있는 배경을 만들어 준 모태였다.

히이니는 영국계 아일랜드의 문화가 지배 문화가 된 북아일랜드 상황에서, 뚜렷한 문화적 소속감이 없이 사회의 하층과 변두리에서 살아가는 가톨릭 공동체 토착민들의 고단한 삶을 작품을 통해 형상화했다. 히이니의 이러한 작품들은 소외받고 있는 공동체 구성원들의 삶의 모습을 독자들에게 단순히 감상적으로 호소하는 차원을 뛰어 넘어 하나의 문화적 차원으로 받아들일 수 있게 만들었다. 나아가 이러한 시들이 북아일랜드 가톨릭 공동체 구성원들에게 민족적, 문화적 공동체 의식을 확인시켜 주었음은 당연한 것이다.

초기 시집에서 히이니는 영국의 식민지 하에서 변질된 아일랜드의 고유한 문화의 회복을 위해 아일랜드 공동체만의 생활양식과 풍습 등을 사실적으로 매우 정교하게 그려냈다. 『어느 자연주의자의 죽음』(*Death of a Naturalist*)과 『어둠으로 들어가는 문』(*Door into the Dark*)에 등장하는 아일랜드 고유의 생활 풍습이나 전원 풍경들은 그런 맥락에서 파악될 수 있을 것이다. 또한 출사표와 같은 시로 잘 알려진 『어느 자연주의자의 죽음』의 첫 번째 시, 「땅파기」("Digging")에서 히이니는 할아버지와 아버지로 대를 이어 내려온 노동과 자신의 글쓰기를 교차시키면서 "하지만 나에게는 그들의 뒤를 따를 삽이 없다. // 내 손가락과 엄지 사이에 / 땅딸막한 펜이 놓여 있다. / 난 그것으로 파리라."(But I've no spade to follow men like them. // Between my finger and my thumb / The squat pen rests. / I'll dig with it.)라고 말한다. 이처럼 히이니는 할아버지와 아버지의 노동을 자신의 글쓰기와 등가물로 생각했다. 나아가 히이니는 북아일랜드만의 정서를 잘 드러내 보여주는 시골 풍경 속에 존재하는 장인(匠人)들이 어떤 것을 창조해내는 행위와, 히이니 자신이 시인으로서 시를 쓰는 행위 자체를 동일시해서 묘사했다. 그의 작품 속에 등장하는 북아일랜드의 농부, 「대장간」("The Forge")의 대장장이, 「수맥 찾는 사람」("The Diviner"), 그리고 「지붕이는 사람」("The Thatcher") 등이 수행해 내는 일들은 북아일랜드의 고유한 문화를 재현함과 동시에 시를 쓰는 창작 행위에 대한 은유로 묘사되었다. 이러한 점은 히이니 스스로 자신이 곧 북아일랜드의 기층 민중이며, 자신의 문학 행위가 공동체 구성원들의 일상생활의 일부라고 여겼다는 것을 암시하는 대목이다.

시인으로서 출사표를 던진 히이니는 이후 시를 쓰되 과연 무엇에 대해 쓸 것인가라는 질문에 대한 답을 찾아가는 과정에서 아일랜드 민족의 수난의 역사를 마주하게 된다. 그리고 그 수난의 역사 중심에 소멸되어 버린 언어가 있음을 발견한다. 『겨울나기』(*Wintering Out*)에서는 게일어가 소멸하게 된 원인을 제공한 영국의 식민주의에 대해 비판하고, 현재 남아 있는 게일어의 흔적을 추적해 본다. 히이니가 아직도 영어식 표현에 남아있는 게일어 발음에 의미를 두거나 게일어로 남아 있는 지명을 찾아서 과거 아일랜드 문화의 흔적을 더듬어 보려고 하는 것은, 이러한 노력이야말로 아일랜드 역사와 문화의 연속성을 증명해 보이는 작업 중 하나라고 생각했기 때문이다. 히이니의 이러한 고민은 게일어로 된 지명을 시의 소재로 쓴 시들인 「애너호리쉬」("Anahorish"), 「툼」("Toome"), 그리고 「브로흐」("Broagh") 등에 잘 드러나있다.

히이니의 사진을 들여다보면 예이츠나 조이스에게서 느껴지는 소위 예술가의 풍모가 느껴지지 않는다. 스스로 시인이기 이전에 북아일랜드 농촌 공동체의 일원이기를 원했기 때문에 히이니는 예술가의 얼굴 대신 농부의 얼굴을 하고 있는지도 모른다. 누군가가 가벼운 시비조로 "당신한테 아일랜드가 대체 뭐길래?" 라고 묻는다면 그는 어쩐지 투박하고 굵은 목소리로 "어려운 질문입니다만, 저에게 아일랜드란...."이라며 너무 진지한 나머지 오히려 촌스럽게 느껴지는 대답을 이어갈 것만 같다. 1982년 출판된 『펭귄 현대 영국시』(*Penguin Book of Contemporary British Poetry*)에 자신의 시가 포함되었을 때 편집자인 블레이크 모리슨(Blake Morrison)과 앤드류 모션(Andrew Motion)에게

「공개 편지」("An Open Letter")라는 시로 자신의 불쾌한 심정을 드러낸 히이니였다. 그는 「공개 편지」에서 자신의 시를 분류한 "영국의"(British)라는 형용사를 거부하며 "내 여권은 초록색이오. / 우리는 단 한번도 여왕을 위해 건배하려고 유리잔을 / 들어올린 적이 없소."(My passport's green. / No glass of ours was ever raised / To toast The Queen.)라고 항변했다. 이런 그에게 아일랜드가 어찌 가벼운 이야기 거리가 될 수 있을 것인가? 히이니에게 아일랜드는 시인으로 태어날 수 있게 해준 어머니의 자궁같은 곳, 그리고 시인으로 살아오는 동안 한시도 떼어놓을 수 없었던 산소통과 같은 존재에 다름 아니다.

생각해 볼 문제

① 현재까지 노벨문학상 수상자 중 아일랜드 출신의 작가는 무려 4명에 이른다. 예이츠(W. B. Yeats), 조지 버나드 쇼(George Bernard Shaw), 사무엘 베켓(Samuel Beckett), 그리고 셰이머스 히이니(Seamus Heaney)가 바로 이들이다. 또한 영문학 전공자가 아니라 하더라도 누구나 한번쯤은 들어보았을 20세기의 위대한 작가인 오스카 와일드(Oscar Wilde)나 제임스 조이스(James Joyce) 또한 아일랜드를 대표하는 작가들이다. 700년이 넘는 영국의 식민지배와 문화 말살 정책 하에서도 이처럼 아일랜드 문학이 세계적인 문학으로 꽃피울 수 있었던 이유를 이야기해 보자.

② 종종 영국의 식민지배를 받은 아일랜드와 일제 강점기를 거친 우리나라를 비슷하다고 말하는 학자들이 있다. 또한 1950년대 동경대학 총장 야나이하라 타다오(矢内原忠雄)는 "조선은 우리나라의 아일랜드다"라고 말할 바 있다. 이 발언에 생각해 보고, 우리나라와 아일랜드가 역사, 사회, 문화면에서 있어서 어떻게 비슷하고 또 어떻게 다른지 조사해 보자.

③ 북아일랜드의 정치적 사건을 다룬 영화 〈블러디 선데이〉와 1980년 광주 5 · 18 민중항쟁을 그린 영화 〈화려한 휴가〉는 역사에서 실제 일어난 비슷한 사건을 사실과 가깝게 재현해 내려고 시도했다는 점에서 같은 범주의 영화로 구분될 수 있을 것이다. 이 두 영화를 감상한 후 영화가 재현한 두 사건을 조사해 보고 두 사건 간에 서로 비슷한 점이 있는지 이야기해 보자.

④ 예이츠의 「이니스프리 호수의 섬」("The Lake Isle of Innisfree")과 셰이머스 히이니의 「땅파기」("Digging")를 읽고 각각의 시에서 사용되는 단어들과 시의 분위기 등이 어떤 점에서 비슷

한지 또는 어떤 점에서 다른지를 이야기해 보자.

⑤ 미국, 호주, 캐나다 등지에 정착한 아일랜드 이주민 후예들이 아일랜드 전통을 지키기 위해 어떤 노력을 하고 있는지 조사해 보자. 또한 아일랜드 이주민의 후예 중 현대사에 남을 만한 인물이 있는지 찾아보자. 이와 비교하여 한민족의 혈통을 지닌 중국의 조선족과 러시아 및 독립연합국가에 거주하고 있는 한인교포 고려인들의 경우는 어떠한지에 대해서도 이야기해 보자.

⑥ 아일랜드의 대표적인 전통 노래 「대니 보이」("Danny Boy")를 여러가지 버전(연주곡, 성악곡, 팝 등의 형태)으로 들어보고 이와 비슷한 정서를 가진 우리나라 노래를 찾아 보자.

⑦ 영국과 아일랜드의 갈등은 종교 문제가 결합되면서 더 심화되었다. 이와 비슷하게 현재에도 종교분쟁인 이스라엘-팔레스타인 분쟁이 계속되고 있으며 수많은 민간인 피해자가 발생하고 있다. 종교로 대표되는 국가적인 신념과 인간 개개인의 존엄성 중 우선시 되어야 할 것은 무엇인지 자신의 의견을 이야기해 보자.

추천 도서

박지향. 『슬픈 아일랜드: 역사와 문학속의 아일랜드』. 새물결, 2002.

쉐이머스 히니. 『쉐이머스 히니 대표 시선집』. 김성곤 역. 열음사, 1995.

임진평. 『두 개의 눈을 가진 아일랜드』. 위즈덤피플, 2008.

테오 W. 무디, 프랭크 X. 마틴. 『아일랜드의 역사: 도전과 투쟁, 부활과 희망의 대서사시』. 박일우 역. 한울아카데미, 2009.

W. B. 예이츠. 『멋쟁이 예이츠』. 민병문 역. 온북스, 2010.

James Joyce. *Dubliners*. Norton, 2006.

____________. *A Portrait of the Artist as a Young Man*. Norton, 2007.

Seamus Heaney. *Death of a Naturalist*. Faber & Faber, 1999.

추천 영화

마틴 스콜세지 감독. 〈갱스 오브 뉴욕 Gangs of New York〉. 2002.

론 하워드 감독. 〈파 앤드 어웨이 Far and Away〉. 1992.

존 카니 감독. 〈원스 Once〉. 2006.

참고 문헌

강인규. 「'흰 검둥이'들의 힘, 미국을 녹색으로 물들이다」. 『오마이뉴스』. 2008.3.20.
레이디 오거스타 그레고리. 『안개 너머의 나라, 켈트의 속삭임』. 홍한별 역. 여름언덕, 2004.
박지향. 『슬픈 아일랜드: 역사와 문학속의 아일랜드』. 새물결, 2002.
신혜수. 「북아일랜드, 길고도 멀었던 대립과 갈등」. 『역사비평』. 43호 (1998): 370-79.
______. 「아일랜드 대기근(The Great Famine)에 대한 일고찰」. 『한성사학』. 16집 (2003): 31-52.
윤정묵. 『예이츠와 아일랜드』. 전남대학교 출판부, 1994.
정영희. 『셰이머스 히니』. 평민사, 2001.
줄리에트 우드. 『켈트: 삶, 신화 그리고 예술』. 이연희 역. 들녘, 2002.
최재희. 「1916년 부활절 봉기, 아일랜드 민족운동의 전환점」. 『역사비평』 67호 (2004): 239-61.
크리스티안 엘뤼에르. 『켈트족: 고대 유럽의 정복자』. 박상률 역. 시공사, 2006.
타임 라이프 북스. 『유럽의 정복자 켈트족』. 전일휘 역. 가람기획, 2004.
피터 그레이. 『아일랜드 대기근』. 정동현 역. 시공사, 1998.
한일동. 『아일랜드: 수난 속에 피어난 문화의 향기』. 살림, 2007.
황익주. 「북아일랜드의 민족 갈등과 일상에서의 타자성 경험」. 『비교문화연구』 9집 (2003): 3-38.
Foster, Roy. *The Oxford Illustrated History of Ireland*. New York: Oxford UP, 2000.
Hennessey, Thomas. *A History of Northern Ireland, 1920-1996*. New York: St. Martins, 1997.
Moody, T.W. and F. X. Martin. ed. *The Course of Irish History*. Niwot: Robert Rinehart, 1995.

Key words

게일어, 대기근, 대니 보이, 마이클 콜린스, 부활절 봉기, 북아일랜드, 블러디 선데이, 성 패트릭의 날, 셰이머스 히이니, 신 페인당, 아일랜드 가톨릭, 올리버 크롬웰, 앵글로 아이리쉬, 앵글로-아이리쉬 조약, 윌리엄 버틀러 예이츠, 제임스 조이스,하얀 검둥이, 형법, 켈트, IRA

색인 Index

아프리카

검은 대륙 35
결속 35
공동체 35
과거사 청산 50
나딘 고디머 65
나이지리아 54
네그리튀드 62
넬슨 만델라 51
다르푸르 45
래그타임 60
문명 33
미개 35
미지의 땅 36
백인우월주의 33
범아프리카주의 49
부족 44
블러드 다이아몬드 69
블루스 61
사하라 사막 37
서아프리카 민족회의 49
수탈 45
스티브 비코 51
식민분할 47
식민주의 50
아파르트헤이트 32
아프리카 61
아프리카 문학 61
아프리카 연합 48
아프리카 음악 59
야만 35
은크루마 49
이슬람종교 43
인종차별 33
재즈 60
종족분열통치 45
주술 56
진실과 화해 위원회 50
케냐 53
호텔 르완다 66
흑인 71
흑인성 71
흑인의식 운동 71
J.M. 쿳시 64

카리브해

계약노동제 80
노예무역 80
노예제도 86
대서양 중간항로 85
대위법적 읽기 100
데릭 월콧 82
되받아 쓰기 99
라스타파리아니즘 93
레게 107
부두교 106
사탕수수 81
삼각무역 80
서인도제도 79
설탕 산업 81
스틸 밴드 94
연방 90
영연방 93
유럽 제국주의 80
자메이카 킨케이드 97
전유 99
조지 래밍 97
진 리스 97
카니발 104
카리브해 지역 104
카리콤 86
칼립소 105
크레올 103
크레올어 103
크리켓 108
플랜테이션 81
V. S. 나이폴 88

인도

국민회의 135
군사보호조약 127
네루 135
동인도회사 121~22
로버트 클라이브 126
로우레트 법안 136
마이소르 전쟁 127
모한다스 카람찬드 간디 133~35
무굴제국 125
바스코 다 가마 123
북사르 전투 126~27
분할 통치 127, 133
사티 143~45
사티아그라하 133
산업혁명 121
살만 루시디 151
상업혁명 121
세포이 항쟁 131~33
실권 원칙 127

양국체제 원리 137
영국령 인도 136
인도 독립법 137
자민다르제 128
진나 136
징세권 126~27
카스트 138~39
특허장 121
플라시 전투 126

오세아니아

골드러시 164
남녘의 미지의 땅 160
뉴질랜드 182
도둑맞은 세대 169
마오리 문신 188
백인노예 171
백호주의 164
부시레인저 176
부시발라드 176
아오테아로아 183
애버리지니 159
오세아니아 158
오스트레일리아 160
오스트레일리아사투리 180
오지 171
와이탕이 조약 185
윌리엄 댐피어 162
유형식민지 163
제임스 쿡 167
커런시 소년들과 소녀들 174
코항가 레오 190
키위 192
탄가토 마오리 184
테라 눌리우스 167
토박이 오스트레일리아인 171
토이 모코 187
파케하 184
하카 192

캐나다

그룹 오브 세븐 218
노드롭 프라이 227
다문화주의 211
레너드 코언 230
루이 리엘 234
린다 허치언 234
마거릿 애트우드 222
마샬 맥루한 223
메티스 234
모자이크 211
문화유산축제 216
민족언어학습프로그램 213
선댄스 217
수비대 정신 227
스티븐 하퍼 210
아름다운 패자들 230
아카디아 204
앨리스 먼로 228
어웨이 프롬 허 223
에밀리 카 218
이누이트 203
캐나다 인디언 210
캐나다의 아이콘 218
코요테 236
태양의 순환 218
토머스 킹 236
퍼스트 네이션 203
포스트모더니즘 227
피에르 트뤼도 213
허드슨베이사 204

아일랜드

게일어 256
대기근 250
대니 보이 266
마이클 콜린스 252, 260
부활절 봉기 252
북아일랜드 253, 257
블러디 선데이 264
성 패트릭의 날 268
셰이머스 히이니 276
신 페인당 252
아일랜드 가톨릭 248
아일랜드문예부흥운동 272
영국-아일랜드조약 253
앵글로 아이리쉬 248
올리버 크롬웰 248
윌리엄 버틀러 예이츠 271
제임스 조이스 274
켈트 244
하얀 검둥이 247
형법 249
IRA 252

저자약력

이경순 문학박사, 전남대학교 영문학과 교수
역서 : 『스피박의 대담』
논문 : 『다른 세계들, 다른 텍스트들 : 영어권 문화강의에서의 영화의 활용』

김현아 문학박사, 전남대학교 영문학과 강사
논문 : 「인종적 화해를 향한 포스트식민 윤리 : J. M. 쿳시의 『철의 시대』」

이혜란 문학박사, 전남대학교 영문학과 강사, 영미문화연구소 연구원
역서 : 『현대 그림책 읽기』
논문 : 「V. S. 나이폴의 『비스와스씨의 집』에 나타난 카리브해 지역 인도인의 '근대적 개인되기'의 의미」

이성진 문학박사, 전남대학교 영문학과 강사, 영미문화연구소 연구원
역서 : 『살만 루시디와 자정의 아이들』
논문 : 「알레고리를 통한 탈식민 상황 읽기 : 『모든 것이 무너지다』」

차희정 문학박사, 조선대학교 영어과 교수
논문 : 「위티 이히마에라의 『고래 타는 사람』에 그려진 신화적 경계 허물기와 귀향」

이현주 문학박사, 전남대학교 영문학과 강사
논문 : 「시암 셀바두라이의 『퍼니 보이』 – 에스니시티와 퀴어 정체성」

김은영 문학박사, 전남대학교 언어교육원 연구원
논문 : 「셰이머스 히이니의 정체성 추구와 북아일랜드」

현대 영어권 문화의 이해

2011년 1월 1일 인쇄
2011년 1월 15일 발행

저 자 | 전남대학교 영어권문화 연구회
이경순 · 김현아 · 이혜란 · 이성진
차희정 · 이현주 · 김은영
발행인 | 김윤수
발행처 | 전남대학교출판부

등록 | 1981. 5. 21. 제53호
주소 | 500-757 광주광역시 북구 용봉로 77
전화 | (062) 530-0571~3
팩스 | (062) 530-0579
홈페이지 | http://altair.chonnam.ac.kr/~cnup

값 15,000 원

ISBN 978-89-7598-875-2 (93840)

이 도서의 국립중앙도서관 출판시도서목록(CIP)은 e-CIP홈페이지(http://www.nl.go.kr/ecip)에서 이용하실 수 있습니다. **(CIP제어번호: CIP2010004812)**